이슬람 여성의 이해

— 오해와 편견을 넘어서

ARAB
ISLM

이슬람 여성의 이해

─ 오해와 편견을 넘어서

조희선 저

세창출판사

이슬람 여성의 이해
— 오해와 편견을 넘어서

펴낸날 | 2009년 5월 10일 초판 인쇄
         2009년 5월 15일 초판 발행
지은이 | 조희선
펴낸이 | 이방원
펴낸곳 | 세창출판사
         주 소 | 서울시 서대문구 냉천동 182 냉천빌딩 4층
         전 화 | 723-8660   팩 스 | 720-4579
         e-mail | sc1992@empal.com
         Homepage | www.sechangpub.co.kr
         신고번호 | 제300-1990-63호

값 18,000원

잘못 만들어진 책은 바꿔 드립니다.

ISBN 978-89-8411-273-5   04330
ISBN 978-89-8411-272-8 (세트)

이슬람 여성의 이해 : 오해와 편견을 넘어서 / 조희선 저. — 서울 : 세창출판사, 2009
    p. ;   cm. — (아랍이슬람총서 ; 1)

색인수록
ISBN 978-89-8411-273-5   04330 : ₩18000
ISBN 978-89-8411-272-8 (세트)

이슬람[Islam]
여성(여자)[女性]

280-KDC4
297-DDC21   CIP2009001351

목 차

머리말

이슬람세계와 서구세계 간 접촉은 8세기 초 이슬람세력이 오늘날 스페인 남부의 안달루시아 지방을 정복하여 그곳에 이슬람국가를 건설하면서 시작되었다. 안달루시아에 건설된 이슬람국가는 8세기 동안 (711-1492년) 지속되면서 서구문명과 어우러진 찬란한 이슬람문명을 꽃피웠다. 11세기부터 13세기까지 서유럽의 로마 가톨릭 국가들은 성지 예루살렘을 탈환한다는 미명하에 십자군 전쟁을 일으켜 이슬람세계로의 원정을 시도하였다. 당시 서유럽의 로마 가톨릭 국가들의 입장에서 본다면 십자군 전쟁은 성전으로 간주되지만, 이슬람세계뿐만 아니라 기독교 문화권이었던 동방정교회의 나라들까지 십자군이 공격한 것을 보면 십자군 전쟁은 종교적 이유에서 생겨난 전쟁이라기보다는 정치적 · 경제적 이권에 따라 발생한 것이라 볼 수 있다. 2000년 로마 교황청은 십자군에 의한 침략과 학살, 약탈행위 등에 대해 정식으로 사과하면서 기독교가 십자군 전쟁을 통해 저지른 역사적 과오를 인정하였다. 그러나 십자군 전쟁은 이슬람세계의 사람들에게 기독교 및 서구세계를 부정적으로 각인시키는 단초를 제공하였다.

십자군이 일어났을 당시 이슬람세계는 서구 기독교세계보다 여러 가지 면에서 우위에 있었다. 이슬람문명은 유럽의 중세에 해당하는 8세기에서 11세기까지 황금기를 구가하면서 인류문명에 크게 기여하였다. 그러나 13세기 이래 이슬람제국은 분열되기 시작하여 그 세력이 점차 약화되기 시작하였다. 18세기 이슬람세계의 맹주였던 오스만제국이 서구에 의해 무너지면서 이슬람세계는 분열되어 서구세계의 식민 통치하에 들어갔다. 그 결과 중세 유럽의 르네상스를 가져다주었던 찬란했던 이슬람문명은 서구문명의 하위구조에 편입되었다. 서구세계가 이슬람세계의 헤게모니를 장악하기 위해서는 서구문명의 우월성을 강조하고 이슬람문명의 열등성을 부각시켜야만 하였다. 이슬람문명의 열등성을 찾기 위한 서구의 노력은 결국 이슬람 여성[1]에 초점이 맞춰졌다. 서구학자들은 이슬람에서 허용하는 일부다처제도와 여성의 격리와 히잡과 같은 관행을 들어 이슬람 종교가 여성을 차별하는 열등한 종교라는 점을 부각시켰다. 또한 예언자 무함마드의 혼인 문제를 들추어 이슬람의 예언성에 흠집을 내기 시작하였다. 따라서 이슬람 여성의 문제를 둘러싼 수많은 오해와 편견은 서구세계가 이슬람세계에서 헤게모니 장악을 위해 의도적으로 만들어낸 것이라 할 수 있다. 서구세계가 이슬람세계를 자신들의 잣대로 재단하여 평가한 것이 바로 오리엔탈리즘의 시작이다.

　사실 이슬람 여성과 非이슬람 여성과의 차이는 19, 20세기에서야 서서히 드러나기 시작한 새로운 현상이었다. 서구인들이 이슬람 종교의 맹점이라고 꼬집는 일부다처제도는 사실 이슬람사회에서 그들이 생각하는 것보다 훨씬 낮은 비율로 나타나고 있다. 또한 서구인들이 이슬람 남성의 호색성을 거론할 때 빠짐없이 거론하는 여성들의 공간 '하렘'은 사실 서구 영화가 묘사한 것과는 달리 여성들이 함께 모여 직물 짜기와 같은 공동 작업을 수행하던 생산적인 구역이었음이 밝혀지고 있다. 이렇듯 이슬람 여성의 문제는 현대에서 서구세계와 이슬람세

1_ 이슬람을 믿는 사람을 아랍어로 '무슬림'이라 부른다. 따라서 무슬림 여성은 이슬람을 믿는 여성을 의미한다. 그러나 무슬림이란 용어가 일반 독자들에게 생소한 것이어서 본 저서에서는 문맥에 따라 '이슬람 여성'과 '무슬림 여성'이라는 용어를 같은 개념으로 함께 사용하였음을 밝혀둔다.

계 간의 정치적 헤게모니 갈등에 의해 이용당하였다. 따라서 이슬람 여성에 대한 올바른 이해의 문제는 사실 서구문명에 의해 왜곡된 이슬람문명을 바로 이해하기 위한 중요한 열쇠가 된다.

이슬람 여성에 대한 올바른 이해를 위해 제1장에서는 이슬람 이전과 이후 역사 속의 여성을 살펴볼 것이다. 이슬람 이전 시대 아라비아반도의 여성을 살펴보는 것은 이슬람 이후의 여성과의 비교를 위해 필요하다. 이슬람 역사에서 가장 빼어난 여성들이었던 예언자의 부인들, 그리고 이슬람의 잊혀진 여왕들을 통해 역사의 뒤안길에서 활발하게 활동하였던 여걸들의 삶을 살펴보는 것은 매우 흥미로운 일이 될 것이다. 제2장에서는 종교 이슬람에서 보장된 이슬람 여성의 권리를 살펴볼 것이다. 일반적으로 현재 이슬람세계의 여성들은 정치·경제·사회적으로 열악한 환경에서 사는 것이 사실이다. 그리고 사람들은 이슬람 여성의 열악한 환경을 주저하지 않고 이슬람 종교의 탓으로 돌린다. 그러나 이슬람은 7세기 당시로서는 혁명적이라 할 수 있는 여성의 권리를 보장해 주었다. 이슬람에서 보장하고 있는 여성의 혼인 및 이혼의 권리, 상속의 권리, 교육 및 사회활동의 권리를 중심으로 살펴볼 것이다. 제3장에서는 현재 이슬람 여성을 둘러싸고 가장 논란이 되고 있는 문제점들을 하나하나 짚어 볼 것이다. 현재 이슬람사회에서 거의 사라져가고 있는 제도이나 이슬람 여성을 언급할 때 빠지지 않고 등장하는 일부다처제도, 여성 억압의 상징으로 간주되는 히잡, 신체의 일부를 훼손하는 비인간적인 행위인 여성의 할례, 그리고 매스컴에서 종종 보도되고 있는 명예살인의 문제가 언급될 것이다. 이슬람 여성을 둘러싼 이러한 문제가 과연 이슬람에서는 어떻게 해석되고 이해되는가를 문화적 상대주의 입장에서 살펴볼 필요가 있다.

본 저서는 2005년 명지대학교 출판부에서 발행된 『무슬림 여성』

의 내용을 대폭 보강·수정하고 글을 독자들이 읽기 쉽게 가다듬었다. 탈오리엔탈리즘적인 시각에서 이슬람 여성을 바라보는 것이 자칫 또 다른 이슬람적 편향의 시각을 낳을 수도 있다는 우려가 있다. 그러나 이슬람 여성에 대해 우리가 알고 있는 정보는 오리엔탈리즘적인 내용 이 너무도 많기 때문에 이슬람적 시각을 더 많이 고려하는 것이 독자 들에게 이슬람 여성에 대한 중립적인 시각을 갖게 할 수도 있다는 생 각이다. 아무쪼록 본 저서가 넓게는 이슬람세계, 좁게는 이슬람 여성 에 대해 관심이 있는 독자들에게 이슬람에 대한 오해와 왜곡의 근원지 가 되는 이슬람 여성의 문제를 올바르게 이해하는 데 조금이라도 도움 이 되었으면 하는 바람이다. 끝으로 이슬람문화에 대한 관심을 가지고 본 저서의 출판을 허락한 세창출판사에 진심으로 감사드린다.

2009년 4월

조 희 선

제1장

이슬람 이전과 이후
역사 속의 여성

이슬람이 내려오기 이전 150여 년 동안 아라비아반도 사람들의 삶과 역사는 이슬람 시대와의 비교를 위해 혹은 이슬람 초기 시대를 이해하기 위해 반드시 필요한 것으로 간주된다. 이슬람 이전 시대를 살았던 아라비아반도의 여성에 대한 이해 역시 이슬람 여성을 이해하기 위한 밑거름이 된다. 아라비아반도의 여성들이 이슬람이 계시된 이후에 어떠한 변화된 삶을 살았는가는 이슬람 학자들뿐만 아니라 서구의 오리엔탈리스트들에게도 중요한 관심의 대상이 되어 왔다. 서구의 오리엔탈리스트들은 이슬람이 계시되기 이전 아라비아반도에 살았던 여성들의 삶이 이슬람 시대 여성들의 삶보다 훨씬 나았다고 주장하는가 하면, 이슬람 계시의 위대성을 극대화시키고자 하는 이슬람 학자들은 이슬람이 매우 열악한 조건에 있던 당대의 여성들에게 보다 높은 지위와 권리를 부여해 주었다고 주장하고 있다. 따라서 이슬람 이전 시대 아라비아반도 여성의 삶에 대한 시각은 이슬람학자와 서구 오리엔탈리스트 간에 커다란 차이를 드러내고 있다. 여기서는 아라비아반도의 여성의 삶이 어떠했는가를 탈오리엔탈리즘적이고 동시에 탈이슬람적인 입장에서 살펴보도록 한다.

1. 이슬람 이전 시대 아라비아반도의 아랍여성

아라비아반도에서 이슬람의 출현은 종교뿐만 아니라 정치, 사회, 문화, 사상 등의 모든 영역에 커다란 전환점을 가져다주었다. 이슬람 신도를 지칭하는 무슬림들은 이슬람의 원년 622년, 즉 예언자 무함마드가 메카에서 메디나로 이주한 해인 622년을 기점으로 아라비아반도의 역사를 구분하고자 하였다. 그들은 이슬람 이전의 전 아랍역사를

'자힐리야 시대', 즉 '무지의 시대'라고 명명함으로써 이슬람이 이 지역의 무지를 타파하고 새로운 시대를 열었다는 점을 강조하고자 하였다. 이슬람이 사회적, 도덕적 개혁을 통해 이슬람 이전 아라비아반도에 만연되었던 부족 간의 끊이지 않는 불화와 복수, 그에 따른 부족연대주의 등을 불식시키고 이슬람의 기치하에 모든 부족을 아우르는 이슬람공동체를 구축한 것은 사실이다. 그러나 무슬림들이 '무지의 시대'라고 지칭한 이슬람 이전 시대가 과연 문화적으로 완전히 고립된 시대였는가에 대해서는 논란이 있다. 당시 아라비아반도의 아랍인들은 타 문화와 고립되어 있지 않았다. 아라비아반도는 지정학적으로 로마, 페르시아, 에티오피아, 샴 지역² 등과 접촉하면서 정치적, 문화적으로 교류를 가졌다. 따라서 이 시기를 어떠한 문화와도 동떨어진 '무지'의 시대로 간주하기는 어렵다. 다만 이 시기는 이슬람에서 주창한 도덕적 분별력이 없었던 시기, 그리고 신에게 복종하지 않았던 신에 대한 '무지'의 시기라고 할 수 있다. 이슬람의 경전 꾸란은 이슬람 이전 아랍인들이 무지하거나 야만적이지 않았으며, 정치적으로나 경제적으로도 고립되어 있지 않았다는 사실을 전해주고 있다.

사실 이슬람 이전 시대의 아랍 여성상에 대해서는 이슬람 여성상만큼이나 학자들 사이에 많은 논란이 있어왔다. 이슬람의 비교우위를 증명해 보이려는 많은 이슬람 학자들은 이슬람 이전 시대를 살았던 여성들의 부정적인 삶의 모습들을 부각시킴으로써 이슬람 시대 여성의 지위 상승을 강조하고 있다. 반면, 서구 오리엔탈리스트들은 이슬람 이전 시대 아랍여성들이 높은 지위와 더불어 성적 자율성을 누렸다고 주장하면서 이슬람의 도래와 더불어 여성의 지위가 하락하였다는 입

2_ 시리아, 레바논, 팔레스타인, 요르단 지역을 아랍어로 '샴' 지역이라 부름.

장을 견지하고 있다. 이렇듯 이슬람 이전 시대 여성상은 이슬람 학자들과 서구 오리엔탈리스트 사이에서 커다란 논쟁을 불러일으켰을 뿐만 아니라 이슬람 학자들 사이에서도 논란의 대상이 되어 왔다. 따라서 이슬람 이전 시대 아랍여성에 대한 객관적 접근은 궁극적으로 이슬람 시대 여성의 이해를 위해 반드시 필요하다. 이슬람 이전의 시대상을 알려주는 역사적인 보고는 시이다. 시는 문학으로서의 기능뿐만 아니라 이슬람이 내려오기 이전 150년 간의 아라비아반도 사람들의 삶의 모습을 그대로 전해주는 역사적 보고이기도 하다. 구전으로 내려오던 시문학은 꾸란의 해석을 위한 중요한 언어적 보고로 간주되어 이슬람 시대에 무슬림들에 의해 수집되고 편집되었다. 시문학뿐만 아니라 이슬람의 경전 꾸란 역시 이슬람 이전의 관습이나 관행을 전해주는 원천이 되고 있다. 따라서 이슬람 이전 시대의 시문학과 꾸란에 비춰진 이슬람 이전 시대 아라비아반도의 여성상에 관해 살펴보기로 한다.

1) 가정에서의 여성

황량한 사막에서 부족을 단위로 목초지와 수원지를 따라 이동생활을 계속해야 하는 유목민에게 부족 간의 투쟁과 전쟁은 필연적이었다. 전쟁시 남자는 부족의 전사로서 부족을 수호하는 중요한 역할을 하는 반면, 여성들은 부족원 남성들에게 짐이 될 뿐만 아니라 전쟁에서 질 경우 포로로 잡혀 부족의 수치가 되기도 하였다. 따라서 모든 문명권에서 그러하였듯이 이슬람 이전 시대에도 남성이 여성보다 높은 사회적 위치를 점유했던 것은 분명한 사실이다. 그러나 가정과 사회 속에서 이슬람 이전 시대 여성의 위치와 역할은 일반적으로 이슬람 학자들에 의해 사실보다 과소평가되어 온 경향이 있다. 그렇다면 당시 아라비아반도의 여성들은 가정과 사회 속에서 어떠한 모습으로 살아 갔는가?

어머니: 이슬람 이전 시대 아라비아 사회는 사회적, 정치적으로 부족 중심의 사회였다. 부족은 여러 가족이 혈연으로 맺어진 집단을 의미한다. 가족 내에서 가장의 위치는 가족과 혈족관계의 중심이었다. 그러나 혼인을 통하여 각 가문, 혹은 부족 간에 긴밀한 유대가 형성되었다는 점에서 당시의 어머니 역시 가족이나 부족 등의 혈족관계에서 상당한 영향력을 지니고 있었다. 아랍인들이 혈족관계를 나타내기 위해 '어머니의 자궁'(raḥm), 혹은 '어머니의 배'(baṭn)라는 아랍어 표현을 사용한 것으로 미루어 당시 어머니의 위상을 조금이나마 짐작해 볼 수 있다.

이슬람 이전 시대를 밝혀주는 역사적 보고로 간주되는 시문학에서 흔히 볼 수 있는 내용은 혈통에 대한 자랑을 들 수 있다. 많은 시인들은 부친뿐만 아니라 종종 어머니에 대한 자랑을 늘어놓는다. 특히 자유인 어머니와 훌륭한 가문 출신의 어머니는 시인의 자랑거리가 되었다. 시인 자으파르 븐 울바 알 하리시(Ja ʿfar bn ʿUlbah al-Ḥārithī)는 자유인 어머니에게서 태어난 자만이 전쟁의 아픔과 고통을 씻을 수 있다며 자신의 어머니를 자랑한다; "짙은 구름을 벗겨낼 수 있는 자는… 자유인 어머니의 아들밖에 없으니…."[3] 끼탈 알 킬라비(al-Qitāl al-Kilābī) 역시 라비아 부족 출신인 자신의 어머니가 일을 할 필요가 없는 자유인 여성이라고 자랑한다; "더운 여름날, 나무를 해 오지 않아도 되는 라비아 부족 출신의 자유인 어머니가 나를 낳았다…."[4] 혼인시 신

3_ ʿAḥmad Muḥammad al-Ḥūfī, *al-Marʾah fī al-Shiʿr al-Jāhilī*, p.79에서 재인용.

랑이 신부에게 주는 혼납금, 즉 마흐르(mahr)는 노예나 여종이 아닌 자유인 여성에게만 주어지기 때문에, 여류시인 칸사(al-Khansā´)는 자신의 어머니가 혼납금을 받았다고 언급함으로써 간접적으로 어머니가 자유인임을 자랑하고 있다.

아랍인들의 존칭 가운데는 '아무개 아버지'라고 아이들의 이름을 따서 호칭하는 '쿤야'(kunyah)가 있다. 아버지처럼 어머니 역시 '아무개 어머니'라는 쿤야로 불렸다는 사실은 당시 어머니의 위상도 낮지 않았음을 반증해 주는 것이다. 어머니를 쿤야로 부른 것은 이슬람 시대이후에도 지속되어 쿤야는 자유인 여성의 별칭처럼 되었다. 자식이 없었던 예언자 무함마드의 부인 아이샤('Ā'ishah)가 자신만이 쿤야가 없다고 불평하자 예언자는 부인 아이샤에게 조카 '압둘라'의 이름으로 쿤야를 지으라고 충고하기도 하였다.

드문 경우이긴 하지만 자식이 어머니 쪽 가문의 성을 따르는 경우도 있었으며 이것은 이슬람 도래 이전까지 지속되었다. 암루 븐 알 후즈르('Amrū bn al-Ḥujr)가 자신의 딸을 아우프 븐 무할람 알 샤이바니('Auf bn Muhallam al-Shaibānī)와 약혼시키려 할 때, "내 외손자는 우리 혈통을 따르고, 외손녀는 내가 직접 혼인시키는 조건으로 딸을 주겠다"라고 하자, 아우프 븐 무할람이 이를 거절하였다는 전언은 당시 어머니 쪽 가계의 성을 따르던 관습도 존재하였음을 짐작케 한다. 시인 주하이르 븐 아비 술마(Juhair bn 'Abī Sulmā) 역시 장성한 후 어머니 쪽 부족의 성을 따르고 외삼촌의 유산까지 상속받은 것으로 알려져 있다.[5] 부족의 명칭 또한 시조가 되는 남성의 이름을 따르는 것이 보통이나, 적지 않은 부족의 명칭이 여성의 이름에서 비롯되기도 하였다.

4_ 위의 책, p.80에서 재인용.

5_ 위의 책, p.88에서 재인용.

예멘의 바질라(Bajīlah), 타밈(Tamīm)부족의 아드위야('Adwīyah), 뚜하이야(Ṭuhaiyah), 위르사(al-Wirthah) 가문 등이 여성의 이름을 가문의 명칭으로 삼은 경우이다. 이와 같이 부족이나 가문의 명칭을 어머니의 이름에서 따오던 관습은 남·북부 아라비아 전역의 정착민이나 유목민들 모두에게 존재했던 듯이 보인다. 그리고 자유인 여성은 물론 노예 여성의 이름이 부족의 명칭으로 사용되기도 하였다.

부족의 이름처럼 개인의 이름도 어머니의 이름을 따르는 경우가 많았다. 무함마드 븐 하빕(Muḥammad bn Ḥabīb)이 저서 『어머니의 이름을 따라 불리던 시인들에 관한 책』에서 언급한 39명의 시인들 가운데 36명이 이슬람 이전 시대의 시인이었다. 일부 학자들은 이와 같이 어머니의 이름을 따라 이름을 지었던 원인을 이슬람 이전 시대 행해졌던 '무트아'(mutʿah, 일시적 혼인) 때문이라고 해석하고 있다. 한 여자가 여러 남자와 관계를 가짐으로써 아버지가 분명하지 않았기 때문이라는 해석이다. 그러나 많은 시인들은 자신을 낳아 준 어머니에 대한 감사와 존경을 표현하기 위해 '어머니의 자식'임을 자랑하고 있다. 암루 븐 쿨숨('Amrū bn Khuthūm)이나 따라파(Ṭarafah)의 시에는 히라 왕국의 왕 암루 븐 알 문디르('Amrū bn al-Mundhir)가 '힌드(어머니 이름)의 아들'이라고 언급되어 있다. 아흐나프 븐 까이스(al-ʾAḥnaf bn Qais) 역시 "나는 적지도 많지도 않은 젖으로 나를 양육한 자피리야(어머니 이름)의 아들이다"라며 어머니의 고귀한 혈통을 자랑하였다.[6] 그 밖에 어머니가 아버지보다 더 훌륭한 가문의 출신이거나, 아버지가 일찍 죽어 어머니가 아이들을 양육한 경우에도 어머니의 이름을 따랐다. 또한 한 남자가 여러 여자와 혼인하여 낳은 자식들의 이름이 중복되었을 경

6_ 위의 책, pp.106, 108.

우, 그들 간의 구별을 위해 아버지의 이름과 더불어 어머니의 이름을 사용하기도 하였다. 아주 드물게 어머니나 할머니도 없을 경우 유모의 이름을 따르기도 하였다. 어머니가 여종이나 노예 출신일 경우 어머니의 이름을 따라 부르는 것은 의도적인 경멸을 의미하는 것이었다. 노예 어머니에게서 태어난 신분으로 시인이자 전쟁 영웅으로 시대를 풍미하였던 안타라('Antarah)는 자신의 도움이 필요 없는 평화시에 사람들이 자신을 '자비바(어머니 이름)의 아들'이라 부른다고 불평하기도 하였다.

아내: 부족사회에서의 혼인은 양 가문의 유대를 강화시켜 줄 뿐만 아니라, 부족 간의 적대감을 불식시켜 주기도 한다. 예언자 무함마드의 부인 아이샤에 따르면 이슬람 이전 시대에 네 가지 유형의 혼인이 있었던 것으로 전해진다. 첫째, 이슬람이 공인한 혼인 형태로 남자가 여자에게 후견인을 통해 청혼한 후 혼납금을 지불하고 계약에 의해 혼인하는 형태이다. 둘째, 이스티브다으(istibdā')라 불리는 매매혼으로 남편이 아내에게 매춘을 강요하는 형태이다. 아내가 매춘을 하게 되면 남편은 아내의 임신 여부가 확인될 때까지 아내를 멀리한다. 남편에게서 아이를 얻을 수 없는 아내가 남편 이외의 다른 남자와 성생활을 할 수 있었던 것도 여기에 해당된다. 셋째, 열 명 안팎의 남자들이 한 여자와 함께 사는 집단 혼인 형태이다. 넷째, 어느 남자와도 관계를 갖는 매춘이 존재하였다. 이러한 여러 형태의 혼인이 이슬람 이전 시대에 존재하였다는 사실은 그것이 부정적이든 긍정적이든 당시 여성의 성적 자율성을 시사해 주는 것이라 할 수 있다.

혼인상대자, 즉 이상적인 아내의 모습은 많은 문학 작품 속에 언급되어 있다. 훌륭한 가문과 혈통은 혼인 조건의 으뜸이었다. 그러나 훌

룽한 가문의 기준은 부(富)가 아닌 관대함이었다. 육체적·정신적 아름다움을 지닌 명석한 젊은 처녀는 이상적인 혼인상대자로 간주되어 여러 번 혼인하는 경우도 있었다. 마리야 빈트 주아이드(Mārīyah bint al-Ju'aid)가 열 명 이상의 남자와 혼인하였고, 힌드 빈트 우트바(Hind bint 'Utbah)도 세 번 혼인하였다는 전언이 있다.[7] 이슬람 이전 시대는 급습으로 얻은 전리품에 의존하던 사회였기 때문에 가문의 전사가 되는 아들을 많이 생산하는 것이 아내의 으뜸 조건이었다. 아들이 태어나면, 뛰어난 시인이 배출되거나 말이 새끼를 낳을 때와 같이 축제를 벌이기도 하였다.

아랍남성들은 먼 혈통을 지닌 여성과의 혼인이 부족 간의 유대를 강화시켜 줄 뿐만 아니라 건강한 아이를 생산할 수 있다고 보고 타 부족 여성과의 혼인을 선호하였다. 그 결과 외국 여성과의 혼인이 일반화되어 있었다. 예멘인들은 특히 에티오피아 여성과의 혼인을 선호하였다. 시인 안타라의 어머니 자비바도 에티오피아 출신의 노예였으며, 시인 캇파프 븐 우마르(Khaffāf bn 'Umar)의 어머니 나드바(Nadbah) 역시 에티오피아 출신의 노예였다. 아주 드물게 로마나 페르시아 여인과의 혼인도 이루어졌으나, 농업에 종사하였던 정착민 나바뜨인[8]들과는 혼인을 기피하였다. 이는 아랍 유목민들이 정착민들을 경시하던 풍조에서 비롯된 것이다.

남성과 마찬가지로 여성도 배우자를 선택하기 위해 조건을 제시하기도 하였다. 여류시인 칸사는 두라이드(Duraid)가 청혼하자 늙었다는 이유로 그의 청혼을 거절하였다. 칸사의 아버지 역시 딸의 의사를 존중하였다. 젊고, 친절하며, 관용과 용기를 지닌 동등한 가문 출신의

7_ 위의 책, p.159.
8_ 아라비아반도 북부(오늘날의 요르단 땅)에서 농업을 영위하며 살아가던 정착민.

남성은 훌륭한 남편감으로 간주되었다. 외국이나 멀리 떨어진 부족 출신의 여성을 선호하던 남성과는 다르게 여성은 혼인 후에도 친정과 가깝게 살 수 있도록 같은 씨족이나 부족 출신의 남성을 선호하였다. 또한 남성과는 달리 아랍 여성이 非아랍게 남성과 혼인하는 것은 금지되거나 경시의 대상이 되기도 하였다. 남성이 타 부족 출신의 여성을 선호하고 여성은 같은 부족 출신의 남성을 선호하던 관행은 이슬람 이후에도 그대로 이어졌다. 오늘날 이슬람사회에서 무슬림 남성들은 종교적으로 유대교나 기독교 출신의 여성과 혼인할 수 있을 뿐만 아니라 외국 여성과의 혼인을 선호한다. 반면, 무슬림 여성의 경우 타 종교 출신 남성과의 혼인이 금지되어 있어 무슬림 남성들과의 혼인만이 허용되고 있다.

　이슬람 이전 시대 역사를 담고 있는 문학 속에는 여성 스스로가 배우자를 선택한 경우가 많이 등장한다. 특히 훌륭한 가문 출신의 여성은 남편을 스스로 선택할 수 있었으며 원치 않는 남성과의 혼인이 강요되지 않았다. 에멘 왕의 딸 마위야 빈트 아프라즈(Māwiyah bint ´Afraz)는 세 명의 약혼자 가운데 하팀을 남편감으로 선택하였다.[9] 사흠(Sahm) 부족의 한 여인도 시인 타압바따 샤르라(Ta´abbaṭa Sharrā)가 살해될 것이라는 소문을 듣고 그와의 혼인을 거부하였다. 오빠의 친구 두라이드의 청혼을 거절하고 사촌과 혼인하기로 결심한 여류시인 칸사는 다음과 같은 시를 남기기도 하였다; "오빠는 두라이드로 인하여 나를 미워하고 바드르 가문의 남자와 혼인하는 것을 막았다. 오! 하나님. 다리가 짧고 허리가 긴 인색한 남자와 혼인하지 않도록 도와주소서!"[10] 한편, 포로로 잡혔던 킨다(Kindah)부족의 힌드(Hind)라는 여성

9_ 위의 책, p.184.

은 남편에게 돌아가길 거부하고 자신을 포로로 잡은 남자 곁에 남기로 결정하기도 하였다.

이슬람 이전 시대 이혼에도 여러 종류가 있었다. 남편에 대한 거역이나 불임은 여성이 이혼 당하는 가장 중대한 사유였다. 남자가 말로 세 번 이혼을 맹세하게 되면 부인과 이혼할 수 있었다. 이것은 오늘날 흔히 '트리플 딸라끄'(Triple ṭalāq)라 불리며 일부 이슬람 국가에서 여전히 행해지고 있다. 간혹 아내가 이혼을 피하기 위해 남편에게 돈을 지불한 후 남편의 마음이 바뀌지 않을 경우 돈을 다시 찾아가는 일도 있었다. 남편이 아내에게 "당신은 내게 어머니의 등과 같다"고 말하고 평생 아내를 가까이 하지 않는 '지하르'(zihār) 역시 이혼의 일종으로 후에 이슬람은 이를 금지시켰다. 또한 '일라'(ʿīlāʾ)라 하여 1, 2년, 혹은 몇 해 동안 남편이 아내를 가까이 하지 않는 이혼의 유형도 있었다. 남성들과 마찬가지로 이슬람 이전 시대의 일부 여성들은 남편에게 먼저 이혼을 요구하기도 하였다. 아내가 텐트를 소유하고 있을 경우 그 위치를 바꾸는 것으로 이혼 의사를 표시하였다. 예컨대 텐트의 문이 동쪽으로 나 있으면 서쪽으로, 남쪽으로 나 있으면 북쪽으로 옮기는 것으로 이혼 의사를 표시하였다. 정착민 여성의 경우에는 남편에게 음식을 해주지 않음으로써 이혼의사를 표시하기도 하였다.

이슬람 이전 시대에는 일부다처가 흔하게 이루어졌으나 일부일처를 고집하는 여성도 있었다. 일부 여성들은 중혼하지 말 것을 혼인 조건으로 내세우기도 하였다. 예멘 왕의 딸 마위야 빈트 아프라즈는 두 남자로부터의 청혼을 거부하고 유부남 하팀을 남편감으로 수락하였다. 그러나 하팀의 아내가 살아 있는 동안에는 혼인하길 거부하다가

10_ ʿAlī al-ʿAtūm, *Qaḍāyā al-Shiʿr al-Jāhilī*, pp.344-345.

그의 아내가 죽자 청혼을 받아들인 것으로 알려져 있다.

　　딸: 침략과 약탈, 가뭄, 기근이 계속되었던 이슬람 이전 사회에서 딸은 부모에게 짐이 되는 존재였다는 사실은 부인할 수 없다. 일부 이슬람 학자들은 꾸란에도 언급되어 있는 와으드(wa´d), 즉 딸이 태어나면 즉시 생매장하는 풍습이 이슬람 이전 시대에 만연되어 있었다고 주장한다. 이슬람이 이러한 사회적 악습을 제거하였다고 주장하는 것은 이슬람의 위대성을 확대해석하고자 하는 의도가 담겨 있다. 이러한 풍습이 이슬람 이전 시대에 만연되어 있었다는 것은 사실보다 과장된 이야기이다. 당시 딸이 그렇게 하찮은 존재가 아니었음을 밝혀 주는 여러 증거가 발견되기 때문이다. 첫째, 딸에 대한 아버지의 애틋한 애정을 담은 시이다. 시인 라비드(Labīd)는 자신이 죽은 후 딸들이 머리를 깎고 얼굴을 할퀴며 슬퍼할까 걱정하는 딸에 대한 애틋한 사랑을 시 속에 표현하기도 하였다.[11] 간혹 칭송 시인들은 피칭송자의 환심을 사기 위해 그의 딸을 칭송하기도 하였다. 둘째, 아들의 이름뿐만 아니라 딸의 이름으로 '아무개 아버지' 혹은 '아무개 어머니'라는 쿤야를 짓기도 하였다. 셋째, 혼인시 혹은 그 밖의 일에서도 딸의 의사를 존중하는 경우가 많았다. 딸이 도망자에게 은신처를 제공하고 '보호자'[12]라고 선언하면 가족은 딸의 의사를 따르기도 하였다. 푸카이하 빈트 끼타드(Fukaihah bint Qitād)가 자신의 부족원에게 쫓기는 시인 술라이크 븐 알 술라카(Sulaik bn al-Sulakah)를 보호해 주어 후에 그가 그녀에 대

11_ ´Aḥmad Muḥammad al-Ḫūfī, 앞의 책, p.280.

12_ 이슬람 이전 시대에는 도망자에게 은신처를 제공하는 것이 명예스런 행동으로 간주되어 많은 사람들이 도망자에게 은신처를 제공하곤 하였다. 도망자에게 은신처를 제공한 사람들은 '보호자'라는 칭호로 불렸다.

한 칭송시를 남긴 것은 유명하다.

그러나 이슬람 이전 시대에는 여아 혐오사상이나 여아생매장 풍습이 존재했다는 사실을 시사하는 증거도 발견된다. 딸이 태어나면 '神이 수치로부터 당신을 보호하길…', '짐이 이것으로 충분하길…', '당신은 무덤과 혼인했구려!'라는 인사를 전하는 풍습이 바로 그것이다. 꾸란과 하디스(Ḥadīth)[13]에도 여러 곳에서 여아 혐오사상이나 여아생매장 풍습에 대해 경고하고 있다. 그렇다면 여아 박대의 최악의 유형인 여아생매장 풍습은 어디에서 온 것일까? 꾸란은 일부 사람들이 닥쳐올 가난이 두려워 여아를 생매장한다고 언급하고 있다; "궁핍의 두려움으로 너희 자손을 살해하지 말라. 우리가 그들에게 일용할 양식을 주나니 너희도 마찬가지라. 그들을 살해하는 것은 큰 죄악이라"(꾸란 17장 31절). 이렇듯 여야생매장 풍습은 우선 척박한 환경에서 비롯된 가난과 굶주림이 그 일차적 원인이었다. 그러나 부유한 사람들 가운데도 자신들의 딸을 생매장하였다는 기록이 있다. 『노래의 書』[14]에는 부유했던 무할힐 븐 라비아(Muhalhil bn Rabī'ah)가 딸을 낳자 죽이라고 명령한 것으로 기록되어 있다. 그러나 그의 아내는 남편 몰래 하녀에게 딸을 숨겼고, 후에 이 사실을 알게 된 남편은 딸을 잘 기르도록 명하였다고 전하고 있다.[15] 두 번째 이유로 전쟁과 약탈이 일상화되던 지역에서 여아가 포로로 잡혀 가문의 수치가 될 수 있다는 우려를 들 수 있다. 여아생매장이 처음으로 시작된 동기를 설명하는 이와 관련된 많은 이야기가 전해진다. 포로로 잡힌 딸을 구하기 위해 아버지가 찾아갔으나 딸이 아버지에게 되돌아가길 거부하고 타 부족 남자 곁에 남

13_ 예언자의 언행록으로 이슬람의 경전 꾸란 다음으로 중요한 이슬람의 법원.
14_ 이스파하니(al-Iṣfahānī, 967년 사망)가 지은 아라비아의 詩史.
15_ ´Aḥmad Muḥammad al-Ḥūfī, 앞의 책, p.294.

아 있기로 결정하자 아버지가 돌아와 딸들을 모두 죽였다는 이야기, 포로로 잡힌 아내를 구출하기 위해 남편이 찾아갔으나 아내가 되돌아오길 거부하자 남편이 집으로 돌아와 딸들을 모두 죽였다는 이야기가 그것이다. 세 번째 이유로 여아를 사탄에 의해 만들어진 흉물스런 존재로 보는 옛 신앙 때문이라고 해석하는 학자들도 있다. 이와 관련하여 꾸란은 다음과 같이 언급하고 있다; "그들 가운데 한 사람이 여아가 탄생했다는 소식을 들었을 때 그의 얼굴이 검어지며 슬픔으로 가득 차더라. 그에게 전해온 나쁜 소식으로 그는 수치스러워 사람들로부터 자신을 숨기며 그 치욕을 참을 것인가 아니면 흙 속에 묻어 버릴 것인가 생각하나니 그들이 판단한 것에 불행이 있으리라"(꾸란 16장 57절-59절). 그밖에 몸에 푸른 반점이나 흰색 반점, 혹은 사마귀가 있거나 신체적으로 불구인 여아를 생매장하는 경우도 있었다. 그러나 생매장 풍습은 여아에게만 한정된 것은 아니었다. 꾸란에도 자식을 우상의 제물로 바치는 것을 경고하고 있듯이, 열 명의 자식 가운데 한 명을 희생하던 악습이 이슬람 이전 시대 아라비아반도에도 존재하였던 것으로 보인다.

척박한 땅에서 가뭄으로 인한 기근, 딸이 포로로 잡혀 가문을 욕되게 만드는 약탈과 전쟁, 딸을 사탄에 의해 만들어진 흉물스런 존재로 보는 옛 신앙 등의 이유로 여아생매장 풍습이 이슬람 이전 시대 아라비아반도에 존재하였던 것은 사실이다. 그러나 여아생매장 풍습은 아라비아반도에서 일반적인 현상은 아니었다. 많은 역사가들은 라비아, 타밈, 킨다 등의 몇몇 부족만이 여아생매장을 행하는 풍습을 가지고 있었다고 전하고 있다. 만약 여아생매장 풍습이 당시 일반적인 현상이었다면 여성의 숫자가 절대적으로 부족해져 당시 만연되었던 일부다처도 가능하지 않았을 것이다. 또한 당시의 사회상을 그대로 담아내던 이슬람 이전 시대 시인들이 이러한 풍습을 시 속에 흔하게 언급하였을 것이다. 그러나 오히려 이슬람 이전 시대 시 가운데는 딸에 대한 아버지의 염려와 사랑을 그리고 있는 시가 많으며, 또한 환심을 사기 위해 피칭송자의 딸을 칭송하는 내용도 흔하게 찾아볼 수 있다. 우마이야 시대 시인 파라즈다끄(al-Farazdaq)는 가난으로 생매장 당할 위기에 처해 있는 여아를 구출한 자신의 조부의 미덕을 시 속에서 자랑하기도 하였다. 이렇듯 여아생매장 풍습은 아라비아반도 전역에 확산되어 있던 일반적인 현상이 아니었으며, 그것을 자행하던 부족 내에서도 모든 부족원들이 이러한 악습을 따랐던 것은 아니다.

2) 사회 속에서의 여성

이슬람 이전 시대에는 매우 제한적이기는 하나 여성이 사회 속에서 일정한 역할을 하였던 것으로 전해지고 있다. 이슬람 중기 이후의 여성들이 가정의 영역에서 벗어나지 못했던 것과는 커다란 대조를 보인다.

여성과 '히잡'(hijāb, 가리개 혹은 베일) : '히잡'은 비잔틴제국과 사산제국을 비롯한 고대 문명권에도 존재했던 것으로 아라비아반도의 고유 전통은 아니다. 일반적으로 부계사회에서 히잡은 '존중받는' 혹은 남에게 '허용되지 않는' 여성과 공개적으로 '허용되는' 여성을 구별하기 위한 장치였다. 다시 말해 히잡은 특정한 남성의 보호하에 있는 여성을 그렇지 않은 여성과 구별하기 위한 표시였다. 이슬람 이전 시대에 히잡이 없었다고 주장하는 학자들도 있으나, 시리아와 팔레스타인의 인접 도시에 거주하던 특정 계급의 여성들이 히잡을 사용했던 것으로 전해진다. 이슬람 이전 시대 시인들 가운데도 임루 알 까이스, 아으샤, 따라파와 같은 시인들의 시 속에는 히잡을 쓰지 않은 여성이 묘사되어 있는 반면, 안타라나 라비드와 같은 시인들의 시 속에는 사회에서 격리된 히잡 속의 여인이 주로 묘사되어 있다.

여러 역사서들은 여성이 히잡을 벗고 남성과 함께 앉아 서로 마주보고 이야기하는 것이 흉이 되지 않았다고 전하고 있다. 또한 히잡을 쓰라고 명령하는 다음의 꾸란 구절은 당시 일부 여성들이 히잡을 사용하지 않았음을 반증해 준다; "…밖으로 나타나는 것[16] 외에는 유혹하는 어떤 것도 보여서는 아니 되니라. 그리고 가슴을 가리는 수건을 써서…"(꾸란 24장 31절), "그대의 아내들과 딸들과 믿는 여성들에게 히잡을 쓰라고 이르라. 그때는 외출할 때이니라. 그렇게 함이 가장 편리한 것으로 그렇게 알려져 간음되지 않도록 함이니…"(꾸란 33장 59절). 일부 여성들이 지나치게 노출을 하고 밖으로 나다니자 예언자의 부인들에게 다음과 같은 계시가 내려졌다; "너희 집에 머무르며 옛 무지의 시대처럼 너의 (몸의) 장식이나 아름다움을 (남자들에게) 드러내지 말며…"(꾸란 33장 33절). 이 계시가 내려진 이후에 히잡을 쓰기 시작하였다는 예언자의 부인 아이샤의 이야기와, 초기 무하지룬(muhājirūn)[17]의 아내들이 꾸란 24장 31절이 계시되자 옷을 잘라 히잡을 만들었다는 전언은 당시 일부 여성들이 히잡을 쓰지 않았다는 사실을 반증해 준다. 또한 전장에서 패배가 확실해질 경우 여성들이 포로로 잡힐까 두려워 히잡을 벗고 여종으로 가장하였다는 기록은 당시 여종들이 히잡을 쓰지 않았다는 것을 말해 준다.

한편, 이슬람 이전 시대를 전하는 문학서와 역사서에도 여성의 히

16_ 대부분의 꾸란 주석학자들은 '밖으로 나타나는 것'을 얼굴과 손으로 해석하고 있다.
17_ 예언자 무함마드와 함께 메카에서 메디나로 이주한 사람들.

잡에 대한 언급이 있다. 『노래의 書』는 쿠라이시(Quraish)부족과 키나나(Kinānah)부족의 젊은이들이 오카즈 시장에서 아미르('Āmir)부족의 처녀에게 히잡을 벗으라고 희롱함으로써 양 부족 사이에 전쟁이 일어났다는 소식을 전하고 있다. 또한 히잡을 쓴 신비로운 연인에 대한 묘사는 이슬람 이전 시대의 시에 자주 등장한다. 부족원들에게 복수를 촉구하는 여성 애도시에서도 만약 복수하지 않을 경우 여자처럼 히잡을 쓰고 다녀야 한다는 표현이 있는 것으로 보아 당시 여성들이 히잡을 사용하였음을 짐작해 볼 수 있다.

위에서 살펴보았듯이 이슬람 이전 시대의 자유인 여성들은 지역에 따라 혹은 부족에 따라 히잡을 사용하기도 또는 히잡을 사용하지 않기도 하였다. 이슬람 시대 이후 예언자 무함마드의 생존시에는 예언자의 부인들에게만 히잡이 의무화되었다. 예언자의 언행록 하디스에서 '히잡을 쓰다'라는 표현은 '예언자의 부인이 되다'라는 것을 의미하였다. 이것은 예언자 무함마드가 자이납 빈트 자흐시(Zainab bint Jahsh)와 혼인하던 날, 혼인식에 참석한 남자들의 손이 여자들의 손에 닿자, 예언자의 부인들을 격려하라는 다음의 꾸란 구절이 계시된 것에서 비롯되었다; "너희는 예언자의 부인으로부터 무엇을 요구할 때 가림새를 사이에 두고 하라. 그렇게 함이 너희 마음과 예언자 부인들의 마음을 위해 순결한 것이라. 너희는 하나님의 사도를 괴롭히지 않도록 처신하라. 너희는 이 부인들과 혼인할 수 없느니라"(꾸란 33장 53절). 그 후 모든 무슬림 여성들에게 낯선 남자들 앞에서 얼굴이나 손과 같이 꼭 드러내야 할 부분만을 제외하고 남성을 유혹할 여지가 있는 어떤 것도 드러내지 말라는 꾸란 구절[18]이 계시되었다. 그러나 또 다른

18_ 제24장 31절, 제33장 59절.

꾸란 구절[19]에도 나타나듯 이슬람 시대에도 나이 든 여성에게는 히잡이 의무화되지 않았다.

여성의 직업: 이슬람 이전 시대 여성이 하던 일은 매우 다양하였다. 가사와 양육뿐만 아니라 실 잣기, 옷감 짜기, 천막 고치기 등도 여성의 몫이었다. 예언자의 부인 아이샤도 실 잣기를 한 것으로 기록되어 있다. 부족원들에게 복수할 것을 촉구하면서 만약 복수하지 않을 경우 "창 대신에 여자처럼 실 잣는 도구나 들고 다니시오"라고 말한 압드 알라흐만 다라('Abd al-Raḥmān Dārah)의 시에서처럼 실 잣기는 여성 고유의 일이었던 것으로 보인다.[20] 여종이나 가난한 여성은 우유를 짜거나 가축을 돌보기도 하였으나 부유한 자유인 여성들은 이러한 일에 종사하지 않았다. 부유한 정착민들은 보통 유목민 여성에게 자녀들의 수유를 부탁하였기 때문에 많은 유목민 여성들이 유모로 일하기도 하였다. 예언자 자신도 유모 할리마(Ḥalīmah)에게서 젖을 먹으며 성장하였다.

전쟁시 여성들이 전쟁터에 나가 부상자를 치료하였는가 하면, 산파로 일하는 여성도 있었다. 눈병과 부상치료로 유명하였던 아와드('Awad) 부족 출신의 자이납(Zainab)을 비롯한 여러 여성들이 의료분야에서 두각을 나타냈다. 이슬람 이전 시대 여성의 일 가운데 가장 눈에 띄는 것은 예언가(kāhinah)[21]와 점쟁이('arrāfah)[22]로서의 역할이다. 힘야르(Ḥimyar) 부족의 자브라(Jabrā), 마으립 댐[23]의 범람을 예언한 따

19_ "나이가 들어 부부생활을 원하지 않는 여성들이 유혹하는 부분을 제외하고는 옷을 벗어도 죄악은 아니라." (꾸란 24장 60절)

20_ 위의 책, p.400.

21_ 일어나지 않은 미래를 점치는 사람.

22_ 생각과 추측에 의해 과거를 알아맞추는 사람.

23_ 고대 예멘 지역에 있던 거대한 농업용 댐.

리파(Ṭarīfah), 잠잠 샘[24]에 관한 논란을 해결한 후다임(Hudhaim), 예언자 무함마드의 출현을 예고한 가이딸라(al-Ghaiṭalah) 등 역사서가 전하는 여성 예언자들은 무수히 많다. 술라파(Sulafah)는 무슬림들이 카바를 장악하였을 당시 카바[25] 열쇠를 지니고 있었으며, 메카의 마지막 사제였던 후다일(Hudhail)도 자신의 딸 훕바(Hubbah)에게 메카의 열쇠를 맡겼던 것으로 전해진다. 당시 아랍인들에게 예언가들은 존경의 대상이었으며, 일반적으로 남성 예언가들보다 여성 예언가들이 더 중요한 사건을 예언한 것으로 전해진다.

여성과 전쟁: 이슬람 이전 시대 여성의 사회적 역할 가운데 가장 두드러졌던 것은 여성의 전쟁참여이다. 여성이 전쟁에 참여했던 가장 오래된 기록은 바크르(Bakr)와 타글랍(Taghlab) 부족 사이에 벌어졌던 티흘라끄 알 리맘(Tiḥlāq al-Limām) 전투에서이다. 바크르 사람 하리스(Hārith)는 기병의 숫자가 부족하자 여성도 전쟁에 참여시킬 것을 부족장에게 제안하였다. 이 전투에서 기병의 옷을 입고 남자들 뒤에 선 여자들은 가죽으로 된 조그마한 그릇과 막대기를 가지고 있다가 땅에 쓰러진 사람이 부족원이면 물을 주어 회복시키고, 부족원이 아니면 막대기로 때려죽임으로써 바크르 부족의 승리를 가져다주었다. 라까시(Raqāsh)는 따이(Ṭā´ī)부족 출신의 여성 예언자로 루하 자비르(Ruḥā Jābir) 전투시 부족원들을 이끌고 적을 공격하여 많은 포로와 노획물을 획득하기도 하였다. 파자리야(Fazārīyah) 부족의 움므 끼르파(´Umm Qirfah) 역시 40여 명의 아들과 손자를 보내 이슬람 군대와 싸우도록 지휘하였으나, 결국 포로로 잡혀 잔인한 죽음을 맞이하였다.

24_ 메카의 하렘 성원에 있는 신성한 샘.
25_ 메카의 '검은 돌'로 이슬람 시대 이후 모든 무슬림들의 기도방향이 됨.

이슬람 역사가들은 그녀가 만약 이슬람에 귀의하였더라면 이슬람史에 커다란 족적을 남겼을 것이라고 기록하고 있다.[26]

부족원이 살해되거나 부상당하거나 포로로 잡히면 반드시 복수하는 것이 부족원 남성들에게 지워진 의무였다. 부족원 남성들은 복수의 임무를 다할 때까지 여자와 술, 향수를 멀리하였다. 이들은 포로로 잡힌 부족원의 몸값을 받아들이는 것을 커다란 수치로 여겼다. 여성들 또한 부족에 대한 강한 연대의식을 가지고 있었다. 여성들은 아버지나 형제, 삼촌 등이 전쟁에서 살해되면 남성 부족원들에게 복수할 것을 촉구하였다. 이슬람 이전 시대의 시인 우하이하 븐 알 줄라흐(ʿUhaihah bn al-Julāh)의 부인은 남편이 자신의 부족을 급습하려 하자 자신의 부족에게 그 사실을 알린 후 남편에게 이혼당하고 손목까지 부러지는 수난을 감내하기도 하였다. 리암 부족의 여인 쿠와일라(Khuwailah)는 자식처럼 돌보던 30명의 조카가 타 부족원들에게 살해당하자 조카들의 새끼손가락을 잘라 목걸이를 만들어 걸고 다니며 복수할 것을 촉구한 것으로 유명하다. 이슬람 군대에 저항하였던 메카군의 지도자 아부 수프얀(ʿAbū Ṣufyān)의 부인 힌드 빈트 우트바는 전투에서 아버지와 오빠를 잃자 살해자의 간과 코, 귀를 잘라 목걸이를 만들어 걸고 다녔다고 전해진다.[27]

여성들이 지은 애도시는 죽은 자를 위해 복수할 것을 촉구하는 내용으로 가득하다. 부족원 남성들이 희생자들에 대한 복수를 늦추거나 몸값을 받아들일 경우 여성들은 시를 통해 부족원 남성들의 비겁함과 졸렬함을 신랄하게 풍자하였다. 이슬람 이전 시대 가장 유명한 여류 시인 칸사의 시는 전쟁에서 죽은 두 오빠 사크르(Sakhr)와 무아위야(Mu

26_ 위의 책, pp.434-435.
27_ Ahmad, Leila, Women and Gender in Islam, p.53.

'āwiyah)에 대한 애도와 복수의 감정으로 가득하다. 움므 암루 빈트 와 끄단('Umm 'Amrū bint Waqdān) 역시 자신의 오빠가 살해당하자 다음 과 같은 시를 남겼다; "만약 형제를 구하지 못한다면, 당신들은 무기를 던져 버리고 황폐한 땅에서 야수나 잡으시오. 그리고 눈썹 그리기나 손 에 들고 사프란 꽃물을 들인 천으로 히잡이나 만들어 쓰시오."[28]

여성이 직접 전쟁에 참여하는 것 외에 이슬람 이전 시대 여성들은 전쟁터로 향하는 남성들의 뒤를 좇으며 북을 치거나 시를 소리쳐 읊음 으로써 용기와 용맹을 북돋아 주는 역할을 하기도 하였다. 여성들이 지켜보는 가운데 남성들은 여성을 보호하기 위해서라도 죽을 각오로 전쟁에 임할 수밖에 없었다. 전장의 뒤편에서 낙타 가마를 타고 있는 여성으로 인하여 용기와 용맹심을 얻었다는 이야기나, 포로로 잡힐 위 기에 처한 여성을 구출하였다는 영웅담 등은 많은 시의 주제가 되었 다. 디 까르(Dhī Qār) 전투시 한잘라 븐 사을라바(Hanẓalah bn Tha 'labah)는 전사들에게 부인들을 낙타 가마에 태워 전쟁터로 나오라고 명령한 후 전사들의 낙타와 연결되어 있던 부인들의 낙타 가마 끈을 자르도록 명령하였다. 남편의 낙타에 매어 있던 줄이 끊어지게 되면 낙타 가마에 타고 있던 부인들은 도망하지 못하고 죽음을 맞이하기 때 문에 남편들은 결사의 투쟁을 할 수밖에 없었다. 이렇듯 전사들이 후 퇴하지 못하도록 아내와 아이들을 전투에 동반시키던 관행은 제3대 칼리프 우스만 시대까지 지속되었다. 몇몇 부족은 패배시 여성들이 포 로로 잡힐 것을 염려하여 여성을 전쟁에 동원시키지 않았으나, 대부분 의 부족 여성들이 전쟁터에서 부족원을 도왔던 것으로 전해진다.

이슬람이 도래한 이후에도 얼마 동안 여성들은 전쟁에 직접 참여

28_ Yaḥyā al-Jabbūrī, *al-Shi 'r al-Jāhilī Khaṣā 'iṣuhu wa Funūnuhu*, pp.72-73.

하였다. 예언자 시대에 일어났던 우흐드('Uḥd) 전투시에는 여자들이 등에다 음식과 마실 것을 실어 나르며 부상자들을 치료했던 것으로 전해진다. 그러나 이슬람공동체의 세력이 확대되고 이슬람 군대의 숫자가 증가하자 예언자는 전투시 여성들이 가정에 머무르도록 권장하였다. 따라서 이슬람 초기 여성들이 전투에 참여한 것은 이슬람 이전 시대의 잔재라고 할 수 있다. 후에 예언자 부인 아이샤가 4대 정통 칼리프 알리('Alī)에 대항하여 '낙타전투'를 진두지휘한 것은 이슬람의 계율에서 벗어난 것이라 할 수 있다.

전쟁포로와 노예: 전쟁시 여성은 노획의 대상이었다. 이슬람 이전 시대 아랍인들은 타 부족의 여인을 포로로 잡는 것을 자랑으로, 타 부족에게 자기 부족의 여인을 빼앗기는 것을 수치로 여겼다. 포로로 잡힌 여성을 구출하는 것은 남성의 명예가 되었다. 여성 포로의 석방을 위해 몸값이 지불되기도, 때로는 시인이 두 부족 간의 중재자로 나서기도 하였다.

자기 부족의 패배가 확실하게 드러날 경우 여성들은 포로로 잡히지 않으려고 히잡을 벗어 여종인 것처럼 행세하였다는 기록이 있다. 이는 자유인 여성만이 포로 노획의 대상이었음을 짐작하게 해주는 기록이다. 포로로 잡힌 여성은 시를 통해 부족원의 졸렬함과 비겁함을 비난하고 원망한다. 술마 빈트 알 무할라끄(Sulmā bint al-Muḥallaq)는 자신을 버리고 도망한 부족원을 시 속에서 비난하였으며, 후사이나 빈트 자비르 알 아잘리(Ḥusainah bint Jābir al-'Ajalī)는 사촌인 남편이 전쟁터에서 그녀를 남겨 둔 채 도망하자 남편에게 되돌아가길 거부하기도 하였다.[29]

전쟁이 끝나고 화살수대로 전리품이 분배될 때 여성 포로도 분배되었다. 주인은 혼납금을 지불하지 않고 포로로 잡힌 여자와 혼인하여 아이를 생산할 수 있었다. 여성 포로의 자식 가운데는 유명하였던 사람들이 많았다. 이슬람 이전 시대 아랍인들은 적에게 수치심을 불러일으키기 위해 포로와 혼인하거나 포로에게 베푸는 관대함을 시 속에서 자랑하기도 하였다. 그러나 혈통, 재능, 미모의 정도에 따라 여성 포로에 대한 대우가 달랐으며 경우에 따라 잔인하게 죽이기도 하였다.

돈으로 사들인 非아랍계 여성 노예는 포로로 잡힌 여성들보다 나쁜 대우를 받았다. 그들은 음식 준비, 나무 하기, 우유 짜기 등의 일 외에 주인의 재산 증식을 위한 매춘을 강요당하기도 하였다. 아랍인들에게 여성 포로를 소유하는 것은 자랑거리였으나 여성 노예의 소유는 그렇지 않았다. 포로 어머니는 풍자의 대상이 되지 않았으나 노예 어머니는 풍자의 대상이 되어 자식들에게 오욕을 안겨 주기도 하였다. 여성 노예의 자식들은 자유인 어머니에게서 태어난 자식들에 비해 훨씬 부당한 대우를 받았다. 그들은 상속에서 제외되었을 뿐만 아니라 아버지의 성을 따를 수도 없었다. 그러나 이슬람 이전 시대 전쟁 영웅 안타라처럼 전장에서의 공로를 인정받아 아버지의 성을 물려받는 경우도 있었다. 이슬람 시대에도 이교도들과의 전투에서 포로를 노획하거나 시장에서 노예를 거래하는 것이 지속적으로 허용되었다. 그러나 이슬람은 노예의 매춘행위를 금지시키는 한편, 노예의 자식을 노예화시키는 것도 금지하였다. 또한 노예 자식에게 상속권을 부여하는 등 이들에 대한 처우를 향상시켰다.

여성의 정치적 · 사회적 위치 및 재산권: 이슬람 이전 시대 여성은

29_ 위의 책, p.479.

가정에서 누리던 위치만큼 사회 속에서 높은 지위를 누리지는 못했다. 문학 분야에서는 시인, 시 암송가, 문학비평가 등으로 활동하였으나 남성에 비해 그 활동은 매우 제한적이었다. 당시 여성의 사회적·정치적 활동 가운데 가장 두드러졌던 것은 여성의 '보호자'로서의 역할이었다. 남성 '보호자'뿐만 아니라 여성 '보호자'가 어떤 사람을 보호하겠다고 공표하게 되면, 그 가족이나 친척, 혹은 동맹자들은 보호를 받는 사람에게 아무런 적대행위를 할 수 없었다. 이슬람 이전 시대 여성들이 이렇듯 높은 사회적인 위치를 갖게 되는 '보호자'로서 남성들을 보호하였던 예는 아주 많이 찾아볼 수 있다. '보호자'로서 여성의 역할은 이슬람 시대 이후에도 지속되어 움므 하킴 빈트 알 하리스는 자신의 남편 아부 자흘('Abū Jahl)을 보호하여 이슬람에 귀의시키기도 하였다.

이슬람 이전 시대 여성들에게도 재산권이 있었다는 증거가 꾸란이나 이슬람 이전 시대 시에서 발견된다. 하팀 알 따이는 자신의 낭비벽을 나무라는 부인에게 "당신 돈도 많은데 왜 내 돈 쓰는 것을 나무라느냐?"고 부인을 책망하였다는 기록이 있으며, 그의 어머니 우트바도 많은 돈을 가난한 사람들에게 나누어 준 것으로 유명하다. 특히 정착민 여성들은 유목민 여성들보다 많은 재산을 소유할 수 있었다. 후에 예언자의 첫 부인이 된 카디자(Khadījah)는 부유한 상인이었으며, 아스마 빈트 무카르리바('Asmā' bint Mukharribah) 역시 메디나에서 향료 상인으로 유명하였던 부유한 여성이었다. 그 밖에도 『노래의 書』나 많은 문학서에는 큰 재산을 모았던 많은 여성들이 언급되어 있다.

이슬람 이전 시대 아랍인들은 여성이나 어린아이에게는 상속하지 않았고, 창을 들고 전쟁에 나가 노획물을 가져올 수 있는 남자에게만 상속하였다는 것이 일반적인 견해이다. 그러나 드문 경우이긴 하지만 여성도 상속하였다는 기록이 역사서에 등장한다. 아우스 븐 사비트 ('Aus bn Thābit)가 한 명의 아들과 두 딸을 남겨 놓고 죽자 사촌들이 그의 재산을 모두 가져갔다. 아우스의 부인은 사촌들에게 자신의 딸들과 결혼해 줄 것을 요구하였으나 거절당하자 예언자에게 와서 중재를 요청하였다. 그러자 예언자는 이슬람 이전 시대에 불분명하였던 여성의 상속권을 확인하는 다음의 꾸란 구절을 계시 받게 된다; "부모와 가까운 친척이 남긴 재산은 남자에게 귀속하며 또한 부모와 가까운 친척이 남긴 재산은 여자에게 귀속되나니 남긴 것이 적든 많든 합당한 몫이 있느니라"(꾸란 4장 7절). 예언자 무함마드는 메카에서와는 달리 메디나로 이주한 이후에는 공동체의 사안이 있을 때마다 그 사안에 대한 신의 계시를 받곤 하였다.

이슬람 이전 시대 아라비아반도는 다양한 관습과 종교를 지닌 다양한 부족이 공존하던 사회였기 때문에 그 시대 여성의 위치 또한 한마디로 정의 내릴 수 없을 만큼 다양하고 복잡하다. 여성의 전쟁참여, 예언자로서의 종교적 역할, 보호자로서의 사회적·정치적 역할은 당시 여성들이 제한적이긴 하지만 어느 정도 사회참여를 하였다는 것을 시사해준다.

무슬림 학자들이 이슬람 이전 시대의 여성의 위치를 '낙타와 칼' 다음이었다고 묘사한 것은 아무래도 과장된 것으로 보인다. 이슬람 이전 시대의 역사가 예언자 무함마드 사후 1세기가 지나서야 무슬림 사가들에 의해 기록된 것이 아마도 이슬람 이전 시대 여성에 대한 부정적인 평가에 한몫을 했는지도 모른다. 또한 이슬람 문화가 그 이전 시대를 '무지의 시대' 혹은 '야만의 시대'라고 명명함으로써 이슬람이 모든 문명의 원천임을 강조한 것도 이슬람 이전 시대가 과소평가되는 원인이 되었을 것이다.

2. 이슬람 여성의 본보기, 예언자의 부인들

이슬람의 예언자 무함마드는 첫 부인 카디자를 비롯하여 열두 명 혹은 그 이상의 여성들과 혼인하였다. 예언자의 혼인은 이슬람에서 규정하고 있는 일부사처의 규범에도 벗어나 있다. 오리엔탈리스트들 사이에는 일부사처 자체도 많은 논란을 불러일으켰다. 심지어 예언자 무함마드가 열 명이 넘는 여성들과 혼인하였다는 사실은 오리엔탈리스트들의 신랄한 공격의 대상이 되기에 충분하였다. 오리엔탈리스트 존 앙드레 모르는 예언자 무함마드가 여러 명의 첩을 두고 온갖 성욕을 만끽하면서 자신의 추종자들에게는 네 명으로 부인을 제한한 것은 모순이라고 비난하였다.[30] 또 다른 오리엔탈리스트 필 파샤 역시 예언자 무함마드가 여인, 향수, 그리고 기도의 순서대로 사랑했다는 출처 없는 아랍 속담을 전하면서 예언자 무함마드의 여성편력을 신랄하게 비난하였다.[31] 예언자의 다혼에 대한 비난 이외에도 예언자의 부인들에 대한 신랄한 묘사도 있다. 이란의 호메이니에 의해 살해 현상금까지 걸렸던 영국의 작가 살만 루시디(Salman Rushdie)는 소설 『악마의 시』에서 예언자 무함마드의 부인들을 은유적으로 '창녀들'로 묘사하기에 이르렀다; "아내가 몇 명이라고? 열둘, 그리고 오래 전에 죽어 버린 늙은 마누라 하나… 돈을 내는 고객들에게 제일 인기가 좋았던 것은 열다섯 살의 어린 창녀 아이샤… 나이도 제일 많고 또 제일 뚱뚱한 창녀는 사우다… 창녀 하프사는 같은 이름을 가진 마훈드(예언자 무함마드를 지칭)의 아내처럼 다혈질로 변했고… 옛날부터 다른 여자들이 좀 건방지다고 생각하던 이 두 창녀는 역시 귀족적인 신분을 선택했는데.

30_ 최영길, "예언자 무함마드의 다처관에 관한 연구," p.233.
31_ Phil Parshall, The Cross and the Crescent, 2004.

한 명은 다름 아닌 마크줌 가문의 움무 살라마, 다른 한 명은 라말라가 되었으니… 창녀들 중에서도 가장 색정적인 여자가 있었으니, 많은 기술을 알고 있으면서도 경쟁 상대인 아이샤에게 결코 가르쳐주지 않는 그녀는 저 매혹적인 이집트 여자 곱트인 마리."[32] 예언자의 부인들에 대한 이러한 극단적인 묘사는 최근의 예언자 '만평 사건'[33]만큼이나 이슬람 세계의 분노를 가져다주었다.

예언자의 혼인을 둘러싼 여러 논란에도 불구하고 이슬람 세계에서 예언자의 부인들은

결혼식에서 예언자 무함마드가 딸 파띠마를 사촌인 알리에게 넘기고 있다. 세밀화에서 보통 예언자와 예언자 식구들의 얼굴은 베일로 가려져 있다.(Topkapi Palace Library, Istanbul)

꾸란의 계시를 통해 '신자들의 어머니'라는 존귀한 명칭을 얻었을 뿐만 아니라 오늘날까지 이슬람 여성의 본보기로 간주되고 있다. 한편, 전통적 페미니스트들은 예언자의 부인들, 특히 카디자, 아이샤, 파띠마(Fāṭimah)[34]에게서 이성적인 이슬람 여성상을 찾고 있다. 첫 부인 카디자는 일하는 여성의 상징으로, 아이샤는 교육받은 여성의 상징으로,

---

32_ 살만 루시디, 『악마의 시』(김진준 역), 하, 2004, p.135, p.137.

33_ 예언자 무함마드를 '테러리스트'로 묘사하는 만평을 서구세계의 언론에서 게재함으로써 이슬람 세계의 분노를 가져왔던 사건.

34_ 예언자의 딸로 후에 4대 칼리프 알리('Alī)와 혼인하여 하산과 후세인을 낳음, 쉬아파에서는 알리와 파띠마의 후손을 신성한 가문으로 받아들이고 있음.

그리고 예언자의 딸이었던 파띠마는 도덕적인 여성의 상징으로 간주
되고 있다. 오늘날까지도 이슬람세계의 많은 여성들이 예언자의 부인
들의 이름으로 불리고 있는 것을 보면 역사 속에서 그리고 오늘날의
현실 속에서 이들의 위상을 짐작해 볼 수 있다.

1) 예언자의 부인들

예언자의 첫 부인은 카디자였다. 카디자는 예언자와 혼인하기 전
에 이미 두 번을 혼인한 바 있으며, 전 남편에게서 각각 한 명씩의 자
녀를 두었다. 카디자는 전 남편으로부터 많은 재산을 상속받아 그것을
잘 운용하여 재산을 늘렸던 부유한 여인이었다. 혼인할 당시 무함마드
의 나이가 스물다섯이었고 카디자의 나이는 마흔이었다. 카디자는 무
함마드가 생활에 안정을 찾고 명상에 몰두할 수 있는 환경을 제공하였
으며, 무함마드가 처음 계시를 받았을 당시 유일하게 믿고 따랐던 든
든한 후원자였다. 따라서 카디자는 믿음의 계보에서 최초의 무슬림으
로 간주된다. 카디자는 헤지라(622년)[35]가 있기 삼 년 전 육십오 세의
나이로 메디나에서 사망하였다.

카디자가 죽자 예언자 무함마드는 이모 카울라(Khawlah)를 통해
나이 든 사우다(Sawdāʾ)와 후에 1대 칼리프가 된 아부 바크르(ʾAbū
Bakr)의 어린 딸 아이샤에게 동시에 청혼하였다. 이모 카울라는 카디
자가 사망한 후 무함마드의 식솔들을 보살피고 있었으며 예언자에게
혼인을 제안할 정도로 아주 가까운 사이였다. 예언자와 먼저 혼인한
사람은 사우다였다. 아이샤와는 약혼만을 하고 예언자는 사우다와의

35_ 예언자 무함마드가 622년 메카에서 메디나로 이주한 것을 의미하며 이주한 해인 622년
은 이슬람 원년으로 간주된다.

혼인생활을 시작하였다. 사우다의 전남편은 무슬림이었으며 사우다의 가족은 불신자들이었다. 남편이 죽고 사우다가 가족에게서도 버림받자 예언자는 이 사실을 알고 사우다와 결혼하였다. 사실 사우다는 예언자보다 나이가 많은 여성으로 혼인 이후 카디자의 자녀들을 보살피는 역할을 하였다. 그러나 사우다는 예언자와 혼인한 지 몇 달이 지나지 않아 사망하였다.

세 번째 부인이 된 아이샤는 이슬람 시대에 메카에서 출생하였다. 그녀는 이슬람이 계시된 지 4, 5년이 지난 후에 출생하였으며, 일찍이 언니 아스마('Asmā')와 함께 이슬람에 귀의하였다. 무함마드가 청혼할 당시 아이샤의 나이는 불과 여섯 살밖에 되지 않았다. 카울라가 예언자에게 아이샤와의 혼인을 제의하자 예언자는 흔쾌히 그 혼사를 받아들였다. 예언자는 자신이 가장 신뢰하던 믿음의 형제 아부 바크르와의 관계가 아이샤와의 혼인을 통해 더욱 돈독해질 것으로 기대하였다. 혼인을 통해 부족 간의 연대의식을 강화하던 것은 당시 사회적으로 용인되던 일반적인 관례였다. 당시 아이샤는 나이가 어렸을 뿐만 아니라 주바이르(Jubair)라 불리는 한 남자와 정혼한 사이였다. 예언자의 청혼을 전해들은 아이샤의 아버지 아부 바크르는 주바이르의 부모를 찾아가 정혼을 무효화한 후 예언자의 청혼을 기꺼이 수락하였다. 당시 나이 많은 남자가 딸 같은 어린 여자와 혼인하는 것은 이상한 관례는 아니었다. 예언자는 카디자가 죽고 난 후 외로움을 달래기 위해 아부 바크르의 집에서 아이샤를 지켜보는 것을 낙으로 삼았다고 전해진다. 아부 바크르는 예언자와 가장 가까웠던 사람으로 예언자가 누구보다도 믿고 의지했던 인물이었다. 예언자는 메카에서 메디나로의 이주를 아부 바크르와 함께 단행함으로써 그와 생사고락을 같이 하기도 하였다. 예언자와 아이샤와의 혼인은 아부 바크르가 후계자로서의 위치를 확고히 하는 계기가 되었다. 메디나로 이주한 예언자는 아이샤를 위한 집을 준비하였다. 메디나에는 모스크와 아홉 칸의 집이 지어졌다. 그 가운데 한 집에서 사우다가 집안일을 돌보며 예언자와 두 딸 움무 쿨숨('Umm Khulthūm)과 파띠마를 보살폈다. 예언자의 딸 루까이야(Ruqaiyah)는 후에 3대 칼리프가 된 우스만('Uthmān)과 혼인하여 메디나에 머물렀다. 또 다른 딸 자이납(Zainab)은 이슬람에 귀의하지 않은 남편과 함께 메카에 머물렀다. 예언자의 모스크와 거처가 완성된 지 몇 달 후 아부 바크르는 예언자에게 혼인식을 치를 것을 권유하였고 예언자는 이를 수락하였다. 아이샤와의 혼인은 예식 없이 어린 아이샤를 목욕시켜 예언자의 무릎에 갖다 놓는 것으로 이루어졌다. 후에 아이샤는 예언자가 다른 여인들과 결혼할 때 혼인식을 행하는 것을 부러워하기도 하였다. 혼인 후 아이샤는 예언자의 집에서 성장하였다. 아이샤는 첫 부인 카디자를 잊지 못하는 예언자에게 질투심을 표현하기도 하였다. 카디자에게서 난 자식들에 대한 예언자의 사랑에도 질투를 느껴 아이샤는 예언자의 딸들과 좋지 않은 관계를 유지하였다. 특히 예언자가 가장 사랑하던 딸 파띠마와는 불편한 관계를 유지하였다. 이는 후에 아이샤가 파띠마와 결혼한 4대 칼리프 알리에게 대항하여 전쟁을 벌인 것

오른쪽부터 예언자 무함마드, 딸 파띠마, 애처 아이샤, 예언자의 손이 아이샤의 손과 맞닿아 있다.(Chester Beatty Library, Dublin)

40

과 무관하지 않는 것으로 보인다. 그러나 아이샤는 자신과 예언자와의 혼인이 천사에 의해 예견된 것이라는 하디스를 전하면서 자신이 누렸던 독특한 위치를 자랑하기도 하였다. 아이샤는 헤지라 58년 예순여섯 살의 나이로 사망하였다.

후에 2대 칼리프가 된 우마르('Umar) 역시 바드르 전투에서 남편을 잃은 딸 하프사(Ḥafṣah)의 배우자를 예언자의 측근에서 찾기 위해 고심하였다. 그는 우선 예언자의 죽은 딸 루까이야의 남편 우스만에게 청혼하였으나 거절당하자, 아부 바크르에게 가서 자신의 딸 하프사와 결혼해 줄 것을 제안하였다. 아부 바크르에게서도 거절당한 우마르는 예언자를 찾아가 불만을 토로하였다. 화가 난 우마르를 잠재워 공동체의 평화를 유지하려던 예언자는 자신이 직접 우마르의 딸 하프사와 결혼하기로 결정하였다. 예언자와 하프사와의 혼인 역시도 예언자와 우마르 간의 관계를 더욱 공고히 하는 계기가 되었다. 후에 아부 바크르는 우마르를 찾아가 하프사와 결혼하려는 예언자의 계획을 미리 감지하고 있었기 때문에 하프사와의 혼인을 승낙하지 않았다고 변명함으로써 우마르와의 관계를 유지할 수 있었다. 하프사는 아이샤만큼 미모가 탁월하지 않았던 것으로 전해진다. 또한 하프사는 아버지 우마르만큼이나 성미가 급했던 것으로 알려져 있다. 아부 바크르와 우마르의 정치적 연대는 아이샤와 하프사와의 관계에도 영향을 미쳐 두 여성들 간에는 협력의 관계가 유지되었다. 나이 든 예언자의 부인 사우다를 아이샤와 하프사가 놀리기도 하였던 것으로 전해진다.[36] 하프사는 아버지 우마르로부터 꾸란의 사본을 물려받아 3대 칼리프 우스만에게 넘겨줌으로써 꾸란의 정본이 완성되는 데 큰 기여를 하기도 하였다.

36_ Nabia Abbott, *Aishah The Beloved of Mohammed*, pp.9-11.

사망할 당시 하프사의 나이는 마흔 혹은 마흔하나였다고 전해진다.

그 밖에도 예언자는 전투에서 남편을 잃은 자이납 빈트 쿠자이마 (Zainab bint Khuzaimah)와 결혼하였다. 예언자는 이 결혼을 통해 교우들에게 미망인들을 보살피는 모범을 보이고자 하였다. 자이납 빈트 쿠자이마는 관대한 성품으로 '가난한 자들의 어머니'라는 별명을 얻기도 하였다. 그녀는 예언자와 혼인한 지 8개월 뒤에 사망하였다.

아이샤를 가장 긴장시켰던 경쟁자는 바로 예언자가 속한 쿠라이시 부족 출신의 미모의 미망인 움무 살라마('Umm Salamah)였다. 626년 예언자가 움무 살라마에게 청혼하자 아이샤는 그녀의 미모에 대한 소식을 듣고 몹시 질투하였다고 전해진다. 아이샤가 움무 살라마를 처음 대면하고는 소문보다 움무 살라마가 더욱 아름답다고 말하기도 하였다. 예언자가 청혼할 당시 움무 살라마는 전 남편에게서 낳은 네 명의 자식이 있었다. 움무 살라마는 처음에 자신이 질투심이 많다고 말하면서 예언자의 청혼을 거절하였다. 예언자의 설득과 자신이 낳은 아들의 충고로 움무 살라마는 결국 예언자의 청혼을 받아들였다. 움무 살라마는 예언자의 식구로 살면서 전 남편에게서 낳은 막내딸 자이납에게 젖을 먹였으며, 예언자는 그녀의 거처에 들를 때마다 자이납의 안부를 묻곤 하였던 것으로 전해진다. 많은 역사가들이 움무 살라마를 '평범하지 않은 미모와 빠른 이해력, 정확한 판단력을 가진 여인'이라고 묘사하였다. 쿠라이시 귀족 출신으로 미모와 지성을 갖춘 움무 살라마에게 많은 사람들이 찾아와 공동체의 문제를 상의하곤 하였다.[37] 움무 살라마는 아이샤와 좋지 않은 관계에 있었던 예언자의 딸 파띠마와 그녀의 남편 알리의 편에 섬으로써 후에 쉬아파 문헌에

37_ Fatima Mernissi, *Women and Islam*, pp.115-116.

서 이상적인 여성으로 기록되기도 하였다. 아이샤와 하프사가 부친들의 권력을 대신했던 반면, 움무 살라마는 파띠마와 알리의 권력을 대신하였다. 따라서 아이샤와 움무 살람마는 예언자의 부인들 사이에 일어났던 세력 다툼의 중심축이었다. 예언자의 다른 부인들은 자신들의 입장이나 이익에 따라 때로는 아이샤에게 또 때로는 움무 살라마에게 기울어지곤 하였다.[38] 움무 살라마는 헤지라 59년 여든네 살의 나이로 사망하였다. 그녀는 예언자의 부인들 가운데 가장 마지막으로 죽음을 맞이하였다.

자이납 빈트 자흐시와의 혼인은 서구인들에 의해 예언자가 성 집착증 환자라는 극단적인 비난을 불러일으키기도 하였다. 그녀와의 혼인은 헤지라 5년 움무 살라마와의 혼인이 있은 후 얼마 되지 않아 이루어졌다. 자이납 빈트 자흐시는 예언자의 외사촌의 딸로 자신의 의사와는 상관없이 예언자의 양아들 자이드(Zaid)와 혼인한 바 있다. 따바리(al-Ṭabarī)를 비롯한 많은 역사가들은 자이납이 '당대의 가장 아름다운 여인'이라고 묘사하고 있다.[39] 어느 날 자이드의 집을 찾은 예언자는 히잡을 벗고 있던 자이납을 보고 사랑에 빠졌다. 천한 노예 출신의 남편을 경멸하던 자이납은 자이드와 이혼하였고, 예언자는 자신의 양아들의 부인, 즉 며느리 자이납과 혼인하였다. 당시 예언자의 나이는 쉰여덟이었으며 자이납의 나이는 서른다섯 살 정도였던 것으로 전해진다. 예언자와 자이납과의 혼인은 양자가 친자와 같을 수 없다는 꾸란 구절[40]에 의해 정당화되었다. 아이샤와 마찬가지로 자이납은 자신

38_ Nabia Abbott, *Aishah The Beloved of Mohammed*, p.14.

39_ Fatima Mernissi, *al-Ḥarīm al-Siyāsī*, p.131.

40_ "…자이드가 그녀와의 혼인생활을 끝냈을 때 하나님은 필요한 절차와 함께 그녀를 그대의 아내로 하였으니 이는 양자의 아들들이 그녀들과 이혼했을 때 장래에 믿는 사람들이 그 아내들과 혼인함에 어려움이 없도록 함이라…" (꾸란 33장 37절)

과 예언자와의 혼인이 계시에 의해 이루어졌다고 여기며 예언자의 하렘에 동참하였다. 흥미로운 사실은 자이납으로 인하여 히잡이 예언자의 부인들에게 도입되었다는 점이다. 자이납 빈트 자흐시와의 결혼식에서 손님들이 늦은 시각까지 자리를 뜨지 않자 예언자는 몹시 화가 났다. 이때 예언자의 부인들을 만날 때는 가리개를 두라는 꾸란 구절 33장 53절이 계시되었다는 것이다. 다른 하디스에서는 남자들이 예언자 부인들의 손을 만진 일이 있고 난 이후에 히잡에 대한 명령이 내려왔다고 되어 있다. 특히 아이샤의 손이 우마르의 손에 닿은 것으로 전해진다. 그러나 이러한 전언은 위조되었을 가능성이 크다. 다만 이는 아이샤와 움무 살라마, 자이납과 같은 아름다운 부인들로 인하여 예언자가 고민했던 흔적을 보여주는 것이라 할 수 있다.[41]

자이납과 혼인한 이후에도 예언자는 포로로 잡힌 주와이리야 (Juwairīyah)의 미모에 반해 특별한 정치적 이유 없이 그녀와 결혼하였다. 주와이리야는 예언자가 진두지휘했던 한 전투에서 포로로 잡힌 부족장의 딸이었다. 그녀를 포로로 잡고 있던 사람이 엄청난 몸값을 요구하자 주와이리야는 예언자 무함마드에게 자신의 몸값에 대한 도움을 청하였다. 이에 예언자는 그녀의 몸값을 지불하는 조건으로 결혼을 제안하였고 주와이리야는 예언자의 청혼을 기꺼이 받아들인 것으로 알려져 있다. 결혼 당시 예언자는 쉰여덟 살이었으며 주와이리야의 나이는 스무 살이었다.

그 밖에도 예언자는 다른 여섯 명의 여성과 혼인하였다. 그 가운데는 아름다운 유대인 여성 라이하나(Raihānah)와 카이바르(Khaibar) 유대인 부족장의 아내였던 사피야(Ṣafīyah)가 있었다. 라이하나와는 다

41_ Nabia Abbott, 앞의 책, pp. 20-23.

르게 사피야는 이슬람에 귀의했던 것으로 전해진다. 또한 이집트의 기독교 통치자는 기독교 여인 마르얌(Maryam)을 예언자에게 선사하였다. 마르얌은 예언자의 유일한 아들이었던 이브라힘(Ibrāhīm)을 낳았다. 그러나 이브라힘은 어려서 사망하였다. 마르얌은 정식 부인이 아니었던 것으로 전해진다. 예언자의 이러한 혼인은 유대교나 기독교인들과의 공조와 협력을 이끌어내기 위한 정략적 혼인이었다.

후에 예언자의 하렘에 가세한 움무 하비바('Umm Ḥabībah)[42]와 마이무나(Maimūnah)와의 혼인은 정치적 이유에서 비롯되었다. 움무 하비바는 일찍이 이슬람에 귀의하여 남편과 함께 아비시니아로 이주한 바 있다. 움무 하비바는 예언자에게 반기를 들었던 메카의 수장 아부 수프얀의 딸이었다. 예언자는 그녀와의 혼인을 통하여 결국은 자신에게 가장 큰 적이었던 아부 수프얀과 그의 부인 힌드 븐 우트바를 이슬람공동체 안으로 끌어들일 수 있었다. 예언자가 다른 부인들에게는 보통 500디르함의 혼납금을 지불한 데 비해, 움무 하비바에게는 4,000디르함에 이르는 혼납금을 지불하였다는 사실은 그녀가 속해 있던 가문의 중요성을 시사해 준다. 헤지라 7년 마지막으로 하렘에 동참한 부인은 마이무나였다. 마이무나는 예언자의 삼촌 압바스('Abbās)의 동생이 그녀의 전남편이었다. 마이무나는 압바스에게 모든 개인적인 일을 위임하였다. 예언자는 메카의 귀족 가문 출신의 움무 살라마, 움무 하비바, 마이무나와의 혼인을 통해 이슬람에 적대적이었던 메카 귀족 가문과의 연대를 도모할 수 있었다.

이렇듯 예언자의 혼인은 부족 간의 유대강화, 타 종교인들과의 협력 등의 목적 외에도 여성의 아름다움에 매료되어 정치적 이유 없이

42_ 본명은 라말라 빈드 아부 수프얀(Ramalah Bint ´Abū Ṣufyān).

혼인한 경우도 있었다. 그러나 무슬림 학자들은 아이샤를 제외한 모든 부인들이 미망인이나 이혼녀였던 점을 들어 예언자의 혼인이 남편을 잃은 여성들을 구제하기 위한 사회 복지적 차원에서 이루어졌다는 점을 강조하고 있다.

초기 이슬람 시대에는 아이샤를 비롯한 여러 빼어난 여성들이 이슬람 역사에 기록되어 있다. 예언자의 첫 부인 카디자는 隊商의 주인으로 활발한 경제활동을 한 훌륭한 여성으로, 예언자의 또 다른 부인 움무 살라마는 예언자가 어려움에 처해 있을 때 훌륭한 조언을 아끼지 않았던 지혜로운 여성으로 기록되어 있다. 그리고 예언자의 딸이었던 파띠마 역시도 쉬아파의 기록은 물론 순니파의 기록에도 도덕적 여성의 이상형으로 기록되어 있다. 물론 이슬람 초기의 이러한 여성들이 예언자의 부인이나 딸이라는 특별한 위치에 있었던 것이 사실이나, 이슬람의 역사가 깊어질수록 최고의 권력가였던 칼리프의 부인들조차 별다른 주목을 받지 못한 것과는 큰 대조를 이루고 있다. 이는 이슬람 초기의 활발했던 여성의 활동이 이슬람의 중세로 넘어가면서 위축되기 시작하였다는 것을 의미한다. 역사적으로 한 사회가 혼란하거나 전쟁을 치르게 되면 남성들의 인력을 대신하기 위해 여성들의 사회참여는 활발하게 늘어난다. 그러나 사회가 안정되어 중앙집권이 강화될 경우에는 여성들의 활동영역은 축소되는 일반적인 경향이 있다. 이슬람 공동체도 초기의 불안정한 시기에는 여성들의 지위와 역할이 높거나 활발하였던 것이 사실이다. 그러나 이슬람제국이 확장되고 사회적, 정치적으로 안정기를 거치면서 여성들의 지위와 역할은 점차 축소되어 공적인 영역에서 벗어나 가정의 영역에만 한정되기에 이르렀다.

2) 예언자의 혼인과 계시

꾸란은 일정한 조건하에서 남성들에게 네 명의 부인까지 허용하고 있다. 예언자가 꾸란의 계시를 통해 일부사처를 허용한 것은 당시 일부다처제가 매우 일반화되었던 시기에 이루어진 것이었다. 네 명 이상의 여성들과 혼인하였던 예언자의 교우들은 꾸란의 명령에 따라 네 명이 넘는 부인들과 이혼을 하기도 하였다. 그러나 예언자에게는 일부사처의 제한이 적용되지 않았다. 혼인에 대한 예언자의 특권은 꾸란 33장 50절[43]의 계시로써 보장되었다. 이 구절에 대해 어떤 학자들은 예언자에게 아홉 명의 부인까지 허락되었다고 해석하는가 하면, 또 다른 학자들은 아홉 부류의 여성들이 예언자에게 허용된 것이라고 해석하기도 하였다. 실제적으로 예언자는 적어도 12명[44]의 여성과 혼인하였다. 예언자가 이렇듯 여러 명의 여성과 혼인한 것은 非무슬림들 사이에서 많은 비난과 논란을 불러일으켰다. 그러나 앞서 언급하였듯이 일부다처가 일반적이던 사회에서 예언자 무함마드의 혼인은 대부분 개인적인 욕심에서보다는 사회적, 정치적 요인에서 비롯되었다. 이슬람 이전 시대 부족 간의 유대가 혼인을 통해 더욱 강화되었듯이 예언자 무함마드는 주요 가문과의 결속을 위해 혹은 공동체의 통합과 안정을 확보하기 위해 당시의 혼인 제도를 십분 활용하였다.

무함마드는 무엇보다도 자신이 예언자이기 이전에 한 인간임을

43_ "예언자여 실로 하나님이 그대에게 허용하였나니 그대가 이미 혼납금을 지불한 부인들, 하나님께서 전쟁의 포로로서 그대에게 부여한 자들로 그대의 오른손이 소유하고 있는 이들과 삼촌의 딸들과 고모의 딸들과 외삼촌의 딸들과 이주하여 온 외숙모의 딸들과 예언자에게 스스로를 의탁하고자 하는 믿음을 가진 여성들과 예언자가 혼인하고자 원할 경우 그대에게는 허용되나 다른 믿는 사람들에게는 허용되지 아니함이라…"

44_ 어떤 문헌에서는 예언자가 모두 열다섯 번을 혼인하였으며, 그 가운데 실제로 혼인생활을 한 여성은 열세 명이었다고 전하고 있다.

강조하였다. "일러 가로되 실로 나는 너희들과 똑같은 인간이다"(꾸란 18장 110절). 그는 아내와 아이들과 함께 시간을 보내며 여느 사람들과 똑같이 사랑하고 미워하며, 욕망을 갖기도 절제하기도, 그리고 희망과 두려움의 감정을 공유했던 보통 인간으로 살았다. "무함마드는 한 사도에 불과하며 그 이전 사도들도 세상을 떠났노라. 만일 그가 죽거나 혹은 살해당한다면 너희는 돌아서겠느뇨. 만약 어느 누가 돌아선다 하더라도 조금도 하나님을 해하지 아니할 것이며 하나님은 감사하는 자들에게 보상을 주실 것이다"(꾸란 3장 144절)라며 꾸란은 무함마드의 인성을 강조하고 있다. 이슬람에서 예언자 무함마드의 인성을 강조하는 것은 다분히 예수의 신성을 강조하는 기독교와의 차별을 염두에 둔 것이었다.

예언자는 계시를 통해 혼인에 관한 명령을 받기도 하였고, 부인들과의 관계가 계시를 통해 다시 정립되기도 하였다. 후에 언급하게 될 '거짓말 사건'은 아이샤의 결백을 알리는 신의 계시를 통해 해결되었으며, 양아들의 아내였던 자이납 빈트 자흐시와의 혼인도 계시를 통해 정당화되었다. 예언자의 부인들 행동 역시 계시를 통해 규제되었다; "예언자의 아내들이여 너희는 다른 여성들과 같지 않나니 만일 너희가 하나님을 두려워한다면 남성들에게 나약한 말을 하지 말라. 마음에 병든 남성들이 너희에게 욕정을 갖노라. 필요하고 정당한 말만 함이 좋으니라. 너희 가정에서 머무르고 옛 무지의 시대처럼 장식하여 내보이지 말며 예배를 행하고 이슬람 세를 내며 하나님과 그의 사도에게 순종하라. 실로 하나님께서는 예언자 가문의 모든 불결함을 제거하여 한 점의 티도 없이 순결케 하셨노라. 너희들의 가정에서 하나님의 말씀과 지혜가 낭송되는 것을 기억하라. 실로 하나님은 섬세히 아시는 분이시라"(꾸란 33장 32-34절). 이렇듯 예언자의 부인들은 계시에 의해 다른 여성들과는 구별되어 일정한 규율과 규제 속에서 살아야만 했다.

　예언자와 부인들과의 갈등도 계시를 통해 해결되었다. 아이샤와 하프사를 주축으로 한 부인들과 움무 살라마를 주축으로 한 부인들 사이에 갈등이 심해지자 예언자는 모든 부인들과 별거하기로 결정하였다. 그러자 이슬람공동체에는 예언자가 모든 부인들과 이혼을 했다는 소문이 나돌았다. 예언자와 부인들과의 별거는 29일 동안 지속되었다. 예언자가 부인들과 별거하게 된 이유에 관해서는 전언마다 다르긴 하지만 부인들이 예언자에게 과도한 물질을 요구한 것이 첫 번째 화근이었다. 한 번은 부인들이 예언자에게 옷을 해달라고 큰 소리로 요구를 했다. 이때 우마르가 지나가자 부인들은 가리개 뒤로 모두 숨었다. 이일화는 부인들이 예언자보다 우마르를 더욱 두려워했다는 사실을 보여준다. 어떤 하디스는 선물 혹은 고기 배분을 둘러싸고 아이샤와 자이납 사이에 갈등이 일어나자 예언자가 부인들과의 별거를 선언했다고 전한다. 별거의 계기가 질투심 많은 아이샤 때문이라고 전하는 하디스도 있다. 예언자 무함마드는 밤이 되면 순서를 정해 부인들의 방을 방문하였다. 아이샤 차례의 밤에 예언자가 기독교 여인 마르얌 혹은 하프사의 방에 들른 것이 발각되자 아이샤가 예언자에게 강력하게 항의했고, 그 이후에 별거가 선언되었다는 것이다. 아이샤는 시기와 질투로 종종 예언자의 동정을 훔쳐보거나 미행을 했던 것으로 전해진다. 이러한 일련의 사건들은 부인들이 예언자에게 원하던 것을 거침없이 요구했다는 사실을 시사해 준다. 별거 사건으로 예언자 무함마드가 몹시 상심하자 아이샤와 하프사의 부친이었던 아부 바크르와 우마르는 각각 딸들에게 너무 많은 것을 요구하지 말라고 타일렀다. 그리고 우마르가 부인들의 하렘을 찾아가 예언자에게 너무 많은 것을 요구하지 말라고 하자 움무 살라마가 강력하게 항의하기도 하였다. 별거 사건은 예언자의 장인이었던 아부 바크르와 우마르에게 심각한 영향을 미쳤다. 우마르는 근심을 하며 예언자를 찾아가 부인들과 정말 이혼했 느냐고 물었고 예언자가 그렇지 않다고 대답하자 비소로 안심하였다 고 전해진다. 한 달 동안의 별거 이후 예언자는 부인들로 하여금 현세 의 즐거움과 내세의 즐거움 사이에 하나를 선택하도록 요구하는 '선 택의 구절'[45]을 계시 받았다. 선택의 구절은 물질을 요구하는 부인들 에게 현세의 삶과 내세의 삶 가운데 하나를 선택하라는 계시로 현세의 삶을 선택할 경우 이혼을 하라는 것이었다. 한 달 후 예언자는 다시 아 이샤의 방을 시작으로 부인들의 방을 번갈아 돌아다녔다. 예언자가 아 이샤에게 '선택의 구절'을 들려주면서 부모와 상의하도록 요구하였 다. 아이샤는 그 자리에서 부인으로 남기로 선택하였고 다른 부인들 역시 아이샤와 마찬가지로 예언자의 부인으로 남기로 결정하였다.[46]

이 사건 이후에 예언자의 하렘에 대한 강력한 규제가 계시를 통해 내려졌다; "예언자의 아내들이여 너희 가운데 밖에 드러나는 추악한 짓을 하는 자에게는 그분께서 두 배로 벌을 내리시니 그러한 일은 하 나님께 쉬운 일이라. 그러나 너희 가운데 하나님과 그의 사도에게 순 종하며 선을 행하는 자에게 그분은 두 배로 보상을 줄 것이요. 또한 은 혜로운 양식을 그녀를 위해 준비하였노라"(꾸란 33장 30-31절). 이렇듯 예언자의 부인들은 다른 사람들과는 달리 자신의 행동에 따라 두 배의 벌을 혹은 두 배의 보상을 받는 독특한 지위를 누리게 되었다.

아울러 '선택의 사건'으로 예언자의 부인들에게는 '신자들의 어

45_ "예언자여 그대 아내들에게 일러 가로되 그녀들이 현세의 삶과 허식을 원한다면 이리로 오라. 세상을 즐기도록 이혼을 하여 줄 것이니 이것은 해가 없는 이혼이라. 그러나 너희 가 하나님과 그 분의 사도와 내세를 원한다면 실로 하나님께서는 너희 가운데 선을 행하 는 자들에게 훌륭한 보상을 준비하셨노라."(꾸란 33장 28-29절)

46_ 위의 책, pp.49-56.

머니'[47]라는 칭호와 더불어 여러 금기사항이 계시되었다. 예언자의 부인들이 '신자들의 어머니'가 된다는 사실은 이슬람 신자들이 예언자의 부인들과 결혼할 수 없다는 간접적인 계시이다. 이 계시의 배경에 관해 아이샤의 사촌 딸하 븐 우바이둘라(Ṭalḥah bn ʿUbaid al-Lāh)[48]가 아이샤에게 가졌던 관심을 언급한 전언도 있다. 딸하는 예언자 무함마드가 죽은 다음에 아이샤와 혼인하고 싶어 했다. 예언자는 이러한 소식을 듣고 부인들에게 재혼을 금지하는 계시를 받았다는 것이다. 예언자 부인들의 재혼을 금지하는 보다 직접적인 계시는 예언자의 집을 방문할 경우 예의를 지킬 것과 예언자의 부인들에게 무언가를 요구할 때는 가림새, 즉 히잡을 두라는 내용을 담은 구절[49]이었다. 이 계시는 예언자의 부인들과의 혼인을 금지함은 물론 부인들의 격리를 명령한 것으로 후에 모든 일반 무슬림 여성들의 격리를 정당화하는 구절로 악용되었다. 이렇듯 예언자는 결혼과 부인, 그리고 결혼생활과 관련된 많은 계시를 받았다.

3) 예언자 부인들과 정치

예언자가 사망할 당시 그에게는 아홉 명의 부인이 있었다. 앞서 언급된 부인들 외에도 부부생활을 하지 않았던 부인들도 있었다. 많은

47_ "예언자는 자기 자신들보다 믿는 사람들을 더 사랑하시며 그의 아내들은 그들의 어머니들이요. 그들 서로 간의 혈육관계는 하나님의 율법에서 믿는 사람들과 이주자들이 형제관계보다 더 가까운 인간관계라. 그러나 가까운 동료들에게 자선을 베풀라. 그것도 하나님의 율법에 기록되어 있노니." (꾸란 33장 6절)

48_ 아부 바크르의 가족들과 메디나로 이주한 사람으로 예언자와 아부 바크르, 우마르의 신임을 받았던 인물이다.

49_ 꾸란 33장 53절.

부인들 가운데 예언자는 아이샤나 움무 살라마와 같은 부인들과는 어려운 일에 부딪힐 때마다 서로 의논하고 상의하는 지적인 교류를 가졌다. 그는 치열한 전쟁터에 있든 혹은 오랜 기간 포위 상태에 있든 부인들과 늘 동행하였다. 부인들 간의 질투와 시기를 막기 위해 예언자는 제비뽑기로 한 명 혹은 두 명의 부인과 늘 동행하였다. 부인들은 전쟁터에서 예언자와 전략문제를 함께 의논하기도 하였다. 부인들의 충고는 예언자가 어려운 입장에 처하거나 곤란한 상황에 처했을 때 결정적인 도움이 되기도 하였다. 628년 예언자가 메카인들과 후다이비야(Ḥudaybīyah) 맹약을 맺자 교우들은 그것이 불평등한 협약이라며 예언자에게 반기를 들었다. 맹약을 맺은 후 예언자는 추종자들에게 머리를 깎고 이흐람('iḥrām, 무슬림들이 순례를 할 때 입는 흰색 복장) 상태로 나타날 것을 명령하였으나 아무도 복종하지 않았다. 예언자는 이 문제를 움무 살라마와 상의하였고, 움무 살라마는 예언자에게 스스로 먼저 머리를 깎고 희생동물을 잡으라고 충고하였다. 예언자가 움무 살라마의 충고대로 하자 추종자들이 예언자의 말을 따랐다는 전언은 예언자가 부인들의 의사를 존중하고 그들과 정치적인 일을 상의했다는 점에서 돋보인다.[50]

공적인 생활과 사적인 생활을 똑같이 중시하였던 예언자 무함마드의 삶은 헤지라 4-6세기 정치적으로 불안했던 시기에 반대파들이 공격할 수 있는 빌미를 제공하였다. 오늘날도 마찬가지이지만 아랍 문화에서 가문의 명예나 공동체의 명예는 여성의 명예에 달려 있다. 아랍어에서 명예를 의미하는 단어 '샤라프'(sharaf)는 여성의 '정절'을 의미하는 단어이기도 하다. 즉 가문이나 부족, 혹은 공동체에 소속된 여성

50_ Fatima Mernissi, *al-Ḥarīm al-Siyāsī*, p.132.

들을 비난하는 것은 바로 그 가문이나 부족, 혹은 공동체 남성들의 명예에 타격을 가하는 것이었다. 당시 예언자에게 적대적이던 메디나 사람들은 예언자의 결혼생활, 특히 자이납과 아이샤의 문제로 예언자를 중상모략 함으로써 예언자를 정치적 곤경에 빠트리기도 하였다. 어떤 경우 반대파들은 길거리에서 예언자의 부인들을 따라다니며 희롱함으로써 이슬람공동체에 타격을 입히기도 하였다. 이것은 바로 예언자의 부인들에 대한 격리의 명령이 내려진 또 다른 계기가 되었다.

예언자가 메카에서 메디나로 이주하였을 때 그는 처음부터 남녀관계를 둘러싼 관습에서 메카 사람들과 메디나 사람들 간에 차이가 있다는 것을 깨달았다. 즉 메카 사람들보다는 메디나 사람들이 남녀관계에서 비교적 자유로웠다. 예언자와 함께 메디나로 이주한 사위 알리가 남편이 없는 한 여자의 집에 머물렀던 것이 그 좋은 예라 할 수 있다. 예언자는 메디나 사람들이 서로 자신들의 집에 머물 것을 요구하자 특정인의 집에 머물 경우 문제가 될 것을 우려하여 자신이 탄 낙타가 머무는 곳에 묵겠다고 선언하였다. 결국 그는 자신의 낙타가 머문 곳에 모스크와 집을 세웠다. 예언자의 전기 작가 이븐 사으드(Ibn Sa'd)는 예언자 부인들의 방이 모스크의 왼쪽에 위치해 있었다고 전하고 있다. 특히 아이샤의 방은 모스크로 가는 직접적인 통로에 있었으며, 예언자는 이따금 세정의식[51]을 하기 위해 모스크를 떠날 필요도 없이 아이샤의 방으로 고개를 숙여 자신의 머리를 감기게 하였다. 예언자가 메디나에 정착하였던 장소는 모스크와 예언자의 방, 그의 친척들의 방, 그리고 교우들의 방으로 분배되었다. 새로운 이주자들이 오면 모스크 근처에 새로운 방이 마련되었다. 공간적으로 예언자와 가까이 거주하는

51_ 이슬람에서는 예배 전에 반드시 온 몸을 씻는 세정의식을 행한다.

것은 예언자와의 유대를 나타내는 척도가 되었다. 아이샤의 방이 모스크에서 가장 가까운 곳에 위치해 있었다는 사실은 아이샤와 예언자와의 밀접한 관계를 의미하였다. 아이샤와 경쟁관계에 있었던 예언자의 딸 파띠마는 메카에서 뒤늦게 도착하여 모스크에서 비교적 멀리 떨어진 곳에 방을 장만하였다. 그러자 예언자는 딸 파띠마와 사위 알리에게 보다 가까운 곳에 방을 마련해 주길 원했다. 파띠마는 바로 예언자에게 두 손자 하산(Ḥasan)과 후세인(Ḥusain)을 안겨준 가장 사랑하던 딸이었기 때문이다. 파띠마에 대한 예언자의 배려는 늘 아이샤의 시기와 질투를 불러왔다. 아이샤와 파띠마 간의 이러한 불편한 관계는 후에 순니파와 쉬아파 간의 갈등의 전주곡이라 할 수 있다. 이렇듯 예언자의 사적인 공간과 공적인 공간이 구별되지 않았던 것은 예언자의 부인들, 특히 아이샤가 정치문제에 연루되기 쉬운 조건으로 작용하였다.

예언자는 평상시 매일 밤 순서를 정하여 부인들의 방을 번갈아 방문하였다. 사망하기 얼마 전 병석에 누운 예언자가 아이샤에게 가는 날을 손꼽아 기다리자 다른 부인들은 예언자가 마지막 날들을 아이샤의 방에서 보내는 데 동의하였다. 아이샤의 방은 모스크에 직면하고 있었기 때문에 예언자는 물론 아이샤도 모스크에서 이루어지는 모든 일을 예의주시할 수 있었다. 예언자는 병석에 누운 후 아이샤를 시켜 아버지 아부 바크르로 하여금 예배를 인도하라고 일렀다. 그러나 아이샤는 이 명령을 어기고 우마르를 불러 예배를 인도하라고 전했다. 하루는 우마르가 예배를 인도하는 것은 예언자가 듣고 아이샤에게 자초지종을 물었다. 그러자 아이샤는 아버지 아부 바크르는 목소리가 작고 꾸란을 암송할 때 울먹이기도 해서 목소리가 큰 우마르를 대신 불렀다고 대답했고 이에 예언자는 몹시 화를 냈다. 어떤 문헌에는 아이샤가 예언자에게 강력하게 우마르를 추천한 것으로 되어 있다. 또 다른 문헌에는 아이샤가 이를 관철하기 위해 우마르의 딸 하프사를 끌어들인 것으로 되어 있다. 아이샤의 이러한 노력은 부친 아부 바크르가 후계자로 부상할 경우 겪게 될 어려움을 차단하기 위해서였다. 그러나 아이샤의 바람은 예언자에 의해 용인되지도 아부 바크르에 의해 실행되지도 않았다. 이 사건은 아이샤가 이슬람공동체의 정치적인 사건에 휘말리는 시발점이 되었다.[52]

결국 예언자는 아이샤의 방에서 죽었으며 아이샤의 방 아래에 묻혔다. 예언자가 마지막 순간에서조차 아이샤를 선호하였다는 사실은 아이샤가 다른 부인들에 비해 우위를 지키고 있었다는 증거이다. 또 다른 한편으로 예언자가 마지막 순간에 아이샤와 함께 했다는 사실은 정치적으로 그녀의 아버지 아부 바크르가 예언자의 후계자가 될 것이라는 암시이기도 하였다. 순니파 무슬림들은 예언자가 아이샤의 방에서 죽었다는 사실이 바로 예언자가 간접적으로 아부 바크르를 1대 칼리프로 지명한 것이라고 믿었다. 그러나 쉬아파 무슬림들은 예언자가 죽기 전에 이미 가디르 쿰(Ghadir Khumm)에서 사위 알리를 후계자로 지목한 바 있다고 주장하였다. 그리고 죽어가는 예언자가 알리를 부르지 못하도록 만든 아이샤의 역할을 강조하였다. 이러한 쉬아파의 주장은 아부 바크르와 그의 지지자들에게 의해 받아들여지지 않았다.

아부 바크르가 1대 칼리프로 지목되는 데 아이샤가 어떠한 역할을 했는지에 관한 정확한 정보는 없다. 일부 문헌은 예언자 무함마드가 어떤 후계자도 지명하지 않았으며, 만약 그가 지명하였더라면 아부 바크르나 우마르였을 것이라고 전한 아이샤의 말을 인용하였다. 또 다른 하디스에는 아이샤의 말을 인용하여 예언자가 후계자로 아부 바크르,

---

[52]_ 위의 책, p.142.

우마르, 아부 우바이다('Abū 'Ubaidah)를 지명했다고 되어 있다. 이것은 아마도 아부 바크르가 우마르를 후계자로 지명한 사실과 우마르와 아부 우바이다 간의 협력관계를 지원하기 위해 아이샤가 전한 것으로 보인다. 아이샤는 예언자가 알리를 후계자로 지명한 사실을 들은 바 없다고 주장함으로써 무함마드 사후 후계권을 주장하던 알리에게 정면으로 도전하였다.

아이샤와 예언자와의 혼인은 이슬람공동체에서 후계자와 예언자가 혼맥으로 연결되는 첫 선례가 되었다. 예언자는 생전에 정치적 연대를 강화하기 위해 당시의 혼인제도를 십분 활용하였으며 그 결과는 예언자 사후에 나타났다. 예언자 사후 그의 뒤를 이은 칼리프 다섯명[53] 모두 예언자의 장인이거나 예언자의 사위였다. 따라서 예언자 사후 이슬람공동체는 48년(632-680) 동안 혼인을 통해 예언자와 관계를 맺었던 남성들에 의해 통치되었다.

순니파 혹은 쉬아파의 개념은 예언자 무함마드 사후에 등장하였다. 무함마드는 최종의 완벽한 계시를 받은 마지막 예언자이기 때문에 그의 예언자적 임무를 대신할 후계자란 있을 수 없다. 단지 정치적 후계권의 문제는 이슬람공동체의 생존과 정체성을 위해 아주 중요한 사안이었다. 예언자의 가장 믿음직한 교우였던 아부 바크르는 자신의 딸 아이샤를 예언자에게 결혼시킴으로써 초대 칼리프의 자리를 확고히 할 수 있었다. 아부 바크르가 후계자가 된 것을 정당하다고 믿으며 그를 이슬람 남성의 이상형으로 간주하였던 순니파 무슬림들은 그의 딸 아이샤 역시 이슬람 여성의 이상형으로 예우하고 있다. 그러나 아부

53_ 1대 칼리프 아부 바크르와 2대 칼리프 우마르는 예언자의 장인이었으며, 3대 칼리프 우스만과 4대 칼리프 알리는 예언자의 사위였다. 우마이야조의 창시자 무아위야는 예언자의 처남이었다.

바크르가 부당하게 알리의 자리를 찬탈하였다고 믿고 있는 쉬아파 무슬림들은 찬탈자 아부 바크르의 딸 아이샤를 부정적인 시각으로 볼 수밖에 없었다.

예언자가 죽자 딸 파띠마와 부인들은 유산의 몫을 기대하였다. 특히 파띠마는 아부 바크르가 부인들의 유산 상속에 반대하자 아부 바크르에게 분개하며 그에게 말도 하지 않은 것으로 전해진다. 그 결과 남편 알리는 파띠마가 사망한 다음에야 아부 바크르에게 충성의 맹세를 할 수 있었다. 파띠마는 아버지 무함마드가 죽은 지 몇 개월 뒤에 사망하였다. 아이샤는 아부 바크르의 결정을 받아들였으나 다른 부인들은 아부 바크르에게 우스만을 보내 자신들의 상속의 몫을 요구하였다. 아이샤는 다른 부인들을 타이르며 유산을 이슬람공동체의 몫으로 남겨야 한다는 예언자의 말을 전했다. 그러나 아이샤 자신은 아버지 아부 바크르에게서 메디나에 있는 땅을 상속받았다.

예언자가 모든 부인들을 공정하게 대하려고 노력하였음에도 불구하고 이슬람공동체의 사람들은 그가 아이샤를 가장 편애한다는 사실을 알고 있었다. 따라서 예언자를 기쁘게 하기 위해 그들은 예언자가 아이샤에게 가는 날을 골라 선물을 보내곤 하였다. 예언자는 이러한 선물을 모든 부인들에게 공평하게 분배하도록 지시하였다. 분배가 공정하지 않다고 생각한 움무 살라마 진영의 부인들은 예언자에게 항의하기도 하였다. 그러나 예언자는 다른 부인들과는 달리 아이샤와 함께 있을 때 계시가 내려오기도 하였다는 점을 들어 아이샤를 두둔하였다. 자이납 역시 예언자의 딸 파띠마를 보내 예언자에게 항의하였다. 그러자 예언자는 오히려 딸 파띠마에게 "너는 내가 사랑하는 사람을 사랑하지 않느냐?"라고 타일렀다. 아부 바크르 또한 말년에 딸 아이샤의 간호를 받았으며, 얼마간의 공적 자금과 재산을 아이샤에게 위탁하였다.

아이샤가 딸이었음에도 불구하고 아부 바크르는 자식들 가운데 그녀를 가장 신임하였다. 이렇듯 아이샤는 자유분방하고 질투심 많고 도전적인, 그러나 예언자가 가장 사랑하던 어린 부인이었다. 예언자의 사후에는 '신자들의 어머니'로서 장수하면서 오랜 동안 정치적, 종교적 영향력을 행사하였던 총명한 여성이었다.

3. 이슬람 여성의 해방구, 예언자의 애처 아이샤

남성 이슬람 학자나 역사가들에 의해 기록된 역사, 소식서, 종교서 가운데 가장 많이 등장하는 이슬람 여성은 '예언자의 연인'(Ḥabībat al-Nabī)이라 불렸던 아부 바크르의 딸 아이샤이다. 아이샤는 예언자의 부인으로서 그리고 초대 칼리프 아부 바크르의 딸로서 예언자의 생전은 물론 사후에도 막강한 영향력을 행사하였다. 아이샤는 예언자의 부인으로서는 9년간을, 미망인으로서는 48년간을 보내면서 이슬람공동체의 정치적 논쟁의 중심에 서서 찬미와 질타를 동시에 받았던 인물이다. 그녀가 예언자의 부인이었을 당시 일어난 소위 '거짓말 사건'(Ḥadith al-'Ifk)은 예언자에게 반기를 들었던 사람들을 비롯하여 후에 쉬아파 무슬림들에게 공격의 빌미를 제공하였다. 아이샤가 예언자의 사후 미망인으로서 후계자 계승 싸움이라 할 수 있는 '낙타전투'에 참여한 것은 쉬아파 이슬람으로부터의 비난은 물론, 이후 이슬람 여성들의 정치참여를 부정적으로 보는 시각의 근원이 되었다. 그러나 예언자 무함마드를 가장 가까이 지켜본 사람으로서 이슬람의 경전 꾸란 다음으로 무슬림들이 가장 소중하게 여기는 하디스를 전달한 아이샤의 위치와 역할은 확고부동한 것이었다.

이렇듯 예언자와의 혼인에서 시작되어 '거짓말 사건'과 '낙타전투'에 이르기까지 아이샤의 삶은 이슬람 유산에서 姓과 정치와의 밀접한 관계를 가장 잘 대변해 주고 있다. 아이샤의 삶의 여러 노정들은 이슬람의 정치적, 교의적 명분과 더불어 논란의 대상이 되었을 뿐만 아니라, 그녀의 행동 양식은 후에 이슬람 여성의 위상과 활동영역에도 커다란 영향을 미치게 되었다.

1) 아이샤의 특권

9, 10세기 전기 작가들은 예언자의 하디스와 관련이 있던 사람들을 상세히 기록하였다. 예언자의 하디스 가운데 3분의 1을 전한 아이샤의 삶은 전기사전, 연대기, 하디스 모음집에 기록되었다. 아이샤의 삶에 대한 가장 광범위한 초기 문헌은 이븐 사으드(845년 사망)의 전기사전이다. 이븐 사으드는 전기사전에서 아이샤만이 누렸던 특권들을 열거하였다. 이러한 특권은 아이샤 자신이 직접 전한 것이었다. 아이샤는 예언자 무함마드가 여러 부인들 가운데 자신을 선호하게 된 이유를 직접 설명하고 있다. 아이샤가 죽은 지 150년이 지난 후에 기록된 이 문헌은 아이샤가 다른 부인들보다 우월하다는 것을 의도적으로 선전하고 있다. 다른 부인들과 구별되는 아이샤의 특권은 이븐 사으드가 죽은 지 100년이 지난 후 하디스 편집자이며 연대사가인 따바리의 기록에서는 눈에 띄게 줄어들었다. 9세기 이븐 사으드의 기록이나 10세기 따바리의 기록은 후에 이슬람 문헌에서 계속 유지되었다. 이는 아이샤의 유산을 통해 순니파의 정체성을 규명하려던 순니파 무슬림들에 의한 것이었다. 무슬림 다수가 스스로에게 순니파라는 용어를 적용하게 된 것은 바로 10세기경이었다. 다른 부인들보다 우월하게 기록된

아이샤를 쉬아파가 재평가함으로써 자신들의 정체성을 되찾으려 하자, 순니파도 여기에 대응하여 아이샤에 대한 재평가를 시도할 수밖에 없었다.

이븐 사으드의 전기사전에 기록된 아이샤의 특권은 모두 1인칭으로 아래와 같이 기록되었다; "나는 열 가지 사실에 의해 예언자의 다른 부인들보다 선호되었다. 첫째, 예언자는 나 이외에는 처녀인 여자와 혼인하지 않았다. 둘째, 예언자는 부모가 모두 이주자(Muhājirūn)[54] 출신이었던 어느 여자와도 혼인하지 않았다. 셋째, 나의 결백은 하늘의 계시로 입증되었다. 넷째, 가브리엘 천사가 하늘로부터 '그녀는 너의 아내이니 그녀와 혼인하라'고 말함으로써 예언자가 나를 좋아하도록 만들었다. 다섯째, 예언자와 나는 같은 목욕통에서 씻곤 하였다. 그는 나를 제외한 다른 부인들과는 그렇게 하지 않았다. 여섯째, 예언자는 나와 함께 하는 동안 종종 예배를 드렸다. 그는 나를 제외한 다른 부인들과는 그렇게 하지 않았다. 일곱째, 나와 함께 할 때 예언자에게 계시가 내려왔다. 이러한 일은 다른 부인들과 있을 때 결코 일어나지 않았다. 여덟째, 예언자는 나의 품에서 죽었다. 아홉째, 예언자는 나에게 쓰러지던 날 밤에 죽었다. 열째, 예언자는 나의 방 아래 묻혔다." 이렇게 시작한 후에 아이샤는 자신이 가진 아홉 가지 특성에 대한 두 번째 목록을 전하고 있다; "나는 다른 어떤 부인에게도 부여되지 않은 특성을 받았다. 첫째, 하나님의 예언자는 내가 여섯 살 소녀였을 때 나를 아내로 맞았다. 둘째, 천사가 예언자로 하여금 나를 사랑하게 만들었다. 셋째, 예언자는 내가 아홉 살 때 나의 신방에 들었다. 넷째, 나는 가브리엘 천사를 보았으며 나를 제외한 다른 부인들은 그를 보지 못하였

54_ 메카에서 메디나로 예언자와 함께 이주하였던 사람들로 당시 사회에서 이들은 어느 정도 특권을 누렸음.

다. 다섯째, 나는 부인들 가운데 가장 사랑받던 부인이었다. 여섯째, 나의 아버지는 예언자의 교우들 가운데 가장 사랑받던 사람이었다. 일곱째, 하나님의 예언자는 나의 방에서 병이 들어 쓰러졌다. 여덟째, 나는 그를 간호하였다. 아홉째, 나와 천사들을 제외하고는 누구도 예언자의 임종을 보지 못했다."[55] 이러한 아홉 가지의 특성은 아이샤의 혈통에 대한 자랑을 비롯하여 예언자가 중요한 의식을 수행할 동안 예언자와 가까이 있었던 점, 예언자의 사망시 함께 한 점, 혼인시 신의 의지가 개입한 점으로 압축할 수 있다.

아이샤는 예언자와 혼인하여 9년을 살았다; "나는 예언자와 여섯 살 때 혼인하고, 아홉 살 때 신방을 꾸몄으며, 열여덟에 미망인이 되었다." 예언자의 사후 아이샤는 예언자의 부인들에게 재혼을 금지하는 꾸란의 명령에 따라 미망인으로서 48년을 더 살았다. 아이샤는 남편과 아버지의 후광에 힘입어 예언자의 사후에도 계속해서 특권을 누릴 수 있었다.

앞서 언급된 이븐 사으드의 두 목록 가운데 네 가지가 아이샤의 혼인과 관련되어 있다. 그녀는 첫 번째 목록에서 자신이 예언자와 혼인한 유일한 처녀였다고 언급하였다. 다른 부인들 모두가 결혼했던 경험이 있었다는 사실을 아이샤는 자주 예언자에게 상기시키곤 하였다. 아이샤의 말에 따르면 그녀가 유일한 처녀였다는 사실을 언급할 때마다 예언자는 미소를 지었다고 전해진다.

아이샤가 이야기한 것을 담고 있는 9세기의 또 다른 문헌에는 아이샤가 이슬람력 10월 샤왈(Shawwāl) 달에 혼인한 것을 자랑스럽게 여겼다고 기록되어 있다. 아이샤는 그 달을 상서로운 달이라고 여겼

55_ Spellberg, D.A., *Politics, Gender, and Islamic Past*, pp.30-31.

다. 그러나 이슬람 이전 시대에는 샤왈 달이 역병이 생기는 달로 불운한 달로 간주된 바 있다. 이렇듯 아이샤는 기존의 관념을 뒤엎으면서까지 자신이 다른 부인들과 차별화된다는 사실을 만들어내려고 했던 것으로 보인다.

아이샤는 아이를 낳지 못했다. 예언자가 아이샤의 언니 아스마의 아들 압둘라의 이름을 따서 이야샤에게 '압둘라 어머니'라는 호칭을 지어준 것은 아이샤와 압둘라의 관계가 매우 돈독하게 전개되리라는 것을 예상케 해 준다. 압둘라의 아버지이자 형부였던 주바이르(al-Jubair)는 아이샤와 함께 낙타전투에 참가하였다. 압둘라 역시 이슬람 공동체에서의 정치적 입지를 굳히기 위해 이모인 아이샤의 편에 섰다. 아이샤가 죽은 후에도 압둘라는 두 번째 내전에서 우마이야 왕조에 도전하기도 하였다. 예언자의 첫 부인 카디자가 마흔이 넘은 나이에 예언자에게서 네 명의 딸을 낳아 키운 것과는 달리 아이샤가 아이가 없었다는 사실은 그녀의 상대적인 단점이었다. 결국 예언자 무함마드는 남자 직계 후손을 보지 못했기 때문에 딸 파띠마가 낳은 외손자 하산, 후세인이 이슬람공동체에서는 중요한 인물로 부각될 수밖에 없었다.

9세기 문헌에 따르면 아이샤와 예언자의 혼인은 하늘의 뜻에 의해 이루어졌다. 그들이 혼인할 수 있었던 것은 천사 가브리엘의 개입이라는 것이다. 이슬람에서는 오직 예언자만이 신이 창조한 모습 그대로의 천사 가브리엘의 모습을 볼 수 있다고 믿는다. 일반적으로 천사들은 인간의 모습을 띠게 되는데 이들의 정체성을 알아차릴 수 있는 것도 예언자뿐이라고 믿고 있다. 아이샤의 특권 목록에는 바로 예언자와의 혼인이 천사 가브리엘의 개입에 의해 이루어졌다고 되어 있다. 천사 가브리엘은 무함마드로 하여금 아이샤를 사랑하도록 하였을 뿐만 아니라, '그녀가 너의 아내이니 혼인하라'고 명령하였다는 것이다. 그러나 두 번째 목록에는 이름이 알려지지 않은 한 천사가 '아이샤에 대한 사랑을 그의 손바닥'에 놓았다고 언급되어 있을 뿐, 그 천사가 무함마드에게 아이샤와 혼인하라고 명령한 적은 없다고 언급되어 있다. 아이샤의 결혼에 천사가 개입하였다는 사실은 어쨌든 아이샤의 위치를 강화시켜 주는 것이었다. 같은 하디스는 예언자가 꿈에서 아이샤를 두 번 보았다고 언급하고 있다. 그러나 아이샤의 혼인에 천사가 개입하였다는 이븐 사으드의 기록은 모두 아이샤가 직접 전한 하디스나 아이샤의 말을 전해들은 그녀의 친척들이 전한 것을 바탕으로 한 것이다. 아이샤의 혼사에 천사가 개입하였다는 사실보다는 아이샤의 간음 혐의를 벗기는 데 천사가 개입하였다는 사실이 더욱 중요했다. 아이샤가 꾸란의 계시에 의해 무죄라는 것이 선포되었으나 이슬람 초기 문헌에서는 이 사건에 대한 상세한 기록이 없다. 당시 이 사건은 아이샤뿐만 아니라 아부 바크르와 예언자에게 치명타를 가하는 너무도 커다란 논쟁거리였기 때문에 순니파의 기록에서 삭제되었을 가능성이 크다.[56]

천사와 관련된 아이샤의 또 다른 언급은 그녀가 다른 부인들이 한 번도 본적이 없는 가브리엘을 보았다는 것이다. 이러한 내용은 이븐 사으드와 발라두리(al-Baladhūrī)의 역사서에서도 등장한다. 그러나 두 문헌에 나타난 것을 보면 천사와 직접적으로 대화한 사람은 아이샤가 아닌 예언자였다. 사실 천사를 보았다는 아이샤의 특권도 예언자의 중재를 통해서 이루어진 것이다. 한편, 무슬림(Muslim)[57]의 하디스 모음집에서는 움무 살라마도 천사 가브리엘을 보았다고 기록되어 있다. 그러나 아이샤는 예언자에게서 들어 간접적으로나마 천사의 출현을 알았고 천사로부터 인사를 받은 반면, 움무 살라마는 천사가 떠난 후에

56_ 위의 책, pp.41-43.
57_ 부카리 다음으로 유명한 하디스 편찬가, 875년 사망.

야 비로소 예언자가 그의 출현을 알려주었다는 것이다. 아이샤가 천사 가브리엘의 출현에 대해 언급한 대부분의 하디스는 아이샤가 천사를 직접 보지 못했으며 인사정도를 나눈 것으로 언급하고 있다. 천사가 아이샤에게 건넸다는 인사도 예언자 무함마드가 아이샤에게 전해준 것이지 아이샤가 직접 들은 것은 아니었다. 따라서 여러 번에 걸쳐 있었다는 천사 가브리엘과 아이샤의 접촉도 예언자와 아이샤와의 각별한 관계를 부각시키기 위해 의도적으로 부풀린 이야기일 가능성이 크다. 이븐 히샴(Ibn Hishām)의 예언자 전기에는 첫 부인이었던 카디자도 간접적이나마 천사 가브리엘과 접촉한 것으로 기록되어 있다. 무함마드가 처음 계시를 받았을 때 카디자는 계시의 진위를 알아보기 위해 가브리엘을 실험해 보기로 작정하였다. 무함마드가 가브리엘의 존재를 보고 그가 눈앞에 있다고 말하자 카디자는 자신이 쓰고 있던 히잡을 벗어던졌다. 그러자 천사 가브리엘이 자리를 떴다고 예언자가 말했다. 이것을 전해들은 카디자는 히잡을 벗은 여성 앞에 나타나지 않는 것으로 미루어 무함마드에게 나타난 것이 악마가 아닌 천사라는 사실을 확신하게 되었다고 전해진다. 그러나 카디자는 아이샤와는 달리 가브리엘을 보았다고 주장하지 않았다.[58]

아이샤 삶에 천사 가브리엘이 반복적으로 개입하였다는 사실은 그녀의 높은 위치를 부각하기 위한 것이었다. 천사와 관련된 이야기의 대부분이 아이샤 자신이나 그녀의 친척들에 의해 전해졌다는 것은 다시 한 번 상기할 만하다. 그러한 전승이 사실이든 혹은 후에 날조된 것이든 아이샤의 종교적인 우월성을 강조하기 위해 전해졌을 가능성이 크다. 예언자의 임무를 지지하고 신의 신성한 使者인 가브리엘을 목격

58_ 위의 책, pp.43-46.

하였다는 사실은 이슬람공동체에서 신뢰를 얻을 수 있는 가장 확실한 방법이기 때문이다.

　결론적으로 아이샤가 가졌던 특별한 위치는 혼인, 신성의 개입, 혈통에서 비롯된 것이었다. 예언자가 아이샤를 편애하였던 것은 그녀의 여성적인 매력과 신성의 개입이 결합된 것이라 할 수 있다. 9세기 문헌에서 아이샤의 혼인은 예언자가 결정한 것이 아니라 하늘이 내려준 결정이었다. 아이샤가 유일한 처녀였다는 점과 아이를 낳지 않았다는 사실은 그녀가 하늘의 신성한 뜻에 의해 정해진 예언자의 배우자라는 사실을 부각시키는 데 도움이 되었다. 예언자가 아이샤를 선호한 배경에는 아버지 아부 바크르의 영향력도 크다. 아이샤를 예언자의 최고의 아내로 기록하는 것이 결국은 그녀의 아버지 아부 바크르의 위상을 부각시키는 것이었기 때문이다.

2) 아이샤의 '거짓말 사건'을 둘러싼 이슬람공동체의 갈등

　예언자의 전기작가 이븐 히샴에 따르면 아이샤에 대한 중상과 비방은 무스딸리끄(al-Muṣṭaliq) 원정에서 비롯되었다. 아이샤는 이 원정에서 예언자 무함마드와 동행한 유일한 부인이었다. 원정대가 메디나로 돌아오는 어느 지점에서 쉬게 되었을 때 아이샤는 볼일을 보러 갔다가 낙타행렬에 합류하지 못하고 뒤에 혼자 남게 되었다. 낙타행렬은 아이샤가 낙타 가마에 타고 있는 줄로 생각하고[59] 길을 떠났다. 사막에 홀로 남은 아이샤는 사프완 알 술라미(Ṣafwān al-Sulamī)라는 젊은 청년에 의해 구조되었다. 그녀가 메디나로 돌아오자 예언자에게 적대적

59_ 아이샤는 자신이 고기를 먹지 않기 때문에 몸무게가 가벼워 가마꾼들이 그녀가 낙타에 타고 있는 줄로 착각하였다고 변명하였다.

이었던 압둘라 븐 우바이('Abd al-Lāh bn 'Ubayy)를 비롯하여 아이샤를 시기하던 예언자의 부인 자이납의 여동생 함나(Hamnah), 예언자의 시인 하산 븐 사비트(Ḥasan bn Thābit) 등은 아이샤가 그 젊은 청년과 정을 통하였다고 소문을 퍼트리기 시작하였다.[60]

소문이 퍼지자 예언자는 아이샤를 구해준 사프완의 성실성을 두둔하면서 자신의 명예는 물론 아부 바크르의 명예를 지키려고 애썼다. 아이샤에 대한 추문은 남편인 예언자는 물론 아버지 아부 바크르의 명예를 떨어뜨리는 것이었기 때문이다. 예언자와 아부 바크르, 그리고 막 생겨난 이슬람공동체의 명예는 아이샤의 사건으로 위협받게 되었다. 문제의 심각성을 감지한 예언자는 사위 알리에게 충고를 구했다. 알리는 이슬람공동체를 위협하는 이 문제를 해결하기 위해서는 소문의 당사자인 아이샤에게 책임을 물어야 한다고 주장하였다. 그리고 알리는 아내로 인한 불명예는 아내와 이혼함으로써 회복될 수 있다며 예언자에게 아이샤와의 이혼을 권고하였다. 알리의 이러한 입장은 알리와 아이샤 간의 관계가 불편해지는 또 다른 요인이 되었다. 후에 쉬아파 문헌들은 아이샤가 알리를 증오하고 알리에 대항하여 낙타전투를 일으킨 이유가 바로 이때 알리가 예언자에게 이혼을 제안했기 때문이라고 기록하고 있다.[61]

예언자는 처음에 친정에 가 있던 아이샤를 찾아가 회개하라고 말한다. 혼인 후 최대의 위기를 맞은 아이샤는 어떠한 변명도 이 사건을 둘러싼 의혹을 풀기에는 역부족하다는 사실을 깨닫고 자신의 결백을 증명해 줄 계시를 고대하였다. 결국 이 문제로 고심하던 예언자는 아

60_ 이븐 히샴의 전기, 따바리와 이븐 한발의 하디스 등에 같은 내용이 기록됨, Nabia Abbott, 앞의 책, pp.31-32 참고.
61_ Spellberg, 앞의 책, p.69.

이샤의 결백을 암시하는 꾸란 구절[62]을 계시 받았다. 이 계시를 받은 후 예언자는 아이샤를 중상하고 비방하는 데 가장 열심이었던 세 사람[63]에게 꾸란 24장 4절[64]에 따라 80대의 태형을 부과하였다.

한편, 간음의 혐의를 받은 사프완은 적극적으로 자신의 결백을 주장하였다. 그는 자신을 비방하였던 시인 하산 이븐 사비트를 공격하였다. 아이샤는 사프완이 성 불구자로 어떤 여자도 건드릴 수 없다고 주장하였다.[65] 사프완이 성적으로 불능하다는 아이샤의 증언은 이 젊은 청년과 있을 수 있는 불륜의 가능성을 배제하려는 시도였다. 아이샤가 사프완의 신체적인 약점을 거론하였다는 것은 아이샤의 평판이 예언자의 계시가 내려온 이후에도 완전히 회복되지 않았다는 것을 의미한다. 꾸란의 계시와 남성의 성적 불능, 즉 신성한 이유와 인간적인 이유가 예언자 부인의 명예를 지키기 위해 총동원되었다.

근본적으로 명예와 불명예에 대한 정의는 기독교사회나 이슬람사회에서 같은 의미를 지닌다. 예언자 시대에도 남성의 명예가 여성의 정숙함에 달려 있다는 개념은 아라비아반도에만 국한된 것은 아니었다. 아이샤에 대한 비방은 아이샤 개인에 대한 도전이라기보다는 아이샤의 후견인과 그녀가 속한 공동체에 대한 도전이었다. 이것은 또한 예언자의 임무와 이슬람적 신앙에 대한 도전이기도 하였다. 이러한 중대한 도전은 신성한 계시를 통해서가 아니면 해결될 수 없는 문제가

62_ "…실로 중상을 퍼뜨린 무리가 너희 가운데 있었으되 … 이것은 분명한 허위라 … 믿는 자들 가운데 추문을 퍼뜨리는 것을 좋아하는 자들은 현세와 내세에서 고통스런 벌을 받으리니…." (꾸란 24장 11-20절)
63_ 압둘라 이븐 우바이, 함나, 하산 븐 사비트.
64_ "순결한 여성들을 중상하는 자들이 네 명의 증인을 세우지 못할 경우 그들에게 여든 대의 태형을 가하되…."
65_ Ibn Hishām, *Kitāb Sīrat Rasūl al-Lāh*, p.234.

되었다. 결국 결백을 입증하는 계시로 아이샤는 진실과 정숙을 대표하는 신성한 드라마의 주인공이 되었다. 그러나 문제는 이 사건과 관련하여 계시된 꾸란 24장 11-20절에 아이샤의 이름이나 사건의 정황이 명백하게 언급되어 있지 않다는 점이다. 그 결과 이 구절과 관련하여 쉬아파는 순니파와는 전혀 다르게 아이샤를 평가하기에 이르렀다. 이 사건은 아이샤의 정절을 둘러싼 명예와 불명예, 결백의 계시에 대한 믿음과 불신의 개념을 포함하고 있었다. 이러한 이분법적인 개념은 후에 이 문제를 둘러싼 순니파와 쉬아파 간의 논쟁의 핵심으로 부각하였다.

초기 순니파 무슬림들은 아이샤에 대한 중상을 아이샤 개인을 향한 것이 아닌 순니파 공동체 전체를 향한 것으로 받아들였다. 9세기 전기 작가 이븐 사으드는 '거짓말 사건'을 예언자의 다른 부인들이 가지지 못했던 아이샤의 특권 가운데 하나로 언급하였다. 발라두리 역시 꾸란 24장 23절이 계시됨으로써 아이샤가 신성한 승리를 거두었다고 기록하였다. 그러나 '거짓말 사건'의 결과가 아이샤의 결백으로 끝났음에도 불구하고 이러한 기록은 후에 아이샤를 중상모략 할 수 있는 빌미가 되었다. 순니파 문헌은 아이샤에게 '결백한 여성'이라는 영광스런 별칭을 붙여주었다. 그러나 이는 이슬람공동체가 기록을 통해 아이샤를 방어할 필요가 있었다는 것을 의미하기도 한다.[66]

'거짓말 사건'에 대한 보다 상세한 언급은 9세기 하디스 모음집에서 나타난다. 부카리(al-Bukhārī), 무슬림, 이븐 한발(Ibn Hanbal) 등의 순니파 하디스 모음집에서는 이 사건의 전모를 자세히 소개하고 있다. 그러나 이러한 하디스 모음집의 공통점은 작가들이 이 사건을 아이샤

66_ Spellberg, 앞의 책, p.65.

의 가장 우수한 덕목 가운데 하나로 간주하고 있지 않다는 점이다. 또한 이 사건과 관련된 하디스 모두는 아이샤가 전한 것을 그의 가족을 비롯한 측근들이 전승하였다는 사실이다. 이는 아이샤의 가족을 포함한 그의 측근들이 '거짓말 사건'과 관련하여 아이샤를 적극적으로 방어하였다는 것을 의미한다.[67]

순니파와 쉬아파 공동체 간의 갈등이 심화된 이슬람의 중기 동안 아이샤의 거짓말 사건은 과거 유산의 해석을 둘러싼 논쟁의 중심이 되었다. 9세기 이후의 문헌에서 순니파 지지자들은 아이샤에 대한 칭송의 수위를 낮추어야만 하였다. 한편, 아이샤의 결백에 의심을 보내던 쉬아파 무슬림들은 아이샤의 결백과 관련된 계시를 재고하기 시작하였다. 10세기 쉬아파 학자 꿈미(al-Qummī)는 꾸란 24장 11절[68]과 관련하여 이 계시가 아이샤가 아닌 예언자의 기독교도 부인 마르얌에 관한 것이라고 주장하였다. 게다가 꿈미는 아이샤 자신도 마르얌을 중상하였다고 주장하였다. 따라서 그의 견해에 따르면 아이샤는 거짓말을 하였을 뿐만 아니라 예언자의 다른 부인을 중상하였다는 것이다.

아이샤의 간음혐의에 대한 상이한 해석은 곧 순니파와 쉬아파의 정체성을 의미하는 것이 되었다. 순니파 무슬림들은 아이샤의 결백을 밝혀주는 계시로 그의 진실과 명예와 믿음이 더욱 확고해졌다고 주장하는 반면, 쉬아파 무슬림들은 아이샤의 결백을 인정하지 않음은 물론 이 사건을 순니파 공동체를 공격하기 위한 수단으로 이용하였다. 이슬람 중기 동안 아이샤에 대한 평판은 이슬람공동체의 이상적 여성으로 아이샤를 칭송하고 있는 다수 무슬림들에게 소수 쉬아파 무슬림들이 도전할 수 있는 구실로 작용하였다. 메디나의 불신자들이 아이

67_ 위의 책, p.65.
68_ '실로 중상을 퍼뜨린 무리가 너희 가운데 있었으되…'

샤를 둘러싼 추문을 퍼뜨림으로써 예언자의 명예에 상처를 입혔던 것과 마찬가지로 중기의 쉬아파 무슬림들은 예언자의 부인에 대한 이 사건을 다시 상기시킴으로써 순니파 무슬림들에게 도전하였다. 아이샤에 대한 음해는 순니파 무슬림 다수가 예언자 다음으로 가장 중요한 본보기적 인물로 간주하는 아부 바크르에 대한 음해나 마찬가지였다. 애초에 이 사건은 예언자 무함마드를 공격하기 위한 것이었으나, 후에 쉬아파 무슬림들은 아부 바크르를 공격하기 위한 수단으로 이 사건을 이용하였다.

아이샤를 둘러싼 쉬아파 무슬림들의 공격에 대한 순니파의 응답은 10세기의 신앙고백에서 잘 드러난다. 10세기 중반 순니파 무슬림들은 신앙고백을 통하여 안팎으로 증가하는 쉬아파의 정치적인 위협에 대응하였다. 신앙고백은 바로 네 명의 정통 칼리프들[69]의 정통성을 인정하여 고백하는 것으로 4대 칼리프 알리를 제외한 나머지 칼리프들의 정통성을 인정하지 않는 쉬아파 무슬림들과의 결별을 선언하는 것이었다. 이러한 신앙고백은 4대 정통 칼리프들의 정통성을 인정하는 것뿐만 아니라 아이샤의 명예를 수호하는 것까지 포함되어 있었다. 한 발리 법학파의 일원인 이븐 밧따(Ibn Baṭṭah, 997년 사망)는 아이샤를 '진실한 여인', '정숙한 여인'으로 표현하였다. 그는 아이샤의 정숙함이 천사 가브리엘을 통해 신으로부터 계시된 점을 강조하면서 그의 결백을 부정하는 것은 곧 꾸란의 계시를 부정하고 예언자의 메시지를 불신하는 것이라고 말했다. 순니파 신학자 이븐 타이미야(Ibn Taimīyah, 1328년 사망) 역시 아이샤에 대한 중상은 꾸란의 기본적인 해석과 모순된다고 주장하였다. 14세기 동안 이집트의 맘루크(Mamlūk)조에서는

69_ 1대 아부 바크르, 2대 우마르, 3대 우스만, 4대 알리.

아이샤를 모독할 경우 감옥에 갇히거나 아이샤를 모독한 저서가 판매 금지되기도 하였다. 이렇게 중기 순니파 공동체에서는 아이샤의 결백에 대한 언급이 신앙고백의 중요한 일부를 차지하였다.[70]

아이샤의 거짓말 사건은 이슬람공동체 내에서뿐만 아니라 이슬람 세계와 서구세계 간의 논쟁도 불러일으켰다. 이 사건에 관해 서구인들은 무함마드가 자신의 의지대로 계시를 위조하였다고 공격하면서 이슬람이 거짓 예언자에 의존한 엉터리 종교라고 주장하였다. 심지어 일부 서구 학자들은 아이샤가 간음을 저질렀으며 아이샤의 간음을 무함마드가 묵인하였다고 주장하였다. 마치 쉬아파가 교세를 확장하기 위해 아이샤를 이용했던 것과 마찬가지로 서구인들은 기독교의 우월성을 증명해 보이기 위해 아이샤의 사건을 이용하여 무함마드의 예언성에 흠집을 가했다. 1980년대 말 영국의 작가 살만 루시디는 저서 『악마의 시』에서 이븐 히샴에 의해 기록된 이 사건의 내용을 교묘하고 냉소적인 문체로 적고 있다; "… 아이샤가 화장실에 가려고 하다가 홀로 남게 되었고… 사프완은 아주 잘 생긴 청년이고… 그녀는 자기 또래의 누군가에게는 매력적이었을 터이고… 대단한 스캔들이고…."[71] 아이샤 사건에 대한 살만 루시디의 이러한 묘사는 무함마드의 예언성에 의심을 보내기 위한 목적이 다분하다. 루시디는 양아들의 부인, 즉 며느리 자이납과의 혼인을 허가한 꾸란 계시의 편리성도 꼬집었다. 루시디의 이 작품은 이슬람세계에서 엄청난 파장을 가져왔다. 그러나 아이러니컬하게도 이 작품에 더욱 발끈했던 것은 이란의 쉬아파였다. 이란의 호메이니는 루시디의 목에 거액의 현상금을 걸고 그의 살해를 명령하였다. 그 결과 커다란 주목을 받지 못했던 살만 루시디는 전 세계적으

70_ 위의 책, pp.85-87.
71_ Salman Rushdie, *The Satanic Verses*, p.387.

로 주목받는 작가로 유명세를 타게 되었다. 항공사들은 테러의 염려로 루시디의 탑승을 거부하기도 하였다. 그러나 역사적으로 쉬아파 무슬림들은 루시디가 이런 말을 하기 오래 전에 이미 아이샤의 사건을 정치적인 목적으로 이용한 바 있었다.

3) 내란 '낙타전투'와 아이샤의 정치적 도전

예언자의 부인으로서 아이샤를 둘러싼 '거짓말 사건'이 중기 이슬람공동체는 물론 현대 이슬람세계와 서구세계 간의 갈등을 가져왔듯이, 예언자 사후 미망인으로서 '낙타전투'에 개입한 것은 다시 한 번 아이샤가 정치적 갈등의 중심에 놓이는 결과를 가져왔다. 순니파 무슬림들은 예언자가 가장 사랑하던 부인으로서의 아이샤의 본보기적 위치와 이슬람공동체의 분열을 가져온 그의 정치적 행동 사이에서 모순을 인정하지 않을 수 없었다. 한편, 쉬아파 무슬림들은 자신들이 최고의 정신적, 정치적 지도자로 간주하고 있던 알리에게 도전한 아이샤를 비난하는 데 아무런 거리낌을 느끼지 않게 되었다. '거짓말 사건' 이후 아이샤를 옹호해야 했던 순니파 무슬림들은 예언자 사후 그의 정치적 행동으로 다시 한 번 어려움을 겪게 되었다.

낙타전투란 3대 칼리프 우스만이 그의 친족우월주의 정책을 비난하던 반대파에 의해 살해당하자, 아이샤가 예언자의 교우였던 딸하(Ṭalḥah)와 주바이르(al-Jubair)와 함께 우스만 살해의 책임을 알리에게 돌리면서 일으킨 반란을 의미한다. 사실 우스만이 메디나에서 반대파에 의해 포위당했을 때 아이샤는 우스만의 구조요청을 뿌리치고 메카로 향한 바 있었다. 후에 메카에서 우스만이 살해되고 알리가 칼리프位를 계승하였다는 소식을 들은 아이샤는 메카로 돌아가지 않고 알리에게 우스만의 피값을 요구하기 시작하였다. 우스만의 구조요청을 거부했던 아이샤는 그의 죽음에 일부 책임이 있다는 혐의를 벗기 위해서라도 죽은 칼리프 우스만을 위해 어떤 역할이든 해야 했다. 우스만이 살해된 지 네 달 만에 딸하와 주바이르는 메카에 있는 아이샤의 거처에서 회동한 후 새로운 칼리프 알리에게 일전을 가하기로 계획하고 바스라로 향했다. 바스라에서 결국 아이샤의 추종자들과 알리의 군대 사이에 전투가 벌어졌고 아이샤는 전투를 격려하기 위해 이슬람 이전 시대 여성들이 그랬던 것처럼 낙타를 타고 가장 격렬했던 전장 가운데로 나아갔다. 예언자의 부인 아이샤를 보호하기 위해 약 70명의 추종자들이 몸을 사리지 않은 채 죽어갔다. 추종자들의 목숨을 건 싸움은 아이샤의 생명을 지키기 위한 것이었다. 알리의 지지자들이 아이샤의 편에 섰던 무슬림들에게 보냈던 비난 가운데 하나가 바로 예언자의 부인을 죽음의 위협에 노출시켰다는 점이었다. 알리는 아이샤를 보호하기 위해 아이샤가 타고 있던 낙타의 다리만을 자르도록 명령하였다. 아이샤의 낙타가 쓰러지자 이슬람공동체의 후계자 구도에 깊숙이 관여하려고 했던 그녀의 꿈도 사라지고 말았다.

우스만의 살해에 대해 일부 책임이 있다는 비난에 대해 아이샤는 자신의 결백을 주장하였다. 그러나 낙타전투, 즉 내란에 개입하였다는 비난에 관해 아이샤는 일부 책임이 있음을 시인하였다. 순니파 기록들은 아이샤가 내란의 살육에 대해 전적인 책임이 있다는 쉬아파의 주장을 부인하였다. 순니파 무슬림들은 아이샤의 낙타전투 참여가 다른 사람들의 유혹에서 비롯되었다고 주장하였다. 전쟁터로 나아가기 전에 아이샤가 하우압(al-Haw'ab)이란 곳에서 전투의 개입을 포기하고자 하였으나 주바이르를 비롯한 여러 사람들의 설득으로 어쩔 수 없이 전쟁터로 향했다는 것이다.[72] 반면, 쉬아파 기록들은 아이샤가 알리에게 대

아이샤와 하우압의 개들(The British Library, London)

항한 내전에서 주동자적 역할을 했다고 주장하였다. 그리고 쉬아파 무슬림들은 이 전투에서 아이샤에 대항하여 알리 편에서 싸운 사람들이 바로 '쉬아파'의 기원이라고 규정하고 있다. 따라서 쉬아파의 입장에서 보면 낙타전투는 자신들이 처음으로 순니파와 구별되는 시원이 된 셈이다.

한편, 낙타전투는 이슬람공동체에서는 처음으로 여성이 정치에 직접적으로 개입하였다는 점에서 큰 의미를 지니고 있다. 예언자 생전에 누렸던 아아샤의 빼어난 위치는 예언자 사후에도 그녀에게 엄청난 특권을 안겨 주었다. 낙타전투에서 예언자의 두 교우를 비롯하여 많은 무슬림 남성들이 아이샤를 따랐다는 사실은 그녀가 지녔던 막강한 권력을 시사해 주는 것이기

72_ 하우압 샘터를 지나갈 때 아이샤는 개 짖는 소리를 들었다. 아랍인들의 미신 가운데 개 짖는 소리는 불길한 징조였다. 이것이 바로 아이샤가 자신의 행동을 후회하고 메카로 돌아갈까 망설이게 하는 원인이 되었다. 아이샤가 여행을 계속하길 거부하자 주바이르를 비롯한 다른 사람들은 그들이 지나가는 곳이 하우압이 아니라고 아이샤에게 거짓말을 했다는 것이다. 그러나 아이샤에게 적대적인 전언들은 아이샤의 이러한 망설임에 대해 다른 해석을 내놓고 있다. 한 전언에는 무함마드가 혼자 있던 아이샤에게 '하우압의 개가 짖는 대상이 너가 되지 않도록 하여라'라고 말했다고 되어 있다. 쉬아파 전언에는 무함마드가 아이샤에게 '네가 알리에게 부당하게 대항할 때에 하우압의 개가 너를 향해 짖을 것이다'라고 말했다는 것이다.

도 하다. 앞서 설명하듯이 이슬람 이전 시대 아라비아반도의 여성들은 부족의 전투에 적극적으로 참여하였으며, 이슬람 이후에도 여성들은 전쟁터에서의 자신들의 역할을 포기하지 않았다. 예언자 자신도 원정 시에 부인들을 항상 동반시킨 것으로 알려져 있다. 아이샤가 낙타전투에서 실패한 이후에도 여성들은 4대 칼리프 알리의 편에 혹은 무아위야[73](Muʻāwiyah)의 편에 서서 싯핀(Şiffīn) 전투[74]에 참여하기도 하였다. 이러한 사실은 낙타전투에서의 아이샤의 실패가 근본적으로 무슬림 여성들의 전쟁 참여를 완전히 봉쇄하지는 않았다는 것을 의미한다.

꾸란 역시도 여성의 직접적인 정치참여를 금지하고 있지 않다. 꾸란에는 여성 통치자를 비난하는 하는 한 구절[75]이 있다. 그러나 이 꾸란 구절은 여성 통치자의 무능력함을 비난하는 것이 아니라 그의 이교도적 신앙을 비난하는 것이다. 여성의 정치참여를 금지하는 구절로 간주되는 꾸란 33장 33절[76]은 일반 여성들이 아닌 예언자의 부인들에게 집에 머물러 있도록 명령하는 구절이다. 따라서 아이샤의 정치참여는 그가 여성이었기 때문이 아니라 예언자의 부인이라는 특별한 위치에 있었다는 점에서 문제시되었다. 아이샤는 낙타전투에 참여함으로써 예언자의 미망인들에게만 적용되었던 격리의 관행에 도전하였던 것이다. 이슬람공동체에서 일어났던 첫 번째 내란에서 아이샤가 실패한 것

73_ 알리에게서 정권을 빼앗은 우마이야조의 창시자.
74_ 4대 칼리프 알리와 우마이야조의 창시자 무아위야 간의 정권을 둘러싼 전투.
75_ 꾸란은 권좌에 있었던 시바의 여왕을 당당한 통치자로 묘사하고 있다; "저는 그곳에서 그들 위에 군림하고 있는 한 여성을 발견했는데 그녀에게는 모든 것이 있었고 위대한 옥좌도 가지고 있습니다."(꾸란 27절 23절)
그러나 그녀의 이교도적 행동이 사람들을 미혹하였다고 꾸란은 적고 있다; "저는 그녀와 그녀의 백성들이 알라 외에 태양을 숭배하고 있음을 알았습니다. 사탄들은 그들의 행위를 그럴듯하게 보여 그들로 하여금 진리의 길을 벗어나게 했으니 그들은 지금 인도되지 못하고 있습니다."(꾸란 27절 24절)
76_ "너희 가정에 머무르고…."

은 이슬람사회의 엘리트 여성, 즉 '신자들의 어머니'가 정치영역 밖에 머물러야 한다는 교훈을 주었다. 그 결과 예언자 사후 그와 가까웠던 남성들이 정치 지도자로서 최고의 영향력을 행사하였던 반면, 예언자와 가까웠던 여성들은 꾸란의 계시와 아이샤의 실패로 인하여 정치 영역에서 완전히 소외당했다.

아이샤 사후에 기록된 중기의 기록들은 순니파와 쉬아파 모두 여성의 정치참여가 가져오는 불가피한 재앙에 대한 교훈으로서 아이샤의 패배를 전하고 있다. 아이샤의 교훈은 이슬람 중기의 남성 작가들에 의해 여성들이 정치적 질서에 위협이 된다는 논리로 이용되었다. 근본적으로 아이샤에 대한 평가를 달리하는 순니파와 쉬아파 작가들 모두 아이샤의 정치참여에 관한 한 공통적으로 부정적인 입장을 견지하고 있다. 아이샤가 낙타전투에 개입한 이래 9세기 부카리와 이븐 한발의 하디스 모음집에서는 모든 여성에 대한 부정적 시각이 일반화되어 있다. 예언자 무함마드의 해방된 노예였던 아부 바크라('Abū Bakrah)는 예언자가 '여성에게 일을 맡기는 어떠한 민족도 번성하지 않는다'[77]라고 말했다고 전하고 있다. 또한 아부 바크라는 '여성에게 복종하면 남성들은 망한다'라고 예언자가 반복하여 말했다고 전하고 있다. 그러나 첫 부인 카디자와는 물론 현명했던 움무 살람마와 항상 상의하며 충고를 구했던 예언자가, 그리고 꾸란에서 시바 여왕의 훌륭한 지도력에 대해 언급한 예언자가 이런 말을 했을 리가 없다는 것이 무슬림 여성학자들의 일반적인 생각이다. 그럼에도 불구하고 아부 바크라의 이러한 전언들은 광범위하게 확산되어 여성차별의 주요 근거로 활용되었다.

77_ Fatima Mernissi, *al-Ḥarīm al-Siyāsī*, p.65.

9세기 문헌에서는 여성을 종종 '유혹, 무질서, 내란'을 의미하는 '피트나'(fitnah)로 묘사하고 있다. 9세기 하디스를 보면 예언자가 '남자에게 여자보다 더 해로운 유혹은 없다'고 말한 것으로 나와 있다. 비록 아이샤가 '유혹'을 의미하는 '피트나'의 정의로부터 벗어난다 하더라도 낙타전투에 참여함으로써 '무질서, 내란'을 유발하였으므로 9세기 모든 여성들에게 적용되었던 '피트나'의 개념에서 예외가 될 수 없었다. 9세기 하디스는 또한 여성들이 지옥 주민의 압도적인 다수를 차지하고 있다고 언급하고 있다. 그리고 여성들이 지옥 불에 많은 이유는 부족한 이성 때문이라고 되어 있다. 9세기 문헌들에 나와 있는 이러한 여성혐오적인 시각은 당대의 사람들이 아이샤의 낙타전투 참여를 매우 부정적인 시각으로 바라보았다는 사실을 시사해 준다.

몇몇 학자들은 아이샤의 낙타전투 패배가 결과적으로 무슬림 여성들이 공적 생활에서 완전히 소외되는 결과를 초래하였다고 주장하였다. 그러나 낙타전투 이후에 아이샤가 정치투쟁에 직접적으로 개입하지 않은 것은 사실이지만, 그의 행동이 모든 여성들의 정치참여를 막았다는 것은 과장된 것으로 보인다. 아이샤가 패배한 직후에도 다른 여성들은 이슬람 도래 이전에 그리고 그 이후에 그랬듯이 두 번째 내란에 참여하였다. 예언자가 죽은 이후에 아이샤는 정치적 역할을 떠맡음으로써 '신자들의 어머니'에게 부과된 이슬람적 규제에 도전하였다. 그러나 이러한 규제는 7세기 당시 일반 무슬림 여성들에게는 적용되지 않았다. 후에 이슬람제국이 확장되고 남성중심 사회로 변화하면서 아이샤의 낙타전투 참여는 여성들에 대한 부정적 시각을 부추기기 위한 보기로 이용되었다. 8세기와 9세기 초 문헌에서 여성들을 '피트나' 즉 '유혹, 무질서, 내란'이라고 묘사한 것은 바로 모든 무슬림 여성들에게 정치적 활동 영역이 닫힐 것임을 예고하는 것이었다.

10세기 문헌에는 정치적 인물로서의 아이샤의 예가 더욱 부정적인 반응을 불러일으키고 있다. 압바스조의 5대 칼리프 하룬 알 라시드(Hārūn al-Rashīd)의 부인 주바이다(Zubaidah)는 아들이 내란에서 죽자 아이샤처럼 행동할 것을 사람들로부터 종용받았다. 그러자 '복수를 하거나 전투에 뛰어드는 것은 여자들이 할 일이 아니다'라며 혼자 칩거하면서 아들의 죽음을 애도한 것으로 기록되어 있다. 주바이다는 아이샤를 본받아서는 안 되는 부정적 모델로 받아들인 것이다.

낙타전투의 실패는 아이샤로 하여금 공적인 영역에서 물러나 사적인 생활영역에 머무르도록 하였다. 아이샤가 공적 영역에서 물러났다는 것은 바로 미래 이슬람공동체에서 여성들의 역할이 매우 제한될 것이라는 신호였다. 한편, 정치영역으로부터 은퇴한 아이샤는 이슬람공동체에서 새로운 역할을 부여받았다. 그것은 바로 하디스 전언가로서의 역할이다. 아이샤의 이미지가 정치참여로 인하여 훼손되었음에도 불구하고 예배의 방법에서 의학에 이르기까지 이슬람공동체의 중요한 문제에 대한 그의 훌륭한 기억력과 권위는 순니파 무슬림들 사이에서 영원한 칭송의 대상이 되었다.

4) 하디스 전언가로서의 아이샤

아이샤가 다른 부인들과 확실하게 구별되는 것은 바로 이슬람공동체에 관한 지식, 즉 하디스와 관련된 것이다. 아이샤는 이 분야에서 자신을 최고라고 묘사하지 않았으나, 아이샤의 하디스에 의존하였던 순니파 학자들은 그가 이 분야에서 최고의 기여를 하였다고 소개하고 있다. 예언자의 하디스를 기억하고 전승하였던 능력은 아이샤가 미망인으로서 홀로 쌓은 것이었다. 그러나 아이샤의 하디스 전승에 관한 기여 역시 예언자 부인으로서의 독특한 위치에 기인한 것이었다. 예언자가 가장 사랑하던 부인으로서의 아이샤의 위치는 사적, 공적 생활에서 예언자의 일거수일투족을 지켜보고 관찰할 수 있는 기회를 제공하였다. 하디스 전언가로서의 아이샤의 공로는 순니파 문헌에서 시간이 흐름에 따라 최상급으로 격상되고 있다. 반면, 쉬아파 무슬림들은 자신들만이 의존하는 하디스에 근거하여 아이샤와 그의 아버지 아부 바크르, 그리고 많은 교우들이 전한 하디스에 의심을 보냈다. 쉬아파의 입장에서 보면 아부 바크르를 비롯한 칼리프들은 알리의 칼리프 직위를 빼앗은 찬탈자들이기 때문이다. 아이샤는 알리와 그의 부인 파띠마에 대해 적대적인 내용을 담고 있는 하디스를 전하기도 하였다. 그러나 쉬아파는 과거 유산에서 아이샤를 완전히 지워버리지는 못하고 선택적으로 아이샤의 하디스를 받아들일 수밖에 없었다.

9세기의 이븐 사으드나 발라두리의 저서는 아이샤가 지녔던 뛰어난 기억력과 탁월한 지식을 분명하게 언급하고 있다. 두 문헌은 모두 아이샤가 시에 대한 식견을 가지고 있었다는 점을 강조하고 있다. 이것은 바로 그가 뛰어난 암기력과 아랍어 구사 능력을 지녔다는 점을 강조하는 것이다. 이슬람 이전 시대의 민간전승이나 의학에 대한 아이샤의 지식은 초기 문헌에 반복적으로 언급되어 있다. 발라두리는 아이샤가 의학에 관한 많은 지식을 가지고 있었다고 전하고 있다. 예언자가 병이 들면서부터 아이샤가 의학 지식을 습득하게 되었다고 그는 설명하고 있다. 또한 예언자가 생전에 아이샤를 선호했던 것은 바로 아이샤로 하여금 이슬람 의식과 관련된 관행을 가까이서 지켜볼 수 있도록 하였다. 아이샤가 주장한 특권 가운데 그녀가 예언자와 같은 목욕통을 사용하였다는 것과 그녀가 함께 한 가운데 예언자가 예배를 드렸다는 것은 아이샤가 이러한 상황을 잘 목격할 수 있었다는 것을 의미한다. 그 결과 아이샤는 이슬람식 예배의 가장 중요한 부분인 세정의식[78]을 정립하는 데 주요한 역할을 할 수 있었다. 여기에는 예언자가 치아를 닦던 관행까지도 포함된다. 예언자는 아이샤가 부드럽게 씹어준 나뭇가지로 치아를 닦았다. 아이샤가 예언자의 치아 닦기를 위해 나뭇가지를 씹어준 것은 특히 그가 병이 들고 난 이후였다. 아이샤가 전해준 예언자의 예배의식과 세정의식은 순니파 무슬림들에게 이슬람식 의식에 관한 중요한 정보로 이용되었다. 순니파 무슬림들은 일상생활에서조차 예언자의 일거수일투족을 모두 본받으려 하였기 때문이다. 아이샤가 전한 지식은 예배, 단식, 혼인, 순례 등 다양하다. 혼인, 혼납금, 의상, 월경 등 여성과 관련된 주제는 대부분 아이샤의 입을 통해 전승되었다.[79]

아이샤의 놀라운 기억력과 예언자를 측근에서 볼 수 있었던 특권은 예언자의 교우들로 하여금 그녀에게 의존하도록 만들었다. 예언자의 교우들은 문제가 발생할 때마다 아이샤와 상의하였을 뿐만 아니라 올바른 하디스에 대한 최종의 판단을 아이샤에게 맡기기도 하였다. 그리고 예언자가 사망한 후 아이샤는 2대 칼리프 우마르와 3대 칼리프 우스만으로부터 정치적인 문제에 관해 종종 상담을 받기도 하였다.

아이샤가 전한 하디스는 순니파 이슬람법의 기초가 되었다. 법학자 샤피이(al-Shāfiʿī)는 아이샤가 전한 하디스를 최고로 평가하였다. 하디스 전언가로서의 아이샤의 권위는 높게 평가되었으나, 하디스의 보존과 수집은 후대의 하디스 전언가들에게 달려 있었다. 즉 아이샤가 전한 하디스라 하더라도 그 내용이 보존되느냐 아니냐는 후대의 전언가들에게 달려 있었다. 아이샤는 이슬람공동체의 기록에 대한 마지막

78_ 이슬람에서 예배를 드리기 전에 일정한 순서에 따라 몸을 씻는 행위.
79_ Spellberg, 앞의 책, pp.52-53.

결정권자가 될 수 없었다. 아이샤가 많은 하디스의 첫 발언자일지는 모르나 어떠한 하디스도 아이샤만의 전언에 의존하지 않았다. 아이샤가 죽은 지 150년 이후에 기록된 하디스 모음집은 그의 권한 밖에 있었다. 아이샤가 전한 수천 개가 넘는 하디스 가운데 부카리와 무슬림 하디스 모음집에는 각각 54개와 68개의 하디스만이 기록되어 있다. 이븐 한발의 하디스 모음집은 아이샤가 전한 200개가 넘는 하디스를 인용하고 있다.[80] 이슬람 중기 동안 여성들은 신학이나 법학 분야로부터 완전히 소외되었고 이슬람법과 신학은 남성들의 전유물이 되었다. 아이샤를 비롯한 초기 여성들이 하디스 전승에 커다란 역할을 했던 반면, 후에 이슬람 여성들의 위치를 좌우하게 될 이슬람법의 제정에는 여성들이 아무런 역할도 하지 못했다.

9세기 순니파 전기 작가들은 아이샤가 하디스 전승에 미친 공로를 반복하여 언급하였다. 14세기 다하비(al-Dhahabi, 1348년 사망)의 저서에는 하디스 전승가로서의 아이샤의 역할이 강조되어 있으며, 아이샤는 '이슬람공동체에서 가장 학식 있는 여성'으로 묘사되었다. 같은 시기의 순니파 무슬림 저자들은 아이샤가 순니파 공동체에서 가장 고귀한 여성이라고 규정하였다. 자르카시(al-Zarkashi, 1392년 사망) 역시 하디스 전언가로서의 아이샤의 역할을 강조하고 있다. 그는 아이샤와 예수의 어머니 마리아에게만 적용된다는 아홉 가지 덕목을 언급하였다. 자르카시가 아이샤를 마리아와 동렬의 위치에 놓았다는 것은 그만큼 아이샤를 높이 평가하였다는 의미이다. 아이샤의 혼인과 거짓말 사건과 관련된 계시, 그리고 아이샤가 천사를 보았다는 사실은 아이샤의 삶이 마리아의 삶처럼 신성이 개입된 것이라고 그는 강조하였다. 자르

80_ 위의 책, p.54.

카시는 또한 '아이샤의 아버지를 부인하는 사람들은 불신자들'이라고 선언하였다. 그는 아이샤의 종교적 헌신과 관대함, 금욕적 생활 등을 찬미하였다. 아이샤는 하디스 학문에서 예언자의 부인들 가운데 가장 위대하였으며, 뛰어난 언어구사력을 지닌 그의 연설은 '네 명의 정통 칼리프의 금요연설보다 지적이었다'고 극찬하였다.[81]

아이샤 후대의 무슬림 여성들은 하디스 전승에서 보여준 아이샤의 역할에 고무되었다. 무슬림 여성들은 다른 어떤 분야보다 하디스 분야에서 두각을 나타냈다. 예언자의 부인들은 예언자의 말과 행동을 옮기는 데 중요한 역할을 하였다. 남성들이 꾸란 주석, 역사, 법학 등의 분야에서 명성을 얻었던 반면 여성들은 이러한 분야에서 철저하게 소외당했다. 하디스 전언만이 여성에게 열려 있던 분야였다. 사실 하디스 전승은 지적 능력보다는 암기력을 필요로 하는 것으로 여성들이 가정이나 모스크에서 남자들과 섞이지 않은 채 할 수 있는 일이었기 때문이다. 대부분의 경우 여성 전승가들은 가족 구성원에게서 하디스를 전수받는 경우가 많았다. 그러나 하디스의 최종적인 선택은 남성들의 몫으로 남겨져 있었다.

9세기 많은 순니파 하디스 모음집들이 기록되었으나 여섯 개의 하디스 모음집만이 10세기에 최종적으로 인정되었다. 쉬아파 하디스 모음집은 그 후에 완성되었다. 순니파 하디스 모음집에서는 알리의 부인이며 예언자의 딸이었던 파띠마가 하디스 전승가로 인용된 반면, 쉬아파의 하디스 모음집에서는 대체적으로 아부 바크르와 아이샤의 전승을 인정하지 않고 있다. 예언자의 딸 파띠마는 순니파와 쉬아파 모두에게 존경스런 인물로 기록되었다. 쉬아파가 아이샤를 거부하는 것은

81_ 위의 책, p.56.

순니파의 전체적인 체계를 부정하는 것과 마찬가지였다. 아이샤는 순니파의 기록에서 결정적인 역할을 하였기 때문이다. 아이샤의 명성과 유산을 지키려는 순니파의 노력은 바로 순니파 자신들의 과거 유산을 지키려는 노력과도 같은 것이었다.

예언자의 부인이면서 제1대 칼리프의 딸이었던 아이샤는 이슬람 역사에서 가장 문제시되는 동시에 가장 뛰어났던 엘리트 여성이라 할 수 있다. 예언자의 생전에 그리고 사후에 누렸던 그의 빼어난 위치와 특권, 권력, 그리고 역할은 이슬람 역사상 전무후무한 것이었다. 그러나 아이샤의 빼어난 위치와 영향력은 그를 이슬람의 정치적 논쟁의 중심에 서게 하는 결과를 가져왔다. 예언자의 부인으로서 그리고 예언자의 미망인으로서 그는 이슬람 정치에서 때로는 능동적인 참여자가 되기도, 또 때로는 자신의 의사와는 상관없이 정치세력의 갈등에 의해 이용당하기도 하였다. 결과적으로 '거짓말 사건'을 둘러싼 그의 수동적인 역할은 순니파와 쉬아파 간의 논쟁을 가열시켰으며, '낙타전투'의 참여라는 그의 능동적인 역할은 이슬람공동체에서 최초의 내란이라는 부정적인 결과를 초래하였다. 아이샤의 낙타전투 참여와 실패는 비록 무슬림 여성들이 공적 영역에서 완전히 소외되는 데에 직접적인 영향은 미치지 않았을지라도 후기 무슬림 남성들에게서 여성혐오의 시각을 부추기는 데에 일조한 것은 분명하다.

예언자의 첫 부인 카디자나 딸 파띠마는 순니파나 쉬아파 무슬림들 모두에게 이상적인 무슬림 여성으로 그려지는 반면, 아이샤는 쉬아파는 물론 순니파 무슬림들 사이에서도 최고의 무슬림 여성으로 그려지고 있지 않다. 이것은 한편으로 카디자나 파띠마에 대한 기록은 그리 많지 않아 후대 사람들이 이들을 이상화하기가 쉬웠던 반면, 오랫

동안 장수하면서 이슬람공동체의 논쟁의 중심에 서서 많은 기록의 대상이 되어 왔던 아이샤의 경우는 그러한 이상화가 쉽지 않았기 때문일지도 모른다. 그러나 아이샤는 예언자가 '가장 사랑하는 부인', '신자들의 어머니', '하디스 전언가', '진실한 여인' 등의 다양한 칭호와 함께 이슬람 역사의 성과 정치를 논할 때 빠짐없이 등장하는 매력적인 인물이 되었다. 그리고 이슬람 역사상 여성의 정치참여가 낳은 실패의 본보기로 이용되었던 아이샤는 여성의 정치참여를 주장하는 현대 페미니즘 담론에서 가장 긍정적인 이슬람 여성의 이상형으로 다시 부활하였다. 그의 위상과 활동은 현대 이슬람 여성들이 가정의 벽을 넘어 사회와 공적 영역으로 나올 수 있는 발판을 제공하고 있다.

4. 역사 속에 숨겨진 여성 권력가들

예언자의 부인들뿐만 아니라 이슬람의 역사 속에는 빼어났던 많은 여성들이 존재하였다. 그러나 이러한 여성들은 남성들에 의해 기록된 역사서에서는 거의 다루어지고 있지 않다. 1988년 12월 베나지르 부토(Benazir Bhutto) 여사가 파키스탄 수상으로 당선되었을 때 세계는 놀라움을 금치 못했다. 여성의 지위가 열악한 것으로 알려진 이슬람세계에서 여성이 수상으로 당선되었다는 점에서 세계는 의아스러워했다. 또 얼마 전에는 이슬람 국가 인도네시아 대통령으로 메가와티 수카르노푸트리(Megawati Sukarnoputri) 여사가 당선되었다. 파키스탄이나 인도네시아는 이슬람 국가이긴 하지만 아랍 국가는 아니다. 아랍 국가가 아닌 비아랍 이슬람 국가에서, 그리고 여성에 대한 보수적인 사고가 지배적인 이슬람 국가에서 여성이 대통령이나 수상으로 당선

전 파키스탄 수상 베나지르 부토

모스크에서 예배를 드리는 복장을 하고
있는 메가와티, 평소에는 베일을 하지
않는다.(AP/PTI)

될 수 있었던 배경을 이해하기 위해서는 이슬람 역사 속에 숨겨진 여
성권력가들을 살펴볼 필요가 있다.

1) 여성과 권력

이슬람 역사를 통틀어 정치적인 결정권은 항상 남성의 손에 있었
다. 그러나 이슬람 역사의 이면에는 여왕 아르와('Arwah), 여성 술탄
라디야(Radīyah), 샤자라트 알 두르(Shajarat al-Durr) 등 많은 여성들이
정치적 영향력을 행사하였다. 이슬람 역사에서 권력을 잡았던 여성들
가운데 일부는 유산으로 권력을 승계하였으며, 또 다른 일부는 권력
상속자를 살해하고 스스로 권력을 쟁취하기도 하였다. 많은 여성들이
전투를 벌여 승리를 얻기도 또 휴전을 이끌어내기도 하였다. 그러나
남성 권력가들과 마찬가지로 대부분의 여성 권력가들은 독살을 당하
거나 칼로 찔려 좋지 않은 최후를 맞이하기도 하였다.

아랍어에서 예언자의 후계자를 의미하는 '칼리파'(khalīfah, 우리말 표준어로는 칼리프)라는 단어는 남자 후계자를 의미하지만 그 형태는 여성형을 취하고 있다. 일반적으로 아랍어에서 '임신한', '월경을 하는'과 같이 남성에게 해당되지 않는 여성 고유의 특성을 의미하는 명사나 형용사의 경우 여성형이 아닌 남성형을 사용한다. 후계자를 의미하는 '칼리파'라는 단어가 여성형이라는 사실은 여성들이 예언자의 후계자가 될 수 없다는 문화적인 함의를 지니고 있다. 칼리프(파)는 신성한 이슬람법 샤리아(Sharī 'ah)의 권위를 대변하며 이슬람법에 따라 통치를 해야 하는 사람이다. 칼리프는 예언자의 대리인으로 전제 군주나 왕이 누리는 완전한 자유를 가지지는 못한다는 점에서 '왕권'(mulk)과 구별된다. 앞서 언급하였듯이 후계자를 의미하는 칼리프(파)라는 단어는 여성형을 남성형으로 전용하였기 때문에 여성형이 존재하지 않으나, '술탄'(ṣulṭān)이나 '왕'(malik)을 지칭하는 아랍어 단어에는 여성형이 존재한다. 그리고 이슬람 역사 속에서 여성 술탄을 의미하는 '술타나'(ṣulṭānah)나 여왕을 의미하는 '말리카'(malikah)라는 칭호는 흔히 존재해 왔다. 그 가운데 가장 유명했던 여성이 1236년 델리에서 권력을 잡은 여성 술탄(술타나) 라디야이다. 라디야는 오늘날의 베나지르 부토와 같은 환경에서 권력을 잡게 되었다. 그는 남동생 술탄 루큰 알 딘(Rukn al-Din)이 큰 죄를 저지르자 백성들 앞에서 정의를 구함으로써 권력을 잡게 되었다. 술타나라는 명칭으로 불리던 여성 가운데는 이집트를 통치했던 샤자라트 알 두르가 있다. 그는 여느 군사 지도자와 마찬가지로 투쟁을 통해 1250년 권력을 장악하였다. 샤자라트 알 두르는 십자군 전쟁에서 무슬림들에게 승리를 가져다주었으며, 프랑스 왕 루이 9세를 포로로 잡기도 하였다. 라디야나 샤자라트 알 두르는 모두 아랍인이 아닌 터키인 출신이었다. 이들은 인도와 이집트를 통치하였던 맘루크[82] 왕조의 일원으로 권력을 장악했던 여성들이다.

예멘에서는 여러 명의 여성들이 '말리카', 즉 여왕이라는 칭호를 얻었다. 그들 가운데는 아스마('Asmā')와 아르와('Arwah)가 있다. 아스마와 아르와는 11세기 예멘에서 권력을 행사하였다. 아스마는 술라이히(Sulaihi)왕조의 창시자였던 남편 알리('Alī)와 더불어 짧은 기간 동안 예멘을 통치하였다. 반면, 여왕 아르와는 혼자서 예멘을 반세기 동안 통치하였다. 그는 1090년 사망할 때까지 국사를 혼자서 운영하였다. 말리카, 즉 여왕이라는 칭호는 델리에서 북부아프리카에 이르기까지 어느 곳이든 얼마간의 권력이라도 얻었던 여성들에게 쉽게 주어지던 칭호였다. 북부 아프리카의 많은 베르베르 여성들이 말리카라는 칭호를 지니고 있었다. 가장 유명한 여성 가운데는 1061-1107년 사이 북부아프리카에서 스페인에 이르는 광활한 제국을 통치하였던 남편 유수프 븐 타시핀(Yūsuf bn Tashfin)과 더불어 권력을 잡았던 자이납 알나프자위야(Zainab al-Nafzawīyah)가 있다.

권력을 가지고 있던 여성들에게 붙여졌던 또 다른 칭호는 '자유민 여성'을 의미하는 '후라'(al-ḥurrah)가 있었다. 하렘에서 '후라'는 귀족 출신의 합법적인 부인을 의미하였다. '후라'는 11세기와 12세기 동안 예멘을 통치하였던 여왕 아스마와 아르와의 칭호로도 사용되었다. 15세기와 16세기 스페인과 북부아프리카에서 중요한 역할을 하였던 몇 안달루시아 여왕에게도 이 호칭이 붙여졌다. 그 가운데 가장 유명한 여성이 스페인 사람들 사이에서 여성 술탄(Madre fe Boabdil)이라고 알려진 후라 아이샤('Ā'ishah)였다. 그는 바로 1461년 집권한 나이든 남편

82_ 사전적 의미로는 '소유된 자' 즉 남자 노예를 의미한다. 오스만 터키는 백인 출신의 남자 어린아이를 노예로 잡아 군사교육과 이슬람을 교육시켜 오스만 술탄의 친위대로 활동하는 군사 엘리트, 즉 맘루크를 양성하였다. 이들은 성장 후 노예 신분에서 해방되지만 자신을 양육한 술탄에게 절대적 충성을 다했다. 술탄은 이들을 파견하여 정복지를 통치하도록 하였다.

알리 압드 알 하산(ʿAlī ʿAbd al-Ḥasan)에게서 권력을 빼앗아 그라나다
(Granada)의 마지막 왕이 된 아들 무함마드 아부 압둘라(Muḥammad
ʿAbū ʿAbd al-Lāh)에게 넘긴 장본인이었다. 어머니의 지시에 무함마드
아부 압둘라는 1482년 왕권을 인수하여 1492년 그라나다가 멸망할 때
까지 통치하였다. 그가 가톨릭 군주 페르디난드 왕과 이사벨라 여왕의
군대에게 패배함으로써 8세기 동안 지속된 스페인의 이슬람 왕조는 막
을 내리게 되었다. 안달루시아 혈통의 모로코 여성 후라 사이다
(Sayyidah)는 테트완의 통치자가 되었다. 사이다가 '후라'라는 칭호를
받게 된 것은 그의 남편이 사망한 이후이다. 사이다는 남편이 죽은 후
테트완을 훌륭하게 통치하였다. 아랍 역사서들은 그녀에 관해 침묵하
고 있으나 스페인과 포르투갈의 역사서들은 그녀가 테트완의 통치자
로, 그리고 지중해 서부에서 해적선의 지도자로 여러 해 동안 중요한
역할을 하였다고 전하고 있다. 남편이 죽은 후 후라 사이다는 모로코
왕 아흐마드 알 왓타시(ʿAhmad al-Wattāsī)와 혼인하였다. 사이다는 결
혼과 더불어 정치적인 권한을 포기하지 않는다는 사실을 보여주기 위
해 페즈가 아닌 테트완에서 혼인식을 올렸다. 그 결과 모로코 역사에서
는 처음으로 왕이 수도가 아닌 다른 곳에서 혼인하는 사례를 남겼다.[83]

여왕에 대해 아랍인들만이 사용하던 또 다른 칭호 가운데는 싯트
(Sitt, 부인)가 있다. 이집트 파띠마조의 여왕 가운데 한 명은 싯트 알 물
크(Sitt al-Mulk, 980년 출생)라 불렸다. 남동생인 6대 칼리프 하킴(al-
Ḥākim)이 사라진 후 그는 남동생을 대신하여 1021년 권력을 잡았다.
하킴은 여성들의 집밖 외출을 금지하고 개를 죽이라고 명령하는 등 여
러 기행을 일삼았던 악명 높은 칼리프였다. 어느 날 그는 아침에 일어

83_ Fatima Mernissi, *The Forgotten Queens of Islam*, p.18.

나 자신이 神이며 카이로 사람들은 모두 자신을 숭배해야 한다고 선언하기도 하였다.

이슬람세계의 아랍 지역에서는 권력을 가진 여성을 말리카(여왕), 술타나(여성 술탄), 후라(자유민 여성), 싯트(부인)라 부른 반면, 아시아 지역 특히 터키와 몽골 왕조에서는 카툰(khatun)이라는 칭호가 사용되었다. 유목생활을 하던 몽골의 토착 문화에서는 여성의 사회적 위치가 상당히 높았다. 카툰 가운데는 1257년과 1293년 4대와 6대 통치자를 지냈던 쿠트루그 투르칸(Kutlugh Turkan) 카툰과 파디샤(Padishah) 카툰을 들 수 있다.[84]

2) 칼리프와 여왕들, 그리고 이슬람의 주권

칼리프와 여왕들: 이슬람세계에서 처음으로 최고의 권력을 장악하였던 여성은 1072-1092년 사이 바그다드를 지배하였던 셀주크 술탄 말리크샤(Malikshah)의 부인 투르칸(Turkan) 카툰이었다. 그는 남편이 죽은 사실을 숨긴 채 바그다드의 압바스조 칼리프와 협상하였다. 칼리프는 금요예배시에 그녀의 이름이 언급되는 것을 반대하였다. 금요예배의 설교에서 여성의 이름이 언급되어서는 안 된다는 것이었다. 금요예배에서 이름이 언급된다는 사실은 그 사람의 주권을 인정하는 것이었다. 결국 압바스조 칼리프 무크타디(al-Muqtadī)는 금요예배시 그녀의 아들의 이름을 언급하도록 명령하였다.

압바스조 칼리프 무으타심(al-Muʻtaṣim) 역시 여성이 이집트의 왕관을 차지하는 것에 강력히 반대하였다. 그 주인공은 바로 앞서 언급된 이

84_ 위의 책, p.21.

집트 아이유브조 8대 왕 살리흐 나즘 알 딘 아이유브(al-Ṣāliḥ Najm al-Dīn Ayyūb)의 부인 샤자라트 알 두르였다. 남편이 죽은 후 1250년 그녀는 왕위를 계승하기로 결정하였다. 그러나 당시 이집트는 바그다드 칼리프의 통제하에 있었기 때문에 그녀는 바그다드 칼리프에게 이집트 지역의 수장으로 인정해 줄 것을 요청하였다. 그녀가 십자군과의 전쟁에서 커다란 승리를 거두었음에도 불구하고 바그다드의 칼리프는 이집트에 능력 있는 사람이 없어 여성이 국가의 수장이 되어야 한다면 능력 있는 사람을 한 명 보내겠노라는 서한을 보냈다. 샤자라트 알 두르는 결국 칼리프의 승인을 받지 못한 채 자신의 일을 수행하여 나갔다. 그녀는 스스로를 '무슬림들의 여왕'(Malikat al-Muslimīn)이라고 불렀다. 사실 몽골의 침입을 받았던 바그다드의 칼리프와는 달리 그녀는 뛰어난 군사 지도력으로 몽골이 이집트를 넘볼 수 없게 만드는 정치적 수완을 보였다. 그러나 칼리프의 인정을 받지 못한 것은 샤자라트 알 두르의 운명에 결정적인 영향을 미치게 되었다. 그녀는 칼리프로부터 인정받지 못함으로써 군대 내에 일어났던 분열을 막지 못하고 결국 권좌에서 물러나야 했다. 칼리프의 권위는 당시 여성들에게 넘을 수 없는 벽이었다.

샤자라트 알 두르 이전에 델리에서 권력을 잡았던 또 다른 터키 여성 라디야는 아버지 술탄 일투트미시(Iltutmish)에 의해 권좌에 올랐다. 일투트미시는 스스로의 능력에 의해 술탄의 지위에 올랐던 전직 노예였다. 세 명의 아들이 있었음에도 불구하고 그는 딸 라디야에게 권력을 이양하였다. 여성이라는 이유만으로 라디야는 통치하는 동안 지속적으로 반대파의 도전에 시달려야 했다.

이슬람의 주권과 여왕들: 이슬람에서 주권의 가장 기본적인 기준은 모스크 금요예배의 설교에서 국가 수장의 이름이 선포되는 것과, 그의 이름이 주화에 새겨지는 것이었다. 그 가운데서도 금요예배에서 이름이 선포된 사람은 공식적인 주권을 가지는 것으로 인정되었다. 금요예배의 설교는 종교적인 역할과 세속적인 역할 간의 미묘한 관계를 가늠해 볼 수 있는 척도였다. 1038년 페르시아 군사력이 압바스조 칼리프의 세력을 좌지우지하고 있을 때 금요예배는 페르시아 왕조 부와이흐조의 이름으로 선포되었다. 반란의 시기에 반란자가 시도하는 첫 행위는 금요예배의 설교에서 그의 이름이 언급되도록 하는 것이었다. 바그다드의 모스크에서 여성의 이름으로 설교가 이루어진다는 것은 불경스런 것이었다. 그럼에도 불구하고 바그다드 사람들은 15세기 그 지역을 통치하던 잘랄리드(Jallarid)조 틴두(Tindu) 여왕의 이름으로 된 금요예배 설교를 묵묵히 경청해야만 했다. 그러나 이슬람의 정치역사를 통틀어 금요예배 설교에서 이름이 언급된 여성은 소수에 불과하다. 이러한 여성들은 종교적 권위가 남성들의 전유물이었던 이슬람 역사에서 대단히 빼어났던 인물들이었음에 틀림없다.

금요예배 설교에서 이름이 언급되는 것이 이슬람세계에 대한 주권을 의미하는 것이라면, 주화에 이름이 새겨진다는 것은 백성들이 보내는 충성의 표시였다. 이슬람 초기 메카가 주요 상업도시였음에도 불구하고 아랍인들은 이웃 지역인 페르시아와 로마의 주화를 빌려 와 사용하였다. 이슬람이 도래한 지 수십 년이 흐른 이후에도 아랍인들은 외래의 화폐에 의존하였다. 역사가들은 헤지라 65년부터 이슬람세계에서 외국 주화의 사용이 금지된 것으로 기록하고 있다. 바로 우마이야조 5대 칼리프 압둘 말리크 븐 마르완('Abd al-Malik bn Marwān)은 이슬람 영토에서 아랍어가 새겨진 새로운 주화를 사용하도록 명령하였다. 주화의 한 면에는 무슬림들의 증언 샤하다(Shahādah), 즉 "하나님 외에는 신이 없고 무함마드는 하나님의 사도이다"라는 내용을 새거 넣고, 다른 면에는 주조일자와 칼리프의 이름을 새겨 넣도록 하였다. 칼리브 압둘 말리크의 이러한 독자적인 행동은 로마 황제의 불만을 불러일으켰다. 로마 황제가 예언자 무함마드를 모독하는 주화로 시장을 가득 채울 것이라고 위협했음에도 불구하고 칼리프 압둘 말리크는 금화와 은화를 아랍어로 주조하기 시작하였고 그 이후의 칼리프들도 그를 따랐다. 그러나 칼리프 칼리드 븐 알 왈리드(Khālid bn al-Walīd)는 로마제국과 협력하여 라틴어로 된 자신의 이름만을 로마 주화에 새겨 넣기도 하였다. 우마이야 1대 칼리프 역시 칼리프 칼리드와 마찬가지로 페르시아의 주화에 자신의 이름을 새겨 넣은 바 있었다.

이슬람제국은 정복 초기 동안 주권의 상징으로서 칼리프의 이름을 지역 주화에 새겨 넣도록 강제하기가 어려웠다. 그러나 이슬람 정복 초기부터 칼리프의 이름을 금요예배의 설교에서 언급하는 데는 아무런 문제가 없었다. 특히 어려운 시기에 금요설교에서 칼리프의 이름이 언급되는 것은 칼리프에 대한 공동체의 충성을 확인하는 것으로 神이 그의 주권과 장수를 지켜줄 것을 간구하는 내용을 담고 있었다. 이슬람에서의 금요예배는 정치가 곧 종교이고 종교가 곧 정치라는 사실을 분명히 해주고 있다.

예언자가 메디나로 이주한 후 벌인 첫 번째 사업은 모스크를 설립하는 것이었다. 모스크는 예배를 위한 장소였을 뿐만 아니라 이슬람공동체의 여러 사안들에 대해 의견을 주고받는 오늘날의 의회와 같은 장소였다. 예언자의 거처는 모스크에 붙어 있는 곳에 마련되었다. 그는 모스크 옆에 야자나무 잎으로 지붕을 엮은 세 개의 방을 만든 후 아이샤와 혼인하여 모스크로 바로 통하는 방에서 신혼 밤을 보냈다. 예언자의 모스크는 예배를 위한 장소일 뿐만 아니라 하루하루의 일을 계획하고 판단하고 결정을 내리는 의회나 법정과 같은 장소였다. 예배의 설교는 군사적 원정이나 미래의 계획을 공표하는 기회로 이용되었다. 모스크는 또한 새로운 신자들에게 예배의 방법이나 교리를 가르치는 학교가 되기도 하였다. 무엇보다도 모스크는 지도자가 백성들을 만나는 장소로 이용되었다. 시리아에서 본 적 있는 설교대를 만들자는 교우의 제안에 따라 의자가 놓인 높은 설교대 민바르(minbar)가 만들어졌다. 이것은 설교시 피로를 느끼던 예언자에 대한 배려와 뒤에서도 모든 사람들이 예언자를 볼 수 있도록 하기 위한 것이었다. 그러나 예배의 장소, 공동의 관심사를 논하기 위한 장소, 그리고 종교적, 정치적 수장인 예언자가 공동체 구성원들과 직접적인 만남을 가졌던 장소로서의 모스크는 예언자 사후 그 의미가 점차 퇴색하기 시작하였다. 예언자 사후 30년이 지난 후 우마이야조의 시조가 되었던 무아위야는 모스크 출입시 경호원을 동반하였다. 예언자 사후 100년이 지난 후 금요예배에서 칼리프와 이슬람공동체 구성원들 간의 직접적인 만남은 끝내 사라졌다. 압바스조 5대 칼리프 하룬 알 라시드는 칼리프로서는 처음으로 금요예배 의식을 다른 사람에게 맡기기 시작하였다. 칼리프를 대신하여 칼리프의 이름으로 설교를 하는 전문 설교가 카팁(khātib)이 금요예배시 설교를 전담하게 되었다. 칼리프는 단지 주요 축제일에만 금요예배를 인도할 따름이었다. 종교지도자이기보다는 정치지도자의 역할을 더 많이 수행하였던 칼리프들에게 금요설교는 무척 부담이 되는 일이었다. 우마이야조 5대 칼리프 압둘 말리크 븐 마르완이 왜 그렇게 머리가 희게 되었냐는 질문을 받고 금요설교 때문이라고 대답하였다는 일화는 금요설교에 대해 칼리프들이 가졌던 부담을 보여주는 예라 할 수 있다. 사실 예언자의 설교는 간단하지만 호소력이 있는 카리스마를 지니고 있었다. 오늘날의 긴 설교는 원래의 설교 형태에서 벗어난 것이라 할 수 있다. 칼리프들은 점차 종교적인 임무수행으로부터 멀어져 갔고 칼리프와 공동체 사이에는 장막이 가로놓이게 되었다. 초기 엘리트들은 칼리프와 공동체 사이에 장막이 쳐지는 것에 강력히 반발하였다. 그러나 후에 들여온 하집(Hājib)제도, 즉 칼리프의 경호원 제도는 이슬람의 칼리프가 전제 군주화 되는 것을 촉진시켰다.[85]

부카리(870년 사망)의 하디스에 보면 "하나님의 모스크를 여성들에게 금지하지 마라"라고 되어 있다. 반세기가 지나고 나서, 즉 예언자 사후 300년이 지난 후에 기록된 이맘 니사이(Nisāʾī)의 『관행』(al-Sunan)에는 예배 중에 남자와 여자를 정돈하라는 명령을 담고 있다. 이 책에는 남성과 여성이 모스크에 함께 있을 경우 자리를 어떻게 잘 정돈해야 하는가의 문제를 다루었지 여성의 모스크 출입을 금지하라는 메시지가 담겨 있지 않다. 모스크에서의 예배가 다른 장소에서의 예배보다 천 배의 보상이 있다는 예언자의 말을 상기시키며 그는 부인들의 모스크 출입을 금지시킬 권한이 남편들에게 없다고 언급하였다. 단 양파나 마늘을 먹은 사람들의 모스크 출입이 금지된다고 예언자가 말했던 것을 전하고 있다. 그러나 헤지라 6세기 한발리파 이맘 이븐 알자우지(Ibn al-Jawzī)는 "여자가 뒤에 앉아 있는 곳에서 남성들이 드린 예배는 가치가 없다"라고 잘라 말하고 있다. 그리고 그는 "금요예배는 여자들에게 의무사항이 아니다"라고 결론을 맺고 있다. 그는 또 "여성들이 왜 외출을 피해야 하는가"라는 주제에 한 장을 할애하고 있다. 헤지라 8세기 이슬람세계 각처를 여행하였던 이븐 바뚜따(Ibn Baṭūṭah)가 쉬라즈(Shīrāz)[86] 지방의 한 모스크에 많은 여성들이 모인 것을 보고 놀라움을 표시한 것으로 미루어 당시 여성들의 모스크 출입금지가 일반화되었던 것을 짐작해 볼 수 있다. 헤지라 12세기 인도 학자 무함

85_ 위의 책, pp.75-79 참조.
86_ 오늘날 이란의 남서부 지역.

마드 사디끄 알 깐누지(Muhammad Sadiq al-Qannuji)는 "금요예배는 노예, 여성, 아이들, 약한 사람을 제외한 모든 무슬림들에게 의무이다"라는 의심스런 하디스를 인용하기도 하였다. 한편, 여종 나와르(Nawar)가 칼리프 왈리드(al-Walīd)를 대신하여 이맘 복장을 하고 예배를 인도한 것은 무질서와 혼란의 예증으로서 역사가들이 빠짐없이 기록하고 있는 사건이다. 이로써 우마이야조 11대 칼리프 왈리드(743-744년)는 이슬람 역사에서 가장 추악하고 방탕한 칼리프로 기록되었다. 이 사건으로 역사가들은 칼리프 왈리드를 언급할 때면 여종 나와르를 언급하는 것을 잊지 않았다. 다양한 이슬람 국가에서 권력을 잡았던 여성들이 16명에 이른다는 연구가 있다. 이 연구를 수행한 한 터키 여성 역사가에 따르면 1236년 델리에서 권력을 잡았던 터키 맘루크 왕조의 라디야가 첫 여성 통치자였고, 마지막은 1688년부터 1699년까지 수마트라를 통치하였던 자인트 알 딘 카말라트 샤(Zaynt al-Din Kamalat Shah)였다. 베나지르 부토는 열일곱 번째 여성이 될 것이다. 그의 연구에 의하면 16명이 모두 아시아, 터키, 몽골, 이란, 인도네시아, 혹은 몰디브나 인도의 섬 출신의 여성으로 이들 가운데 아랍인 여성은 단 한 명도 없었다.[87]

3) 여종들의 반란, 하렘의 혁명

노예들의 반란은 하렘의 침실에서 일어났다. 720년 정권을 잡은 우마이야조 9대 칼리프 야지드(Yazīd) 2세는 자신의 노예이자 가수, 시인이었던 하비바(Habībah)와 사랑에 빠졌다. 하비바가 노래를 부르

87_ 위의 책, pp.80-86 참조.

다 석류 씨가 목에 걸려 죽자 야지드는 엄청남 슬픔에 빠졌다. 그는 하비바의 시체가 매장되는 것을 거부하고 국정과 예배를 수행하는 칼리프의 임무를 포기하였다. 결국 몇 주 후 그도 하비바를 따라 죽었다. 역사가들은 하비바를 악의 화신으로 그리고 神의 적으로 묘사하였다.

가장 큰 정치적 영향력을 행사했던 노예여성은 카이주란(Khaizurān)이었다. 그는 남편과 두 아들이 칼리프로 재임하는 오랜 기간 동안 남편과 아들을 통해 이슬람제국의 국사에 관여하였다. 압바스조 시대 정치 무대에 등장한 또 다른 여성은 13세에 왕위에 오른 18대 칼리프 무크타디르(al-Muqtadir, 933년 사망)의 어머니 샤갑(Shaghab)이었다. 역사가들은 샤갑의 이름을 언급하지 않은 채 무크타디르의 어머니, 혹은 '부인'(Sayyidah)이라고만 기록하였다. 로마 출신의 노예였던 그녀는 비교적 능숙한 통치 수완을 보이며 부정부패를 방지하는가 하면 궁전 세금을 낮추는 등 여러 업적을 쌓기도 하였다.

스페인의 이슬람제국 우마이야조의 가장 위대했던 칼리프 하캄(al-Ḥakam) 역시 수브흐(Ṣubḥ)라 불리는 기독교 노예여성을 아내로 취하였다. 하캄은 이상적인 칼리프였다고 역사가들은 기록하고 있다. 그는 원정에서 수브흐를 노예로 잡았다. 당시 칼리프의 하렘에서는 미모만 가지고는 칼리프의 마음을 사로잡을 수 없었다. 모든 하렘에서 칼리프의 눈에 띈 노예여성들은 상당한 지식과 식견을 지닌 여성들이었다. 詩作 능력, 꾸란이나 역사에 관한 지식은 이들이 갖춰야 하는 필수적인 요건이었다. 하캄은 나이가 들자 국정을 부인 수브흐에게 맡겼다. 수브흐는 국정을 관장하기 위해 젊고 잘생긴 아랍 출신의 이븐 아미르(Ibn ´Amīr)를 보좌관으로 임명하였다. 결국 수브흐와 이븐 아미르는 사랑에 빠졌고 이러한 사실이 남편에게 탄로 났으나 둘의 관계는 30년 넘게 지속되었다. 남편이 죽고 난 이후에도 두 사람의 관계는 20

년 동안 더 지속되었으나 결국 둘 사이에 일어난 세력다툼으로 수브흐는 이븐 아미르에 의해 제거되었다. 이렇듯 권력을 잡았던 대부분의 노예여성들은 최고의 권력자와 권력을 공유하였을 뿐 완전한 권력을 행사하지는 못하였다. 그러나 이러한 노예여성들 가운데 가장 오랫동안 권력을 행사하였던 카이주란에 대해 좀더 살펴보기로 한다.

카이주란, 궁녀인가 국가의 수장인가? 카이주란은 어려운 어린 시절을 보냈다. 예멘에서 자유민으로 출생한 그녀는 노예가 되어 바그다드 궁전에 입성하였다. 이슬람에서는 이교도 혹은 전쟁에서 전리품으로 잡은 포로를 노예로 삼는 것이 허락되었다. 고아라고 거짓말을 한 그녀는 후에 압바스조 2대 칼리프가 된 만수르(al-Manṣūr)에게 팔렸다. 후에 카이주란의 여동생 살살(Salsal)은 마흐디의 동생 자으파르(Ja'far)와 혼인하였으며 그녀의 오빠 가트리프(Ghatrif)는 예멘의 통치자가 되었다. 노예 출신이었던 카이주란은 압바스조 3대 칼리프였던 남편 마흐디(al-Mahdī), 4대 칼리프였던 큰아들 하디(al-Hādī), 5대 칼리프였던 작은아들 하룬 알 라시드를 통해 권력에 동참하였다. 압바스조 전성기의 대왕이었던 하룬 알 라시드는 어머니 카이주란의 견해를 적극 존중하였으며, 어머니와 권력을 공유하는 것을 부끄럽게 생각하지 않는다고 공언하기도 하였다. '카이주란'은 아랍어로 아름다움과 온순함을 상징하는 '대나무'를 의미한다. 이름에 걸맞게 카이주란은 당시 상류계층의 여성들의 삶에 커다란 영향을 미쳤다. 당시의 여성들이 카이주란의 헤어스타일과 장식을 흉내 낼 정도로 그녀는 미모를 갖추고 있었으며, 동시에 국가의 주요 정치 사안을 결정하는 권한도 가지고 있었다. 그러나 카이주란이 누렸던 권력 역시 남성을 통한 간접적인 것이었다. 카이주란이 사망하자 하룬 알 라시드는 엄청난 애도를 표하기도 하였다.

카이주란은 칼리프 마흐디가 가장 사랑하던 여인이기는 하였으나 그의 유일한 여성은 아니었다. 당시 노예들은 생존을 위해 법학, 시, 노래, 악기 등을 배웠으며 그러한 학문이나 기술을 연마한 정도에 따라 값이 달라졌다. 노예여성들이 지녔던 학식과 기술은 자유민 출신의 아랍인 정식 부인이 좇아갈 수 없는 경지였다. 어떤 남성이 노예여성과 혼인하기 위해서는 먼저 그를 해방시켜야 하였다. 노예여성이 낳은 아들은 다른 문화에서와는 달리 정실부인에게서 얻은 적자와 똑같이 취급되었다. 노예여성이 아들을 낳게 되면 주인 남성은 그 노예를 팔 수 없었으며, 주인 사망시 그녀는 자유민이 될 수 있었다. 이러한 배경으로 카이주란은 칼리프 마흐디를 설득하여 자신의 아들을 왕세자로 등극시킬 수 있었다. 노예여성의 아들이 왕세자가 되는 데는 이슬람법 상에 아무런 하자가 없었다. 이슬람 역사에서 노예여성에게서 태어난 아들이 칼리프가 된 예는 아주 흔하다. 이븐 하즘('Ibn Ḥazm)은 압바스조 칼리프 37명 가운데 오직 세 명만이 자유민 여성에게서 태어났고, 안달루시아 우마이야조에서는 자유민 여성의 자식이 한 명도 칼리프가 되지 못하였다고 전하고 있다. 카이주란이 낳은 칼리프 하디와 하룬 알 라시드 외에도 압바스조 2대 칼리프 만수르는 베르베르 출신의 노예였던 살라마(Sallama)에게서 태어났다. 7대 칼리프 마문(al-Maʾmūn), 11대 칼리프 문타시르(al-Mustanṣir), 12대 칼리프 무스타인(al-Mustaʿīn), 14대 칼리프 무흐타디(al-Muhtadī) 역시 로마 출신의 노예 어머니에게서 태어났으며, 10대 칼리프 무타왁킬(al-Mutawakkil)도 터키 출신의 노예 어머니에게서 태어났다. 카이주란은 두 명의 칼리프를 길러냈다는 점에서 모든 여성들을 능가하였다. 칼리프 마흐디는 카이주란에게서 태어난 자식들을 선호하였다. 특히 그는 카이주란의 딸 바누까(Banūqah)를 너무 아끼고 사랑한 나머지 남장을 시켜 항상 데리

98

고 다녔다고 전해진다. 바누까가 어린 나이에 죽자 칼리프 마흐디는 궁전의 모든 신하들에게 예를 갖추어 애도를 표하게 하기도 하였다.

카이주란의 아들 하룬 알 라시드는 여러 정복 전쟁을 승리로 이끈 압바스 이슬람제국의 대왕이었다. 그는 특히 비잔틴제국으로 진격하여 콘스탄티노플을 장악하였으며, 전리품으로 많은 노예들을 데려오기도 하였다. 당시의 여자 노예들 가운데는 페르시아, 쿠르드, 로마, 아르메니아, 에티오피아, 수단, 인도, 베르베르 출신의 여성들이 있었다. 하룬 알 라시드는 1,000명에 달하는 여자 노예를 거느린 것으로 유명하다. 그의 화려한 궁전의 하렘에서는 세계 각처에서 몰려든 아름다운 여자 노예들이 자신들의 문화와 지식, 예능 등을 연마하였다. 칼리프나 재상을 유혹하기 위해서는 천문학, 수학, 역사, 이슬람법학 등 다양한 분야에서 뛰어나야 했다. 다양한 학문과 예능 가운데서도 시와 노래는 으뜸으로 간주되었다. 노예들은 자신들의 가치를 높이기 위해 유능한 선생을 두어 다양한 학문과 예능을 연마하기도 하였다. 카이주란은 마흐디의 관심을 끌기 위해 당대의 가장 유명한 법관으로부터 이슬람법학을 수학한 바 있다. 마지막으로 노예여성들은 성적인 기교와 세련됨을 익혀야 하였다. 엄격한 도덕적 규율 속에서 살아야 했던 아랍여성들은 이러한 면에서 노예여성들에게 뒤쳐질 수밖에 없었다. 자유민 여성에게 적용되었던 엄격한 도덕률이 노예여성들에게는 적용되지 않았다. 그 결과 특정 지역 출신의 여성들이 특정한 분야에서 뛰어난 것으로 알려지게 되었다. "쾌락을 얻기 위한 자는 베르베르 여성을 취하고, 재산을 돌볼 신임 있는 여성을 원하면 로마인 여성을 취하고, 어린아이를 낳고 싶으면 페르시아 여성을 취하고, 어린아이를 잘 양육시키려면 프랑크족 여인을 취하고, 노래 잘하는 여성을 원하면 메카 여성을 취하라"라는 말이 전해지기도 하였다. 이것은 11세기 바그다드에서 유명하였던 기독교도 의사 이븐 바탈란('Ibn Batalan)의 조언이었다. 그는 『노예의 구매에 관한 서한』을 쓴 것으로도 유명하다. 이 저서에는 병든 노예를 건강하게 보이게 할 수 있도록 머리카락이나 피부의 색깔을 바꾸도록 조언하는 내용이 담겨 있다. 그는 또한 큰 눈을 가진 여성은 게으르거나 주색을 밝히고, 깊은 눈을 가진 여성은 시기를 잘하고, 푸른 눈을 가진 여성은 멍청하고, 눈을 항상 깜짝이는 여성은 나쁜 성품을 소유하고 있다고 충고하였다. 아랍 여성 다음으로 인도 여성들이 부드럽고 충성스러우나 일찍 죽는다고 조언하고 있다. 터키인들은 좋은 품성과 미모를 지녀 추천할 만하나 날씬한 사람들은 드물다고 말하고 있다. 로마인들은 노예 훈련에 능하고 종종 훌륭한 손기술을 가지고 있으며, 귀신도 피하는 것이 아르메니아인들로 그들은 충성심이 없으며 도둑질을 잘한다고 전하였다.[88]

785년 칼리프 마흐디가 사망하자 카이주란는 정치무대의 중심에 서게 된다. 군인들의 동요를 막기 위해 그녀는 2년치에 해당하는 급료를 지급하였으며, 아들 하디가 새로운 칼리프가 될 수 있도록 적극 추진하였다. 사실 카이주란은 남편이 살아 있는 동안에도 많은 주요 인사들이 그녀를 찾았다. 남편이 죽은 이후에도 이러한 상황은 지속되었다. 그녀는 칼리프가 된 아들 하디와 상의하지 않고 중요한 정책을 결정하기도 하였다. 칼리프 하디는 어머니를 비롯하여 많은 사람들의 신임을 받고 있는 하룬 알 라시드에 대해 경계심을 가지고 있었다. 그러나 칼리프 하디는 2년 2개월의 짧은 재위기간을 끝으로 24세의 이른 나이에 사망하였다. 많은 역사가들은 그의 죽음이 카이주란의 작품이라고 말하고 있다. 일부 역사가들은 동생 하룬 알 라시드를 살해하려

88_ 위의 책, pp.58-60 참조.

는 하디의 의도를 알아차린 카이주란이 칼리프 하디를 살해하였다고 보고 있다. 카이주란은 노예여종을 시켜 하디의 얼굴에 쿠션을 대고 깔고 앉으라고 명령했다고 전해진다. 하디 또한 어머니 카이주란을 죽이려고 시도했던 것으로 전해진다. 그는 맛있는 음식을 어머니 카이주란에게 보냈고, 예민하였던 카이주란이 그 음식의 한 조각을 떼어 개에게 먹이자 그 개가 즉사하였다는 것이다.

이슬람세계에서 공적인 영역은 남성의 영역으로 전쟁이나 사냥, 정치를 하던 곳이었고, 하렘은 여성의 영역, 즉 일상생활, 성, 재생산의 영역이었다. 아랍어로 하렘(ḥarīm)이라는 의미는 성스러운 장소, 즉 메카의 성소를 의미한다. 순례 기간 동안 하렘의 영역에서는 전쟁을 하거나 동물을 죽이는 것이 금지되어 있다. 또한 하렘은 가장의 식솔, 즉 부인들과 아이들이 거처하는 신성한 곳으로 다른 사람들에게는 금지된 곳을 의미한다. 칼리프 하디가 어머니 카이주란의 정치 개입을 막고자 한 것은 여성의 활동 공간이 공적인 영역이 아니라는 원리에 근거한 것이었다. 카이주란은 칼리프 마흐디를 사로잡을 정도의 명석함과 미모, 카리스마를 지니고 있었다. 역사가들은 카이주란의 아들 하디가 명석하지 않았던 것으로 기록하고 있다. 아들 하디는 어머니가 여성의 공간인 하렘으로 되돌아가길 바랐다. 카이주란 이전에 예언자 부인이었던 아이샤 역시 같은 처지에 처한 바 있었다. 한 세기가 지났지만 카이주란은 아이샤와 마찬가지로 여성에게 허락되지 않은 공적인 영역을 침범하였다는 것 때문에 똑같은 어려움을 겪게 되었다.

4) 그 밖의 여왕들

여성이 권력을 잡을 수 있는 가장 확실한 방법은 권력을 가진 남성과 혼인하는 것이었다. 여성 술탄 라디야를 제외하고는 모든 여성들이 남편의 권력에 기대어 정치적 영향력을 행사할 수 있었다. 일부는 첫 남편을 죽이고 다른 남편을 취하였으며, 어떤 여성은 세 명의 남성과 혼인하기도 하였다. 라디야와 샤자라트 알 두르의 경우에서 보이듯 여성의 외모보다도 정치적인 권력이 남성들을 유혹하기에 효과적인 수단이었던 듯이 보인다.

맘루크 여성 술탄: 두 맘루크 여성 술탄 라디야와 샤자라트 알 두르는 모두 터키 출신으로 떠들썩한 염문을 뿌리고 권력을 잡은 후 말년에는 모두 적들에 의해 잔인하게 살해되었다. 라디야는 델리에서 1236년 권력을 잡았으며, 샤자라트 알 두르는 1250년 이집트에서 권력을 잡았다. 둘 다 모두 맘루크의 군사력에 힘입어 권력을 잡았다. 라디야는 부친의 권력을 이양 받았고, 샤자라트 알 두르는 아이유비조의 마지막 왕 살리흐의 권력을 이어받았다. 권력을 잡은 후 라디야가 행한 첫 번째 행동은 주화에 자신의 이름을 새기는 것이었다. '여성들의 기둥, 시대의 여왕, 여성 술탄 라디야 빈트 샴스 알 딘 일투트미시'. 한편, 샤자라트 알 두르는 압바스조 37대 칼리프 무으타심과의 연대를 과시하기 위해 '무으타시미야'(al-Muʻtaṣimīyah, 무으타심의 여성형)라는 칭호를 자신의 이름에 붙였다. 그러나 칼리프 무으타심은 그녀를 인정하지 않았다. 많은 역사가들은 여성이 정치무대에 나타나는 것을 대격동의 조짐이라고 보았다. 샤자라트 알 두르의 집권은 압바스조 멸망의 전주곡으로 비춰졌다. 결국 압바스조는 멸망했고 맘루크들이 2세기에 걸쳐 이집트와 시리아에서 집권하였다. 그들은 몽골의 칭기즈칸에 저항할 수 있는 유일한 군대였다. 그 결과 13세기 델리와 이집트의 정치 세력은 터키 군사계급과 밀접하게 연관되어 있었다.

샤자라트 알 두르는 남편이 죽자 군 지휘관들과의 협상을 통해 남편의 사망 소식을 숨겼다. 정치적 불안의 조짐을 차단하기 위한 조치였다. 당시는 프랑스 루이 왕이 이집트를 장악하려던 시기(1259-1260년)였다. 십자군이 패배하고 루이 왕이 투옥되자 샤자라트 알 두르는 왕위 계승 문제를 고려하기 시작하였다. 남편의 사망시에 부재중이었던 남편의 아들 투란 샤(Turan Shah)를 불러 정권을 맡겼으나 터키 관료들 사이에 불화가 심해졌다. 결국 그들은 투란 샤를 암살하고 샤자라트 알 두르를 왕위에 앉혔다. 그녀가 왕위를 계승한 후 직면하였던 가장 심각한 문제는 압바스조의 반대였다. 이집트의 맘루크들에게는 압바스조 칼리프의 승인을 받는 것이 매우 중요하였다. 샤자라트 알 두르의 뛰어난 능력에도 불구하고 그녀는 결국 몇 달 후에 폐위되었다. 그 후 잇즈 알 딘 아이바크('Izz al-Dīn Aybak) 장군이 군대의 신임을 배경으로 압바스조 칼리프의 승인을 받자 샤자라트 알 두르는 그와 혼인함으로써 다시 한 번 정치무대에 설 수 있었다. 여러 어려움에도 불구하고 그녀는 하렘에 머물러 있지 않고 카이로의 모스크에서 남편의 이름과 더불어 자신의 이름이 언급되도록 하였다. 또한 몇몇 주화에 남편의 이름과 더불어 자신의 이름을 새겨 넣도록 하였으며, 궁중의 공식적인 서한에 공동으로 서명하기도 하였다.

맘루크들은 백인 노예들로 흑인 노예와는 구별되었다. 아시아 스텝 지역 출신의 터키인들인 맘루크들은 노예상인에 의해 술탄에게 팔린 남자아이들이었다. 엄격한 군사 교육을 받은 후 그들은 해방되어 궁전의 군사 카스트에 편입되었다. 군사교육 외에도 그들은 상당한 정도의 종교교육을 받았다. 환관들이 교육을 담당하였고 어린 맘루크와 성인 맘루크 간의 남색을 방지하는 것이 그들의 중요한 임무 가운데 하나였다. 수습이 끝나 해방되면 맘루크들은 군대에서 아주 중요한 임무를 부여받았다. 가난한 스텝지역에서 생활하던 터키인들에게 맘루크가 된다는 것은 엄청난 은총이었다. 맘루크의 모집은 이슬람교의 원칙에 따라 불신자로 태어난 사람들을 대상으로 하였다. 따라서 부모가 이슬람으로 개종한 경우 이들은 자식의 미래를 위해 개종 사실을 숨기기도 하였다. 맘루크들은 후에 십자군과 몽골인들에 대항하여 이슬람 세계를 수호하는 역할을 하였다. 샤자라트 알 두르의 두 번째 남편 잇즈 알 딘 아이박이 그 좋은 예이다.[89]

　라디야는 샤자라트 알 두르와는 다르게 정권을 잡았다. 그녀는 노예가 아닌 술탄 일투트미시의 딸이었다. 노예로 인도에 팔려왔던 그녀의 부친이 엄격한 카스트 제도하에 있던 인도에서 술탄位에 오른 것은 이슬람을 선전하기 위한 좋은 본보기가 되었다. 평등의 종교로서 계급제도를 타파하고 능력 있는 사람에게 기회를 제공하는 이슬람의 원리가 그대로 적용되었기 때문이다. 일투트미시는 술탄의 딸과 혼인하여 권좌에 올랐다. 세 아들을 두었으나 그는 딸 라디야를 후계자로 지명하였다. 라디야의 배다른 남자 형제들은 그녀에게 저항하다 살해당하였다. 노예 출신으로 술탄이 된 일투트미시에게는 여성을 후계자로 임명하는 데에 아무런 거리낌이 없었다. 이븐 바뚜따에 의하면 라디야는 처음 집권 후 4년 동안 절대 군주의 복장을 하고, 말을 타고, 얼굴은 드러낸 채, 머리를 자르고, 남장을 하였다고 전해진다. 라디야는 역사가들에 의해 능력 있는 정치인으로 기록되었다. 그러나 그녀는 신분이 낮은 남자를 사랑하면서 몰락의 길을 걷게 되었다. 노처녀 여왕 라디야는 에티오피아 노예 출신 자말 알 딘 야쿠트(Jamāl al-Dīn Yāqūt)와 사랑에 빠졌다는 소문에 휩싸이게 된다. 결국 종교인과 관료들은 그녀

89_ 위의 책, pp.92-93.

가 노예 출신의 남자와 관계를 가졌다는 이유로 폐위시킨다. 결국 이슬람도 인도 카스트제도의 높은 벽을 넘지 못했다. 라디야는 군대를 이끌고 알투니야(Altuniyya)의 군대와 싸우다 패배하여 포로로 잡혔다. 그러나 알투니야는 라디야와 사랑에 빠져 혼인한 후, 라디야가 지배했던 델리를 되찾기 위해 전쟁을 벌인다. 결국 라디야와 남편은 전쟁에서 패배하였고, 그녀는 도망치다 한 농부에 의해 살해되었다. 후에 이븐 바뚜따는 그녀가 성녀가 되었다고 기록하였다.

샤자라트 알 두르 역시 비극적인 최후를 맞이하였다. 그녀는 잇즈 알 딘 아이바크와 혼인한 후 자신의 왕국을 물려주었다. 그러나 남편이 모술 왕의 딸과 혼인하자 질투에 사로잡힌 샤자라트 알 두르는 남편을 목욕탕에서 살해하였다. 남편이 사망한 후 80일 동안 권력을 잡았던 그녀 역시 비참하게 살해되었다. 살해된 그녀의 반 나신이 도시의 절벽에 걸리기도 하였다. 지금도 카이로에는 샤자라트 알 두르의 무덤이 있다. 샤자라트와 아이바크가 행복하게 권력을 나누어 가졌던 시기는 7년에 불과하였다.

몽골의 카툰(Khatun): 쿠틀루그 칸(Kutlugh-khanid) 왕조에는 두 여왕 쿠틀루그 투르칸 카툰과 파디샤 카툰이 있었다. 13-14세기 동안 쿠틀루그 칸 왕조는 페르시아 지방이었던 키르만(Kirman)을 통치하였다. 훌라구와 그의 후계자들은 페르시아와 메소포타미아 지역을 접수함으로써 시리아와 이집트 지역을 할당받았다. 그러나 그들은 시리아와 이집트의 맘루크들과 싸운 아인 잘루트(ʿAin Jalūt, 1260) 전투에서 패배함으로써 시리아 영토로 들어갈 수 없었다. 한편, 바그다드의 칼리프는 훌라구가 세운 일 칸 왕조에 의존하고 있었다. 많은 지방의 군 지휘관들은 몽골의 침입을 계기로 자신들의 독자적 세력을 공고히 할 수 있었다. 몽골인들이 키르만을 침략하여 셀주크 왕조를 멸망시켰고, 홀라구는 키르만의 통치자 바락 하집(Barak Hajib)에게 정권을 부여하였다. 군사 원조의 대가로 바락은 몽골인들로부터 쿠틀루그 칸이라는 칭호를 부여받았다. 바그다드의 칼리프는 바락에게 술탄位를 부여하였고, 바락이 사망하자 아들이 정권을 물려받았다가, 딸 쿠틀루그 투르칸과 결혼한 사촌에게 양위되었다. 사촌이 죽자 쿠틀루그 투르칸은 정권을 잡고 1282년까지 26년 간 통치하였다. 쿠틀루그 투르칸은 자신의 딸 파디샤 카툰을 홀라구의 아들 아바카 칸(Abaka Khan)에게 혼인시켰다. 이들의 혼인은 무슬림과 불교도 간의 혼인이라는 점에서 역사속에 놀라운 사건으로 기록되었다. 홀라구의 승인하에 1264년 쿠틀루그 투르칸의 이름이 모스크에서 언급되기도 하였다. 한때 의붓아들로부터 도전을 받았으나 몽골에서 세력을 잡았던 사위 아바카 칸 덕분에 화를 모면할 수 있었다. 사위가 사망한 후 사위의 동생이 권력을 잡고 이슬람으로 개종하자 결국 쿠틀루그 투르칸도 권력을 놓게 되었다.

그러나 딸 파디샤 카툰은 두 번째 혼인으로 어머니가 잃었던 왕권을 되찾았다. 파디샤는 아름다웠을 뿐만 아니라 시적인 재능도 뛰어났던 것으로 알려져 있다. 남편이 죽자 그녀는 일 칸 왕조의 5대 통치자 가이카투(Gaykhatu)와 재혼하였다. 1291년 정권을 잡은 그는 파디샤의 전남편의 아들이었다. 이들의 혼인은 무슬림들에게는 충격적인 것이었으나 몽골인들의 전통에 따르면 놀라운 일이 아니었다. 그녀가 가이카투에게 사랑의 징표로 키르만의 주권을 요구하자 가이카투는 이를 승낙하였고, 파디샤는 결국 키르만의 수장으로 귀향하였다. 파디샤는 귀향한 후 이복형제를 체포하여 투옥시키고 쿠틀루그 칸 왕조의 여섯 번째 통치자가 되었다. 그녀는 주화에 자신의 이름을 새겨 넣었으며, 그 몇몇은 아직도 베를린 박물관에 보존되어 있다. 파디샤는 1295

년 남편이 사망할 때까지 키르만을 통치하였다. 후에 그녀는 자신을 승계한 바이두(Baydu)에 의해 살해당했다. 이븐 바뚜따는 몽골인들과 타타르인들 사이에서 여성들의 지위가 상당히 높다는 사실을 놀라운 시선으로 기록하였다. 몽골인들은 이슬람을 받아들인 이후에도 여성을 존중하는 관습과 전통을 그대로 이어나갔다.

파디샤 카툰처럼 왕위에 오른 세 번째 여왕은 일 칸의 왕자와 혼인한 아비시 카툰(Abish Khatun)이다. 1263년부터 1287년까지 페르시아 지역을 통치한 아비시는 술구리드(Sulghurid) 왕조의 아홉 번째 군주로 그 왕조의 마지막 통치자가 되었다. 그녀는 어려서 훌라구의 아들 만쿠 티무르(Manku Timur)와 혼인하였다. 훌라구는 페르시아 지역에서 셀주크조를 멸망시킨 후 며느리 아비시 카툰을 쉬라즈로 파견하여 통치하도록 하였다. 파디샤 카툰과 마찬가지로 그녀의 이름은 금요예배 설교에서 선포되었으며 주화에도 새겨졌다. 몽골에는 외국 여성을 며느리로 삼음으로써 세력을 공고히 하던 관행이 있었다. 다울라트 카툰(Dawlat Khatun) 역시 같은 방법으로 정권을 잡았다. 그녀는 1195년부터 4세기 동안 루리스탄(Luristan)을 통치한 바니 쿠르시드(Bani Khurshid) 왕조의 열네 번째 군주가 되었다. 루리스탄은 페르시아 남서쪽에 위치한 지역으로 몽골의 영향권하에 있었다. 남편 잇즈 알 딘 무함마드가 죽자 그녀는 1316년 왕위에 올랐다. 사티 벡(Sati Bek) 역시 1339년 왕권에 오른 여성으로 권력을 유지하기 위해 세 남편을 이용하였다. 처음 그녀는 훌라구의 손자와 혼인하였으나 남편이 죽자 일 칸의 왕 아르파(Arpa)와 혼인하였다. 그녀의 이름은 9개월 동안 금요예배의 설교에서 언급되었고 주화에도 새겨졌다. 그 후 사티 벡은 술라이만 아민에게 정권을 이양하고 그와 세 번째로 혼인하였다. 14-15세기 이라크를 통치한 잘랄리드 왕조의 틴두(Tindu) 역시 몽골의 여왕으로 바그다드를 통치하였다. 그녀는 몽골의 통치자 아위스(Awis) 왕의 딸로 첫 남편은 이집트 맘루크조의 마지막 맘루크의 아들이었다. 틴두가 이집트에 남아 있는 대가로 바그다드는 이집트 군대의 지원을 받을수 있었다. 틴두는 카이로 생활에 싫증을 내고 바그다드로 돌아와 사촌과 혼인하였다. 남편이 죽자 그녀는 1411년 왕위를 계승하여 8년 동안 통치하였다. 마지막 몽골 여왕 파띠마 베훔(Behum)은 1679-1681년 사이 중앙아시아 일 칸 왕국을 통치하였다. 이렇듯 여러 몽골 여왕들의 출현은 1258년까지 어떠한 여왕도 배출하지 못한 압바스 왕조와 커다란 대조를 이룬다.[90]

예멘의 쉬아파 여왕들: 압바스 왕조에서는 단 한 명의 여왕도 출현하지 않았으나 아랍 지역인 예멘 지역에서는 예외적으로 두 여왕 아스마와 아르와가 등장하였다. 1087년 사망한 아스마는 남편과 함께 예멘의 술라이히 왕조를 통치하였다. 그녀는 공공장소에서 얼굴을 가리지 않고 나타난 것으로 역사가들의 주목을 끌었다. 그녀의 이름은 남편의 이름과 함께 금요설교에서 언급되었고 주화에도 새겨졌다. 아스마의 며느리였던 아르와 역시 그 이름이 모스크에서 언급되었으며 거의 반세기에 이르는 긴 기간 동안 권력을 잡았다. 두 여왕은 모두 '부인', '자유민 여성'이라는 칭호를 얻었다. 아랍세계의 모스크에서 여왕의 이름이 언급되는 것은 흔한 일이 아니었다. 특히 아르와 여왕의 통치시기 동안 예멘이 평온한 안정기를 누린 것으로 역사가들은 기록하였다.

술라이히 왕조는 예멘에서 알리 알 술라이히('Alī al-Sulaihi)에 의

90_ 위의 책, pp.99-107 참조.

해 어려움 없이 세력을 뻗을 수 있었다. 그는 이슬람 이전 시바 왕국의 후손으로 이슬람의 쉬아파를 받아들였다. 예언자 시대부터 예멘 사람들은 자신들의 신앙을 버리지 않고 예언자 무함마드에게 대항하였다. 예멘 지방은 예언자 무함마드 사후에도 반항의 중심지가 되었다. 이슬람의 1대 칼리프 아부 바크르는 군대를 동원하여 이곳에 이슬람을 전파하였으며, 이러한 중앙의 간섭은 예멘인들로 하여금 소수파인 쉬아파를 채택하도록 하였다. 압둘라 븐 사바('Abd al-Lāh bn Saba')는 예멘 출신의 유대인으로 이슬람에 귀의한 후 예언자가 알리를 후계자로 지명하였다는 사상을 퍼뜨리기도 하였다. 예언자 무함마드는 아들을 남기지 못하고 딸만 남겼다. 이에 쉬아파는 예언자 후계자의 자격으로 남성이 아닌 여성의 계보를 따랐다. 이집트에 설립된 쉬아파 국가는 예언자의 딸 파띠마를 왕조의 이름으로 채택하기도 하였다. 예멘 여왕 아스마와 아르와 시대의 쉬아파는 더 이상 소수의 반란파가 아니었다. 그들은 강력한 국가를 건설하였으며 이집트의 파띠마조와 긴밀하게 협력하였다. 알리 알 술라이히는 쉬아파의 한 분파인 이스마일파의 선교사로서 15년 이상 활동하였다. 그는 사나를 수도로 정하고 1064년 메카를 정복하였다. 알리 알 술라이히가 메카로 가는 길목에서 까라미따[91]인들에게 살해당한 후 아스마는 포로로 잡혔다. 아스마의 아들 무카람(Mukarram)은 포로로 잡힌 어머니 아스마를 구하기 위해 적진으로 들어갔다가 어머니를 만난 충격으로 반신불수가 되었다. 아스마는 귀향한 후 1087년 사망할 때까지 국사를 관장하였다. 어머니가 사망하자 무카람은 공식적으로 모든 임무를 부인 아르와에게 맡겼다.

91_ 이라크의 함단 까르마뜨(Hadān Qarmat)에 의해 주창된 사회, 정치, 종교운동으로 그는 930년 메카를 정복한 후 카바의 흑석을 가져갔다가 22년 후에 되돌려주었다. 972년 칼리프 무이즈(al-Mu'izz)가 이 운동을 평정하였다.

아스마는 남편이 숨어서 선교사로 활동하던 15년 동안 남편을 내조하고 지지하던 최고의 후원자였다. 예멘의 모스크에서는 파띠마조 칼리프와 남편의 이름이 언급된 후 그녀의 이름도 언급되었다. 아들 무카람 역시 부인 아르와로 하여금 권력에 동참하도록 하였다. 두 여왕 사이의 차이점은 아스마의 집권은 짧았고 아르와는 반세기 동안 권력을 누렸다는 점이다.

아르와는 어려서 부모를 잃고 사나의 궁궐에서 아스마의 남편이었던 삼촌 알리의 보호하에 성장하였다. 아스마는 아들 무카람과 함께 아르와를 직접 교육시켰으며 이들은 궁궐에서 함께 성장하였다. 아르와는 혼납금으로 아덴 지역을 선물 받았다. 무카람에게서 두 아들을 낳았음에도 불구하고 왕위는 아르와가 계승하였다. 아르와 이름은 남편의 이름과 더불어 예멘의 모스크에서 선포되었다. 그녀는 아스마와 달리 얼굴을 가린 채 국정을 보았다. 남편이 반신불수가 되었을 때 그녀의 나이는 고작 34세에 불과하였다. 아르와가 행한 여러 가지 업적 가운데 아시아 지역에서 쉬아파를 확산시킨 종교적 지도자로서의 역할은 돋보이는 것이었다. 아르와는 남편 무카람으로부터 세속적인 권력만을 양도받았고, 종교적인 권력은 사촌 사바 븐 아흐마드(Saba´ bn ´Aḥmad)에게 양도되었다. 사바는 바로 아르와의 남편이 죽은 후 그녀가 다시 혼인한 사람이었다.

쉬아파의 경우 순니파와는 다르게 여성의 왕위 계승을 인정하였다. 또한 쉬아파의 법학파에서는 순니파의 법학파에서와는 달리 한 남자가 딸과 손자를 남기고 죽었을 경우 전체 유산을 딸에게 부여하도록 규정하고 있다. 여성의 지위와 권리에 대한 순니파와 쉬아파 간의 입장 차이에도 불구하고 파띠마조의 칼리프 무스탄시르(al-Mustanṣir)는 무카람이 사망하자 순니파 칼리프가 했을 법한 반응을 보였다. 그는 아르와의 계승을 반대하고 그녀가 혼인을 한 후 남편을 내조하면서 가정에 머물 것을 충고하였다. 이때 만약 아르와가 남편의 후계자로 지명된 사촌 사바와 혼인하였다면 아무런 문제가 발생하지 않았을 것이다. 일부 역사가들은 무카람이 세속적인 권력은 아르와에게, 그리고 종교적인 권한은 사바에게 계승하였다고 주장하는가 하면, 또 다른 역사가들은 무카람이 구체적인 것은 밝히지 않은 채 모든 권력을 사바에게 계승하였다고 기록하고 있다. 그러나 분명한 것은 남편이 병이 들고 난 이후부터 사망할 때까지 아르와는 근 반세기 동안 칼리프의 반대에도 불구하고 세속적인 통치를 하였다는 점이다. 결국 그녀는 사바와의 혼인을 권고하는 칼리프의 명령을 받아들여 사바와 혼인하였고 그들의 혼인생활은 11년 동안 지속되었다. 두 번째 남편 사바가 사망한 이후 아르와는 다시 결혼하지 않고 재상들의 도움을 받아 1138년 사망할 때까지 예멘을 통치하였다. 아르와가 여성으로 오랫동안 집권할 수 있었던 것은 예멘이 쉬아파 지역이었고 그녀가 예멘인 이었기 때문에 가능했을까? 예멘은 바로 BC 10세기경 시바 여왕이 통치하였던 지역이었다. 그러나 쉬아파는 이중의 잣대를 가지고 있었다. 예언자의 딸 파띠마의 계보를 중시하는 것이 쉬아파의 전통임에도 불구하고 그들은 여성이 정치무대에 등장하는 것은 용인하지 않았다. 아르와는 끝내 쉬아파 칼리프로부터 승인을 얻어내지 못했다.

두 여왕 외에도 이러한 호칭으로 불렸던 여성 가운데는 사나 근처의 도시 주바이드(Zubaid)를 통치하였던 알람(Alam)이 있었다. 그녀는 노래하던 노예였으나 주바이드의 왕 만수르 븐 나자(Manṣūr bn Najah)의 관심을 끌어 그와 혼인하였다. 혼인 후 왕 만수르는 모든 국사를 알람과 상의하였다. 남편이 죽자 알람은 주바이드를 통치하였으나 그녀의 이름은 아스마나 아르와처럼 모스크에서 언급되지는 않았다. 예멘인들은 여왕들에게 '시바의 작은 여왕' 혹은 '시바의 어린 여왕'이라는 호칭을 붙여 주었다.

카이로의 숙녀: 싯트 알 물크는 파띠마조의 칼리프였던 남동생 하킴이 행방불명된 후 4개월 동안 정권을 잡은 여왕이었다. 그녀는 칼리프 하킴의 광기로부터 수백만의 백성들을 구하기 위한 어쩔 수 없는 상황에서 정권을 잡은 여성이었다. 그녀는 아르와처럼 모스크에서 이름이 언급되지도 않았을 뿐만 아니라 4개월의 통치기간이 끝나자 하렘 뒤편으로 사라졌다.

파띠마조는 압바스조의 도덕적 타락에 맞서 금욕적인 생활을 강조하였다. 970년에 출생한 싯트 알 물크는 파띠마조 궁전에서 출생하여 권력의 중심부에서 화려한 생활을 누릴 수 있었다. 아버지였던 칼리프 아지즈(al-'Azīz)는 알 물크를 매우 아꼈고 이는 남동생 하킴의 질투를 가져왔다. 싯트 알 물크의 어머니는 비잔틴 출신의 기독교인 노예로 5대 칼리프였던 아지즈와 사랑에 빠졌다. 그녀가 이슬람으로의 개종을 거부하자 적대국의 여인을 품에 안고 있다는 이유로 칼리프에게 적대 세력이 등장하였다. 그럼에도 불구하고 칼리프 아지즈는 기독교도와 유대인들에게 커다란 관용을 베풀었으며, 그들은 유례 없는 특권을 누리게 되었다. 칼리프 아지즈가 비잔틴 원정에서 사망하자 하킴은 파띠마조의 칼리프가 되었다.

하킴은 거의 미친 사람이나 다름없었다. 그는 하늘의 별을 관찰하는 것을 즐겼으며 카이로의 수공업자들로 하여금 밤에 일하고 낮에 잠을 자도록 하는 명령을 내리기도 하였다. 사람들은 어디서든지 그의 이름을 들으면 땅에 엎드려야만 하였다. 하킴은 카이로에 개 소탕 명령을 내림으로써 개를 죽이는 것이 당시 카이로 공무원의 일과가 될 정도였다. 개가 그의 잠자리를 시끄럽게 만들었다는 이유에서였다. 카이로의 밤거리가 붐비자 그는 여성들이 밤에 외출하는 것과 남자들이 가게에 앉아 있는 것을 금지시켰다. 그는 공적인 장소에서 노래를 부르거나 나일 강 주변을 산책하는 것도 금지시켰다. 포도주 파는 것을 금지시키는가 하면, 해질녘부터 새벽 해뜰녘까지의 외출이나 유람선 타기를 금지시켰고, 강으로 면해 있는 모든 문과 창문을 닫도록 명령하기도 하였다. 그는 사람들 모두를 시야에서 없애고자 하였다. 그는 사람들이 인플레와 가뭄, 전염병의 원인이 된다고 보았다. 처음에는 여성들의 밤 외출을 금지하더니 후에는 낮에도 외출할 수 없게 만들어 당시 여성들은 거의 감옥과 같은 삶을 강요당했다. 곡을 하거나 웃는 것도 금지되었으며, 장례식에 참석하거나 묘지를 방문하는 것도 금지되었다. 심지어 구두장이들이 여자 구두를 만드는 것도 금지되었고, 여성 목욕탕도 닫혀버려 하킴이 죽기까지 7년 7개월 동안 여성들은 감옥의 죄수처럼 살아야만 하였다. 이슬람이 기독교도와 유대교인들에게 보였던 관용의 전통을 깨고 그는 이들에게 물건 사기를 금지시키고, 종교적 목적을 위해 사용하던 포도주도 금지시켰다. 그는 교회를 파괴하였으며, 기독교인들에게는 십자가를 유대인에게는 조그마한 종을 달고 다니도록 명령하기도 하였다. 또한 그들에게는 말을 타는 것을 금지시키고 대신 당나귀를 타도록 하였다. 그 결과 당시 많은 이교도들이 핍박을 피해 이슬람으로 개종하였다. 그는 스스로 神이라고 선포하고 자신을 경배할 것을 주장하였다. 얼마 후 카이로에서 하킴이 사라졌다는 소문이 나돌았다. 대부분의 사람들은 그가 사라졌다는 것을 사실로 받아들였다. 그러나 일부는 아직도 그의 출현을 기다리고 있는데 이들이 바로 오늘날까지 남아 있는 두르즈파[92]이다. 하킴이 神이라고 선포하자 이에 분노한 카이로 사람들은 궁전의 벽에다 그를 모욕하는 글을 남겼다. 이에 하킴은 카이로를 불사르도록 명령하였다. 도시가 화염에 싸이자 싯트는 어떤 행동이든 취해야 했다.

역사가들은 싯트가 하킴을 살해했을 가능성을 언급하였다. 하킴이 사라지자 그의 나이 어린 아들 자히르(Zāhir)가 계승하였고, 싯트 알 물크는 조카 뒤에서 권력을 행사하였다. 그녀는 1020-1024년까지 조카 자히르의 이름으로 통치하였다. 그녀의 이름은 모스크에서 언급되지 않았으며, 어린 조카 자히르의 이름이 모스크에서 언급되었다. 그녀는 탁월한 통치 능력을 보이며 사람들의 사랑을 받았다. 기독교인 어머니와 무슬림 아버지 밑에서 성장하였던 그녀는 기독교도와 유대교도들에게 관용을 베풀었으며 기독교인 삼촌을 정치에 기용하기도 하였다. 싯트 알 물크는 이러한 어려운 상황에서 정권을 바로 잡았으나 그녀의 이름은 한 번도 금요설교에서 언급되지 않았다. 따라서 앞서 언급된 예멘 여왕들의 이름이 모스크에서 언급된 것은 이슬람 문화이기보다는 예멘의 토속 문화에서 비롯된 것이라고 볼 수 있다. 터키인이든, 예멘인이든, 아랍인이든 이처럼 이슬람 문화에서 정권을 잡았던 여성들은 독자적으로 권력을 행사하지는 못하였고 아버지, 오빠, 남편, 아들 등의 권력을 이용하여 정치에 참여할 수 있었다.

92_ 함자 븐 알리(Ḥamzah bn ʿAlī)는 바로 하킴을 신봉하는 두주즈파의 창시자가 되었다. 이들은 이집트인들에게 핍박당한 후 레바논의 산으로 쫓겨 갔다.

제2장

이슬람 여성의 권리

1. 경전 꾸란에 나타난 여성관

오늘날의 이슬람세계는 너무도 광범위하여 그 특성을 한 마디로 이야기하기 어렵다. 이슬람 각국은 지리적 위치와 토속문화, 정치체제와 경제수준, 사회개방화 정도 등에서 다양한 차이를 보이고 있다. 아프리카 서쪽 끝으로부터 동쪽으로는 필리핀에 이르기까지 광범한 지역에 분포되어 되어 있는 무슬림의 인구는 약 13억에서 16억으로 추정된다. 그들은 인종적으로 다를 뿐만 아니라 문화적으로도 다른 배경을 가지고 있다. 따라서 무슬림 여성이라 하더라도 그 여성이 속한 지역이나 국가에 따라 권리나 지위가 다를 수밖에 없다. 그럼에도 불구하고 이슬람세계에 살고 있는 여성들을 하나로 묶어 '무슬림 여성'이라는 테두리 안으로 묶으려는 경향이 존재한다. 사실 타 종교권의 여성들을 기독교 여성, 혹은 불교 여성이라고 지칭하는 경우는 드물다. 그러나 이슬람 제도권하에 살고 있는 여성은 유독 무슬림 여성으로 분류하여 이질적인 집단으로 보는 것이 오늘날 무슬림 여성에 대한 일반적인 시각이다.

무슬림 여성의 위치와 이슬람의 여성관은 시대에 따라 많은 변천을 겪어 왔다. 이슬람 초기 여성의 위치와 그 이후의 여성의 위치가 다르며, 이슬람의 경전 꾸란에서 제시하고 있는 이상적인 여성관과 여러 요인들이 복잡하게 얽혀 있는 현실에서의 실재적인 여성관이 다르다. 특히 오늘날 이슬람 각국의 여성의 위치와 역할은 종교적인 요인보다는 국가의 이념이나 경제 발달의 수준 정도, 사회계층의 분포도, 사회개방화 정도, 역사적 상황 등에 의해 많이 좌우되고 있다. 즉, 무슬림 여성의 위치와 지위는 시대의 변천에 따라 이문화적인 요소와 혼합되면서 이슬람의 경전 꾸란에 규정되어 있는 것과는 다르게 현실적으로 귀착되었다. 여기서는 이슬람의 경전 꾸란에서 언급하고 있는 여성의 권리와 위치를 살펴봄으로써 현실 속에서 아랍·무슬림 여성들이 겪고 있는 부적절한 위치와 대우가 종교적이기보다는 非종교적인 요인에서 비롯되었다는 것을 밝혀보고자 한다.

1) 꾸란에 나타난 남녀의 평등관

우선 꾸란에는 남녀가 인간적으로 평등하다는 것을 주지시키는 많은 구절이 등장한다. 신이 아담의 갈비뼈로 여성의 조상인 이브를 창조하였다는 성경과는 달리 꾸란은 남녀의 공동창조를 명시하고 있다; "오, 사람들이여, 하나의 영혼에서 너희를 창조하시고 그 배우자를 창조하시며 또한 그 둘로부터 많은 남자와 여자를 번성시킨 너희의 주를 경외할지어다"(꾸란 4장 1절). 즉 신이 남성과 그 배우자를 모두 한 영혼으로부터 공동 창조하였다는 이야기이다. 또한 예언자 무함마드는 "모든 인간이 빗의 살과 같이 동등하니라. 아랍인들이 非아랍인보다 우월하다고 주장할 수 없고, 백인이 흑인보다 그리고 남자가 여자보다 우월하다고 할 수 없으니 오직 신을 경외하는 자만이 신께서 즐겨하는 자이니라"[93]라고 말한 것으로 전해진다.

이슬람은 이브를 유혹과 악의 원천으로 보는 이브에서 비롯된 인간의 원죄신화를 거부하고 있다. 꾸란에 따르면 아담의 배우자[94]는 아담의 첫 실수에 대한 책임이 없다. 아담과 그의 배우자 모두가 똑같이 신에게 불복종하는 잘못을 저질렀으며, 둘 다 모두 용서를 빌었고

93_ Haifaa A. Jawad, *The Rights of Women in Islam*, p.5.
94_ 꾸란에는 아담의 배우자가 '이브'라는 이름으로 언급되어 있지 않다. 꾸란에서는 아담과 한 짝으로, 혹은 배우자로서의 이브를 묘사하고 있다.

결국은 신의 용서를 받았다. 꾸란에서 언급하는 신에 대한 불복종의 원천은 바로 이브가 아닌 아담과 그의 배우자를 악의 길로 유혹한 사탄이다.

한편, 꾸란에는 여성과 남성이 모든 기본적 권리와 의무에서 동등하며 스스로 한 행동에 대한 보상과 처벌에서도 동등하다고 언급되어 있다; "남자이든 여자이든 너희가 행한 선행은 결코 헛되지 아니할 것이다"(꾸란 3장 195절). "실로 무슬림 남녀에게, 믿음이 있는 남녀에게, 순종하는 남녀에게, 진실한 남녀와 인내하는 남녀에게, 두려워하는 남녀와 자선을 베푸는 남녀에게, 단식을 행하는 남녀와 정조를 지키는 남녀에게, 하나님을 염원하는 남녀에게, 하나님은 관용과 크나큰 보상을 준비하셨느니라"(꾸란 33장 35절). "믿음으로 선을 행하는 모든 남녀에게 나는 행복한 삶을 부여할 것이다"(꾸란 16장 37절). 일반적으로 남녀를 포함한 신자들에게 명령을 전달하는 다른 경전에서와는 달리 꾸란에서는 '남'과 '여', 혹은 '남성 신자'와 '여성 신자'를 구별하여 신의 명령을 전달하고 있다. 이렇게 남자와 여자를 구별하여 모두 언급한 것은 한 여성 신도가 예언자에게 와서 여성을 대상으로 한 명령이나 계시가 없다고 불평한 이후부터였다. 이렇듯 꾸란 구절은 남성 신자와 여성 신자를 공히 동격에 놓고 신의 계시를 전하고 있다. 즉 무슬림 여성은 종교적인 의무와 수행에서 남성과 동등하다. 종교적 의무인 5주[95]의 실천에서 여성의 임신이나 수유, 생리시 단식이나 예배 등의 의무가 부분적으로 면제 혹은 순연되기도 하나 대부분의 종교적 의무와 수행에서 남여성이 동등하다고 할 수 있다. 정신적, 물질적 관점에서도 이슬람은 여성의 지위를 남성의 지위와 동등한 것으로 인정하고

---

[95]_ 증거, 예배, 단식, 희사, 순례로 무슬림들이 지켜야 할 다섯 가지 의무사항.

있다. 선행은 그 행위자가 남성이든 여성이든 똑같은 보상을 받게 된다. 천국과 그 축복도 남녀 모두에게 똑같이 적용된다; "남자든 여자든 선행을 한 사람은 누구나 천국으로 들어가리니"(꾸란 40장 40절, 4장 124절). "선행을 한 사람이 남자든 여자든 그가 믿는 사람이면 나는 그에게 행복한 삶을 마련해 줄 것이다"(꾸란 16장 97절).

혼인문제에서도 여성은 청혼을 거절할 수 있는 권리를 가진다. 혼인시 여성은 아버지나 오빠 등과 같은 후견인의 동의가 필요하기는 하나, 혼인당사자인 여성이 원하지 않는 혼인을 후견인이 강제할 수 없다. 그러나 미망인이나 이혼녀의 경우는 후견인의 동의 없이도 스스로 혼인을 결정할 수 있다. 혼인시 여성에게 지급되는 혼납금 마흐르(mahr)는 신부의 소유가 된다; "여인들에게 혼납금을 선물로 줄지어다"(꾸란 4장 4절). 혼인 후에도 여성은 자기의 재산을 소유할 수 있기 때문에 남편이 아내의 재산을 함부로 취할 수 없다; "만일 너희가 다른 아내를 얻으려 할 때 너희가 그녀(전부인)에게 준 금액 가운데서 조금도 가져올 수 없느니라"(꾸란 4장 20절). "너희가 그녀들에게 주었던 혼납금을 가져오는 것은 너희에게 허용되지 아니하나…"(꾸란 2장 229절). 또한 혼인 이후에도 여성은 처녀 시절의 성을 그대로 유지한다. 이혼문제에서도 아내가 먼저 이혼을 제기할 수 있으며, 이 경우 여자는 혼인시 받은 혼납금에 해당하는 보상금을 남편에게 지급한다. 꾸란은 여성의 재산권과 아울러 여성의 상속권도 명시하고 있다; "남자에게는 부모와 가까운 친척이 남긴 재산의 몫이 있으며 여자에게도 부모와 가까운 친척이 남긴 재산의 몫이 있나니 각자에게는 적든 많든 간에 규정된 몫이 차려지리라"(꾸란 4장 7절).

위와 같이 꾸란에서 제시하고 있는 여성관은 유대교나 로마 법, 그리스 법이 보장하지 못한 개혁적인 내용을 담고 있다. 또한 이슬람 이전 시대 일부 부족들 가운데 이루어지던 남편의 형제나 사촌이 그의 아내를 상속한다든가, 여아를 생매장한다든가, 혹은 딸을 혼인시키지 않는다든가 하는 악습에 종지부를 찍음으로써 이슬람은 여성의 지위 향상에 크게 기여하였다.

2) 남녀는 평등하나 유별하다

여성과 남성 간의 평등사상과 아울러 꾸란은 여성과 남성의 유별을 기정사실로 받아들이고 있다. 남성과 여성 간의 생물학적 차이에서 비롯된 역할의 차이가 존재한다는 것이다. 우선 꾸란은 남성이 여성의 상위에 있다고 언급하고 있다; "…남성과 여성이 똑같은 권리가 있으나 남성이 여성보다 위에 있나니…"(꾸란 2장 228절). 또한 꾸란은 남성이 여성의 '보호자'가 된다고 언급하고 있다; "남성은 여성의 보호자이니 이는 하나님께서 그녀들보다 강한 힘을 주셨기 때문이니라"(꾸란 4장 34절). 또한 증인의 자격에서도 간음을 처벌하는 사건과 같이 중대한 사안에 관하여 이슬람은 여성의 증언에만 절대적으로 의존하지 않는다. 그리고 여성 두 명의 증언을 남성 한 명의 증언에 해당하는 것으로 간주한다. 여성은 남성보다 감성적이기 때문에 여성의 증언에 전적으로 의존할 수 없다는 해석이다. 꾸란은 또한 남성이 여성보다 육체적으로 강하여 여성을 보호하고 부양해야 할 책임을 져야 한다고 규정하고 있다. 남녀의 성차를 인정하는 꾸란의 이러한 구절들은 외부적으로는 이슬람이 남녀 불평등을 조장하는 종교라는 인식을 심어 주었으며 내부적으로도 남성이 여성보다 우월하다는 잘못된 시각을 낳았다.

종교적 의무에서도 남녀는 유별된다. 여성은 남성과 떨어져서 모스크의 뒤쪽이나 옆쪽, 혹은 2층의 분리된 장소에서 예배를 드린다. 이는 좌립을 반복하고 신체를 최대한 땅에 엎드려야 하는 예배 동작에서 남녀가 신체적으로 접촉하거나 한눈을 팔 수 있는 가능성을 차단하기 위한 유별의식이다. 여성은 또한 월경이나 분만시에 예배와 단식이 면제되며, 임신이나 수유시에도 임산부나 태아, 혹은 젖먹이에게 해가 될 경우 단식이 면제되기도 한다.

경제적인 의무나 상속에서도 남녀가 구별된다. 가족의 부양은 남성에게 의무로 지워져 혼인 전에는 부친이나 남자 친척이, 혼인 후에는 남편이 여성의 생계비를 책임진다. 심지어 이혼 후에도 전남편이 전부인의 생계비를 부담하도록 꾸란은 명시하고 있다; "너희 생활 수단에 따라 너희가 사는 것처럼 이혼 당하는 여성도 살게 하라"(꾸란 65장 6절). 한편, 상속에서는 "하나님께서 너희 자식들에 대한 상속으로 너희에게 명하사, 아들에게는 두 명의 딸에 해당하는 양을…"(꾸란 4장 11절)이라고 대체적으로 여성이 남성 몫의 2분의 1을 상속하도록 규정하고 있다. 이는 남성이 아내와 가족을 부양할 책임이 있기 때문에 가족 부양의 책임이 없는 여성보다 더 많은 상속을 받아야 한다는 이유에서 비롯되었다.

남편에게는 아내를 부양할 의무가 있는 반면, 아내에게는 남편에게 순종할 의무가 있다. 남편에게 순종하지 않을 경우 아내에게 충고와 제재, 처벌이 가해지기도 한다; "남성은 여성을 그들의 모든 수단으로써 부양하나니 여성은 헌신적으로 남편을 따를 것이며 남편이 없을 경우 남편의 명예와 자신의 순결을 보호할 것이로다. 품행이 단정치 못하다고 생각되는 여성에게는 먼저 충고를 하고 그 다음으로는 잠자리를 같이 하지 말 것이며 셋째로는 가볍게 때려 줄 것이로다"(꾸란 4장 34절). 사실 꾸란의 이 구절 가운데 '가볍게 때려주라'라는 것은 아랍어 원전에서는 '때려라'라고 표현되어 있다. 후에 꾸란 주석가들은 이를 '가볍게 때려주라'라고 해석함으로써 우리말 꾸란에서도 그렇게 번역되어 있다. 꾸란 계시 당시의 배경과 의도와는 관계없이 이러한 꾸란 구절은 후에 가부장제도가 더욱 강화된 이슬람 중기의 남성들에 의해 남용됨으로써 여성들에게 독소적인 구절로 작용하였다. 그 결과 이슬람법 샤리아에서 이 구절은 아내가 남편에게 불복종하였을 경우 남편이 아내를 심하게 다룰 수 있는 '누슈즈'(nushūz)라는 법으로 정착 되었다. 그리고 여성이 다른 남성과 혼외관계를 맺었을 경우 후견인이 그 여성을 살해해도 살인죄가 성립되지 않는 '명예살인'이라는 악습 으로 발전하기도 하였다.

이렇듯 꾸란에는 남녀평등을 강조하는 구절과 더불어 남녀의 유 별을, 그리고 또 일부 꾸란 구절은 남성우위를 언급하고 있다. 이렇듯 꾸란의 계시는 남녀평등 사상과 더불어 남녀의 차이, 더 나아가 남성 우위를 인정하는 내용을 담고 있기 때문에 후대의 무슬림 남성들은 자 신들이 원하는 대로 꾸란의 내용을 취사선택하여 가부장적인 제도를 더욱 강화시킬 수 있었다. 그러나 전체 내용을 살펴볼 때 꾸란에는 남 녀의 차별과 유별을 언급하는 일부 구절을 제외하고는 남녀평등을 이 야기하는 구절이 압도적이다. 따라서 오늘날까지 무슬림 남성들이 가 부장제의 강화를 위해 꾸란 구절을 이용하였듯이 미래의 무슬림 여성 들은 꾸란의 구절을 십분 활용하여 자신들의 권리와 이익을 주장할 수 있을 것이다.

3) 여성은 사회에서 보호받아야 한다

무슬림 여성의 열악한 상황을 이야기할 때 빠짐없이 거론되는 것은 일부다처제도이다. 그러나 정작 오늘날 이슬람세계에서는 일부다처가 예외적인 상황에서 아주 낮은 비율로 나타나고 있다. 이슬람에서의 일부다처제도는 서구에서 비난의 대상이 되는 것과는 달리, 이슬람세계에서는 특별한 상황에서 여성을 보호하기 위한 장치로 이해되고 있다. 꾸란은 "만약 너희가 고아에게 공평하게 대우할 수 없다는 것을 두려워한다면 너희에게 좋다고 생각되는 여성들과 혼인해도 좋다. 둘, 셋, 또는 넷"(꾸란 4장 3절)이라고 명시하고 있다. 이 꾸란 구절은 624년과 625년에 일어났던 두 차례의 전투에서 많은 군인들이 사상당한 이후에 계시되었다. 그런 점에서 무슬림들은 일부다처의 개념을 남편을 잃은 여성들과 고아들을 구제하기 위한 사회복지적 차원으로 해석하고 있다.

꾸란에 명시된 이러한 일부다처제도는 아내들에게 아무런 편견 없이 공평하게 대해 주어야 한다는 다음의 단서가 붙는다; "하지만 너희가 아내를 공명정대하게 대우할 수 없는 것을 두려워한다면 오직 한 사람 또는 너희가 소유한 자와만 혼인하라"(꾸란 4장 3절). 게다가 "너희가 최선을 다한다 하더라도 아내들을 공평하게 대할 수 없느니라. 한 여인만을 편애하여 다른 여인들을 매달린 여인처럼 만들지 말라"(꾸란 4장 129절)라고 명령함으로써 일부다처가 일반 사람들에게는 쉽지 않다는 사실을 명백히 밝히고 있다. 보통의 인간이 여러 아내에게 진정으로 공평하게 대할 수 없다는 이유를 들어 이슬람의 한 분파인 카와리즈(Khawārij)파와 10세기에 일어났던 정치사회운동의 주인공들인 까라미따인들은 일부다처를 금기시하고 일부일처를 주장하기도 하였다. 이렇듯 일부다처는 일정한 조건하에서만 허용되는 제도로 모든 무슬림들에게 보편성을 지닌 혼인제도는 아니다. 현재 이슬람 국가 가운데 튀니지와 터키에서는 실제적으로 일부다처를 법적으로 금지하고 있다.

얼굴과 손을 내놓은 복장을 하고 있는 한 두바이 여성(©서진수)

　일부다처와 더불어 서구인들에 의해 여성 억압의 상징으로 손꼽히는 무슬림 여성의 히잡 역시 이슬람에서는 여성의 보호라는 측면에서 이해되고 있다. 꾸란은 다음과 같이 여성의 히잡을 언급하고 있다; "밖으로 나타내는 것 외에는 유혹하는 어떤 것도 보여서는 아니 되니라. 그리고 가슴을 가리는 수건을 써서 남편과 그녀의 아버지, 남편의 아버지, 그녀의 아들, 남편의 아들, 그녀의 형제, 그녀 형제의 아들, 그녀 자매의 아들, 여성 무슬림 그녀가 소유하고 있는 하녀, 성욕을 갖지 못하는 하인, 그리고 성에 대한 부끄러움을 알지 못하는 어린이 외에는 드러내지 않도록 해야 되니라"(꾸란 24장 31절). 이 구절에서 '유혹하는 것'과 '가슴'이라고 언급되어 있을 뿐 무슬림 여성이 가려야 할 신체부위가 구체적으로 언급되어 있지 않다. 후에 이슬람 법학자들은

'밖으로 나타내는 것'을 얼굴과 손으로 이해하고 얼굴과 손을 제외한 모든 신체부위를 가려야 한다고 해석함으로써 그것이 오늘날까지 관행화되기에 이르렀다. 오늘날 이슬람세계에서는 무슬림 여성들의 자발적인 히잡의 착용이 확산되어 있다. 그러나 히잡의 착용을 법적으로 의무화한 이슬람 국가는 사우디아라비아와 이란에 불과하다. 여성의 히잡 착용이 여성에 대한 굴레가 아니라, 여성의 성적 상품화를 막고 여성의 의류비 지출을 막아 경제적 이득도 가져다준다는 시각이 오늘날 전통적인 무슬림 페미니스트들의 주장이다.

4) 그 밖에 이슬람에서 보장한 이슬람 여성의 권리

재산권: 이슬람 여성의 재산권은 여성 스스로가 재산을 독립적으로 관리하는 권한까지 포함한다. 여성은 자유롭게 사고팔고, 빌리고 빌려줄 수 있으며, 계약이나 공식적인 문서에 서명할 수도 있다. 또한 여성은 자신의 재산으로 자선을 베풀 수도, 그리고 신탁관리인이 될 수도, 사업이나 기업체를 경영할 수도 있다; "남성은 그들이 얻은 것 가운데서 몫이 있고 여성도 그들이 얻은 것 가운데서 몫이 있나니 서로를 시기하지 말며 하나님께 구원하라. 하나님은 모든 일에 전지전능하심이라"(꾸란 4장 32절). 꾸란에서 보장하고 있는 여성의 재산권은 당시 다른 지역 여성들의 상황과 비교해 볼 때 매우 획기적인 것이었다.

상속권: 꾸란은 여성의 재산권과 아울러 여성의 상속권도 명시하고 있다.[96] 꾸란에 언급된 여성의 상속권에 대해서는 후에 자세히 언

96_ 꾸란 4장 7절 참조.

급하기로 하자.

교육권: 꾸란과 하디스는 남녀가 모두 동등하게 지식을 추구할 수 있는 권리를 부여하고 있다. 꾸란은 모든 무슬림들이 성에 관계없이 지식을 추구하도록 명령하고 있다; "아는 자와 모르는 자가 같을 수 있느뇨"(꾸란 39장 9절). 하디스에서 보면 예언자는 남녀 모두를 교육시키도록 장려하였으며, 심지어는 노예여종도 교육을 시킬 것을 명령하였다고 전해진다.[97] 또한 그는 지식을 구하는 것이 모든 무슬림 남녀에게 부과된 의무라는 사실을 분명히 하였다.

정체성을 지킬 권리: 무슬림 여성은 혼인 후에도 처녀 시절의 자기 성을 그대로 유지한다. 따라서 이슬람적 관행에서는 남편의 성을 따르는 취성의 관행이 존재하지 않는다. 오늘날 일부 이슬람세계에서 혼인한 여성들이 남편의 성을 따르는 것은 서구의 영향을 받아 생겨난 새로운 관행이다.

성적 만족의 권리: 이슬람에서 합법적인 성관계는 고귀한 것으로 내세에 복을 받는 종교적 헌신행위로 간주된다. 이와 관련된 예언자의 하디스 가운데는 다음과 같은 것이 있다; "남편과 아내가 서로 사랑스런 눈길을 주고받을 때 하나님은 그들을 자비의 눈길로 바라보고, 서로 손을 잡을 때 그들의 죄는 손가락 사이로 빠져나간다. 성관계를 가질 때 그들은 기도하는 천사에게 둘러싸이게 되나니."[98] 그 밖에도 초기 이슬람 학자들은 남녀 간의 성관계의 중요성과 그에 대한 신의 축

97_ Haifaa A. Jawad, 앞의 책, pp.8-9.
98_ 위의 책, p.9.

복, 그리고 여성도 남성과 동등하게 성적인 만족을 추구할 수 있는 권리 등을 언급하였다.

위와 같이 꾸란이나 하디스에서 제시하고 있는 여성관은 이슬람이 내려온 7세기 당시로서는 아주 획기적인 것이었다. 그러나 이슬람의 여성관은 역사가 깊어짐에 따라 현실 속에서 변질되기 시작하였다. 여성 고유의 재산권인 혼납금은 신부에게 지급되지 않고 후견인에게 지급됨으로써 매매혼이 이루어지는가 하면, 신부의 의지와는 상관없이 후견인의 결정에 따라 강제로 결혼하는 일이 발생하기도 한다. 또한 이혼하는 데 거의 제약을 받지 않는 남성과는 달리 여성의 이혼 청구를 불가능하게 만드는 법이 제정되기도 하였다. 꾸란에 명시된 여성의 교육권은 여성의 격리라는 악습이 유입되면서 박탈되기도 하였으며, 성적 만족의 권리 역시 여성의 성감대를 제거하는 여성할례라는 토속관행으로 인해 완전히 무시되기도 하였다. 이렇듯 무슬림 여성의 지위에 관해서는 종교적인 당위성과 현실과의 괴리감이 존재한다. 이슬람학자들은 꾸란이 담고 있는 여성관을 상기시키며 무슬림 여성들이 다양한 권리를 누리고 있다고 주장하는 반면, 서구학자들은 꾸란의 정신과는 동떨어진 현실에만 초점을 맞추어 무슬림 여성의 열악한 위치를 종교의 탓으로 돌리고 있다. 그러나 앞서 살펴본 대로 무슬림 여성의 위치가 낮게 설정되어 있다면, 그것은 문화적 · 정치적 · 경제적인 여러 요소들이 복합적으로 작용한 것이지 단순히 이슬람의 종교적 원리에서 비롯된 것은 아니라는 점을 상기할 필요가 있다. 다음에서는 이슬람 여성의 다양한 권리를 보다 상세하게 알아보기로 한다.

2. 이슬람 여성의 혼인의 권리

이슬람의 영역은 매우 광범위하여 신과 인간과의 관계는 물론, 인간과 인간 간의 모든 관계를 규정하는 내용을 포함하고 있다. 이슬람은 사회의 기초 단위라 할 수 있는 가정을 바탕으로 이슬람공동체 움마('Ummah)를 건설하고자 하였다. 그 결과 가정을 이루는 혼인, 혼인의 해지에 따른 이혼과 관련된 많은 계시가 내려졌다. 이러한 꾸란의 계시는 혼인과 이혼을 규정하는 가족법이 주요 근간을 이루는 이슬람법 샤리아의 기초가 되었다. 다른 모든 법이 그러하듯 이슬람법은 이슬람사회 전체의 이익과 궁극적으로 사회 각 구성원의 이익을 위해 인간의 행동에 규제를 가하고 있다.

1) 혼인제도의 중요성

이슬람이라는 새로운 종교는 기존의 부족중심 사회를 타파하여 가족중심 사회로 재편한 후 신앙에 바탕을 둔 이슬람공동체를 형성하고자 하였다. 가족을 구성하기 위한 필수요건인 혼인문제가 이슬람에서 커다란 중요성을 가지는 것도 이러한 이유에서이다. 이슬람에서 혼인은 사회적 의무일 뿐만 아니라 종교적 의무이기도 하다. 따라서 기독교에서와는 달리 이슬람에서는 독신주의를 장려하고 있지 않다. 당시 이슬람사회에서 혼인은 여성들에게 많은 권한을 가져다주었다. 경제적인 독립을 할 수 없었던 당시 여성들에게 혼인은 경제적인 이유에서도 필수적인 것이었다. 여성들은 혼인을 통해 남편으로부터 부양받을 수 있는 권리를 누릴 수 있었다. 혼인을 통해 무슬림의 숫자를 늘리는 것은 이슬람의 생존 전략이기도 하였다. 혼인은 이슬람에서 금기시하는 성욕의 부정적 분출을 막을 수 있다는 점에서도 종교적으로 적극 장려되었다.

혼인을 의미하는 단어로 꾸란에서는 '니카흐'(nikāḥ, 결합)와 '아끄드'('aqd, 계약)라는 단어가 사용된다. 즉 혼인은 계약에 의한 남녀 간의 결합을 의미한다. 이슬람에서 혼인은 특별한 사유가 없는 한 모든 무슬림들이 맺어야 하는 신성한 계약이다. 꾸란은 "너희들 중 홀로인 자나 남종과 여종 중 적령기에 있는 자를 혼인시켜라. 만약 그들이 가난하다면 하나님께서 은총으로 결핍에서 벗어나게 하리라. 하나님은 너그러우시고 전지하신 분이다. 혼인상대를 만나지 못한 사람에게는 하나님의 은총으로 그들을 부유케 하실 때까지 순결을 지키게 하라"(꾸란 24장 32-33절)고 말한다. 꾸란의 다른 구절에서는 혼인관계를 혈연관계와 똑같이 중요시하고 있다; "그분께서 바로 물에서 인간을 창조하사 인간에게 혈연관계와 혼인관계를 만들어 주신 분이다"(꾸란 25장 54절). 하디스 역시 독신보다는 혼인한 상태로 살 것을 강조한다. 독신으로 살면서 낮에는 단식하고 밤에는 기도로 지새우는 사람들에게 예언자는 다음과 같이 말한 것으로 전해진다; "단식을 하다가 때가 되면 나는 단식을 그만두기도 한다. 예배를 드리기도 또 잠을 자기도 한다. 나는 결혼도 하였다. 그러므로 나의 관행 이외의 다른 길로 가는 자는 나에게 속한 자가 아니니라." 혼인의 중요성을 강조하는 예언자의 또 다른 하디스가 있다; "젊은이들이여! 아내를 부양할 수 있는 능력을 가진 자들은 혼인하라. 혼인은 시선을 아래로 두게 하고 외도하지 않게 하는 가장 좋은 방법이기 때문이니라. 능력이 없는 자들은 단식하게 하라. 단식으로 인해 그들은 거세된 것처럼 행동할 것이니라." 독신생활은 예언자에 의해 명백히 금지되었다. 또 다른 하디스는 "혼인한 사람은 종교의 반을 완성한 것과 같다"라고 예언자가 말한 것으로 전하고 있다.[99]

한 짝으로 각각 상대방으로부터 창조된 남자와 여자에 대해 꾸란은 반복하여 언급한다. "오, 사람들이여, 하나의 영혼에서 너희를 창조하시고 그 배우자를 창조하시며 또한 그 둘로부터 많은 남자와 여자를 번성시킨 너희의 주를 경외할지어다"(4장 1절). "그분이 바로 너희를 하나의 영혼에서 창조하시고 그것으로부터 안주하게 될 배우자를 만드셨나니"(꾸란 7장 189절). 이 두 꾸란 구절은 최초의 남자와 여자의 창조와 관련된 것으로 이해되지만 남자와 여자의 일반적 관계를 의미하는 것으로 그 의미는 다음 구절에서 더욱 명백해진다; "하나님께서는 너희들을 위해 너희들 자신으로부터 배우자를 만드셨으며 너희 아내로부터 자손을 주셨다"(꾸란 16장 72절). 그리고 메카 중기의 계시는 "하늘과 땅의 창조주는 너희들을 위해 너희들 자신으로부터 배우자를 만드셨으며 … 너희를 거기서 번식하게 하리라"(꾸란 42장 11절)고 말한다. 그러므로 꾸란에 따르면 혼인이란 원래 하나였던 두 영혼의 결합을 의미하기도 한다.[100]

2) 혼인계약과 조건

이슬람에서의 혼인은 두 당사자 간의 계약으로 간주된다. 혼인계약은 두 명의 증인 앞에서 남성이 청혼하면 여성이 이를 수락하는 형태로 이루어진다. 이슬람은 혼인관계가 지속되기 위한 여러 규칙과 조건을 제시하였다. 첫째로, 혼인당사자들은 적정한 혼인연령에 이르러야 한다. 남편이 아내보다 연상이어야 한다는 일부 사람들의 주장에는 종교적 근거가 없다. 예언자 무함마드는 자신보다 나이가 많은 두 명

99_ Maulana Muhammad ʿAlī, *The Religion of Islam*, pp.602-603.
100_ 위의 책, pp.603-604.

의 아내 카디자와 사우다와 혼인하여 평화와 조화 속에 혼인생활을 유지한 바 있다. 둘째, 혼인당사자들은 사회적 지위, 교육정도, 그리고 신체적인 조건에서 비슷한 것이 바람직하다. 예언자 무함마드는 '미모'와 '재산', 그리고 '집안배경'이 혼인의 조건으로 중요하다고 말한 바 있다. 셋째, 혼인계약이 이루어지기 위해서는 신랑이 신부에게 혼납금, 즉 마흐르를 지불하는 것이 의무이다. 혼납금은 신랑이나 신부 모두에게 부담이 되지 않는 적절한 수준이어야 한다. 이슬람이 내려오기 이전 아라비아반도에서는 남성이 혼인당사자인 신부가 아닌 신부의 후견인에게 혼납금을 지불하는 경우가 있었다. 이슬람은 이러한 유형의 혼인이 여성을 돈으로 사들이는 매매혼으로 변질될 것을 우려해 혼납금이 혼인당사자인 신부에게 지불되도록 규정하였다. 그 결과 이슬람에서의 혼납금은 혼인한 여성들의 재산이 되어 여성의 재산권을 확보해 주는 계기가 되었다. 넷째, 혼인당사자의 자유로운 의지에 따른 혼인이라야 한다. 후견인에 의한 강제적인 혼인은 이슬람의 원칙과 위배된다. 여성의 동의는 혼인계약에서 매우 중요하다. 부모나 친지에 의해 강요된 혼인은 원칙적으로 그 계약을 무효화시킬 수 있다. 이혼녀나 과부의 경우에는 후견인의 동의 없이도 혼인당사자의 의지만으로도 혼인할 수 있다. 여섯째, 여성은 혼인계약시에 자신이 원하는 조건을 제시할 수도 있다. 예컨대 자신이 살아 있는 동안 남편이 두 번째 부인을 얻지 못하도록 한다든지, 필요시에 이혼을 먼저 제기할 수 있다든지, 혹은 직업이나 학업을 지속한다는 등의 조건을 달 수 있다.[101] 일부 무슬림 여성들, 특히 10세기 안달루시아와 북부아프리카의 여성들은 자신들이 원하는 혼인계약서를 작성할 수 있었다. 예컨대 신부는

---

[101] 혼인시 조건을 달 수 있는 것은 이슬람의 4대 법학파 가운데 하나피 법학파에서만 인정되고 있다. 하나피 법학파는 이슬람세계의 주요 법학파이다.

남편의 일부일처를 혼인의 조건으로 내세울 수 있다. 남편이 이를 어기고 두 번째 부인이나 첩을 두게 될 경우, 첫 부인은 혼인계약 조건에 근거해 이를 거부할 권리가 있다. 나이 어린 여성의 후견인들은 이혼 시에 지불되는 '후불혼납금'(mu´ajjal)을 높게 책정하여 혼인계약시에 제시함으로써 남편 측의 일방적인 이혼요구를 막기 위한 장치로 이용하기도 한다. 남편은 혼인계약의 조건을 준수할 의무가 있다. 그 결과 혼인계약에서 남성과 여성 간의 균형이 유지될 수 있다.

혼인이 성립되고 나면 부부는 새로운 관계에 대해 상호 책임을 진다. 꾸란은 "그가 너희들 자신으로부터 너희들을 위한 배우자를 창조하셨으며 너희들이 그들에게서 평안을 찾을 수 있도록 한 것은 그분의 징표 중 하나이다"(꾸란 30절 21절)라고 말한다. 이 꾸란 구절은 혼인관계에서 두 배우자가 서로에게 위안을 주라고 권고하고 있다. 부부는 다른 사람들과 더불어 평화와 안정을 즐기고 성적인 관계뿐만 아니라 정신적인 관계에서도 사랑과 긍휼과 자비로 함께 하는 것이다. 꾸란은 "그녀들은 너희들을 위한 의상이요. 너희들은 그녀들을 위한 의상이니라"(꾸란 2장 187절)라고 부부관계를 표현하고 있다. 부부는 서로를 완전하게 덮을 수 있는 의복으로 비유되고 있다. 특히 꾸란은 남편으로 하여금 아내에게 친절과 애정을 가지고 부드럽게 대할 것을 명령한다. 예언자 역시 "너의 최선은 아내에게 최선을 다하는 것이다. 그리고 내게 나의 아내들은 어떤 다른 이보다 낫다"라며 아내에게 최선을 다하는 것이 가장 중요하다고 강조하고 있다. 게다가 남편은 아내에게 완전한 생계를 제공할 책임을 가진다. 반면에 아내는 남편을 공경하고 남편에게 복종할 의무가 있다.[102]

102_ Haifaa A. Jawad, 앞의 책, p.36.

이슬람에서는 부부관계가 평등하게 유지되면서도 그 위계질서가 이루어지도록 남성을 가족의 머리로 간주한다. 앞서 언급되었듯이 "남성과 여성이 똑같은 권리가 있으나 남성이 여성보다 위에 있나니"(꾸란 2장 228절), "남성은 여성의 보호자이니 이는 하나님께서 그녀들보다 강한 힘을 주셨기 때문이니라"(꾸란 4장 34절)라는 꾸란의 구절은 이슬람이 남성우위 사상을 확고히 하였다는 논란을 가져왔다. 그러나 남성의 우위를 언급하는 꾸란 구절에 비해 남녀평등을 주지시키는 꾸란 구절이 더 많다는 점에서 이슬람이 여성을 남성보다 낮은 위치에 자리매김하였다고 단정할 수 없다. 사실 남녀평등에 관한 꾸란의 원리는 시간이 흐름에 따라 변화한 이슬람 각 지역의 문화나 관습의 영향으로 점차 퇴색되어 다른 문화권에서와 마찬가지로 이슬람세계에도 남성우위의 문화가 정착되었다. 예컨대 이슬람 원리에서 혼인계약은 당사자의 의사가 무엇보다도 중요하나 점차 여성의 의사는 무시되어 아버지나 오빠, 삼촌과 같은 후견인들에 의해 혼인계약이 성사되기도 하였다. 혼인시 조건을 제시할 수 있는 신부의 권리 역시 사회·문화적인 압력으로 점차 사라졌다. 신부가 혼인계약의 조건을 명시하고자 할 경우 신랑이 이를 거부하고 파혼하는 등의 사회적 압력이 행사된다. 따라서 부유하거나 권력이 있는 가문 출신의 여성을 제외하고는 일반 여성들이 혼인계약시에 조건을 제시하는 것이 쉽지 않다. 꾸란에 명시되어 있는 아내의 소유가 되는 혼납금도 후견인에 의해 갈취되어 매매혼이 발생하기도 하며, 혼인계약의 조건인 아내 부양에 대한 남편의 의무가 경제적인 어려움으로 소홀히 간주되는 경우도 현실 속에 나타나게 되었다.

3) 혼인의 형식

혼인의 예비단계: 이슬람에서 혼인이 계약으로 간주된다는 사실은 혼인 전 양 당사자가 상대방이 인생의 바람직한 동반자가 될 것인가에 대해 동의해야 한다는 것을 의미한다. 꾸란은 다음과 같이 명시하고 있다; "너희들에게 좋은 여자와 혼인하라"(4장 3절). 예언자는 이러한 취지에서 다음과 같은 지침을 내린 것으로 전해진다; "너희 가운데 누군가 여자에게 청혼할 때, 가능한 한 무엇이 그녀와 혼인할 만큼 자신을 사로잡는지 알아보아야 한다." 이 하디스의 머리글은 다음과 같이 시작한다; "남자는 혼인하고자 하는 여자를 선보아야 한다." 부카리의 하디스에도 '혼인 전에 여자 선보기'란 제목의 장이 있다. 무슬림의 하디스에도 '혼인하고자 하는 여성의 얼굴과 손을 바라보려는 남자에게 하는 권고'라는 내용이 있다. 여기에 안사르('Anṣār)부족의 한 여자와 혼인하려고 하는 어떤 남자가 예언자에게 찾아와 질문하는 일화가 소개되어 있다. 예언자가 "그녀를 선보았느냐?"라고 묻자 그는 "아닙니다"라고 대답하였다. 그러자 예언자는 "그럼 가서 우선 그녀를 만나보거라. 안사르 사람들에게도 결함이 있을 수 있기 때문이다"라고 말하였다. 다른 하디스는 다음과 같이 전한다; "무기라 븐 슈으바(Mughīrah bn Shu'bah)가 한 여자에게 청혼하자 예언자는 그에게 여자를 선본 적이 있느냐고 물었다. 그렇지 않다고 대답하자 예언자는 그에게 여자를 선보라고 권하였다." [103]

청혼: 아랍어 단어 '카따바'(khaṭaba)에서 파생된 '키뜨바'(khiṭbah)라는 명사는 '청혼'을 의미한다. 혼인하려는 남자가 한 여자

103_ Maulana Muhammad 'Alī, 앞의 책, pp.616-617.

에게 마음이 끌리면, 그는 여자 당사자에게 혹은 여자의 아버지나 후견인에게 청혼을 한다. 첫 번째 구혼자가 구혼을 포기하거나 구혼한 여성으로부터 거절당할 때까지 다른 남자는 동일한 여자에게 청혼할 수 없다. 여자 역시 남자에게 청혼할 수 있다. 남자는 자신의 딸이나 여자 형제를 대신하여 청혼할 수도 있다. 그러나 일반적으로 청혼하는 쪽은 남자이다. 청혼에 대한 동의가 있으면 약혼이 이루어진다. 그리고 보통 공식적인 혼인이 이루어지기 전에 얼마간의 약혼기간을 보낼 수 있다. 이 기간 동안 약혼 당사자들은 서로 깊이 있게 사귈 수 있다. 만약 상대방으로부터 탐탁하지 않은 점이 발견되면 약혼 당사자 누구라도 약혼을 파기할 수 있다. 오직 육체적 부부관계인 니카흐, 즉 결합이 이루어진 후에야 비로소 서로에 대한 의무와 권리가 발생한다.[104] 오늘날 혼인적령기에 있는 무슬림 여성을 만나보면 많은 여성들이 여러 번의 파혼 경험이 있는 것을 볼 수 있다. 이는 이슬람에서 청혼은 곧 결혼을 전제로 한 남녀 간의 교제를 의미하기 때문이다. 진지한 교제가 시작되고 나서 상대편이 마음에 들지 않을 경우 언제든 파혼할 수 있다. 이것은 사회적으로 흠이 되지 않으며 오히려 약혼하지 않은 남녀 간의 교제가 터부시되고 있다.

혼인적령기: 이슬람법에는 혼인하기에 적합한 특정한 연령이 명시되어 있지 않다. 사실 기후나 인종 등의 차이로 지역에 따라 혼인적령기가 다를 수 있다. 그러나 꾸란은 성년의 나이와 동일한 혼인적령기에 대해 언급하고 있다; "혼인연령에 이를 때까지 고아들(의 인격)을 확인하라. 만약 그들이 이성적으로 성숙하였다고 인식되면 그들에게 재산

104_ 위의 책, p.618.

을 주어라. 그들이 성년이 되기를 기다리면서 무모하게 그리고 성급하게 그것을 낭비하지 마라"(꾸란 4장 6절). 즉 꾸란에서는 혼인연령과 이성적으로 성숙되는 연령을 성년이 되는 나이와 동일시하고 있다. 혼인은 합의에 따른 계약에 의한 것이기 때문에 꾸란과 하디스에 언급된 대로 개인적 호감에 달려 있다. 따라서 성적 호감 혹은 거부감을 분별할 수 있는 시기인 성년에 혼인이 이루어지는 것이 바람직하다는 것이다.

후견인을 통한 미성년자의 혼인이 예언자에 의해 허락되었다는 기록은 없다. 아이샤가 아홉 살 되던 해에 이루어진 예언자와의 혼인은 종종 후견인을 통한 미성년자와의 혼인이 이슬람에서 허용된 것으로 비춰져왔다. 그러나 이 문제에 대해 고려해야 할 두 가지 사항이 있다. 우선 아홉 살 된 아이샤와 예언자와의 혼인은 단지 약혼과 같은 것이었다. 예언자가 아이샤의 신방에 들어간 시기는 아이샤가 성년에 이를 때까지 5년이 연기되었다는 점이다.[105] 그리고 아이샤와 예언자와의 혼인은 혼인과 관련된 꾸란 계시[106]가 내려오기 이전 이미 메카에서 이루어졌기 때문에 미성년자와의 혼인에 대한 논쟁의 소지가 될 수 없다는 것이다. 성년에 이른 시기가 바로 혼인연령이라는 꾸란 4장 6절이 계시된 이후에 후견인을 통한 미성년자와의 혼인을 예언자가 허용했다고 전하는 하디스는 없다.[107]

혼인계약의 필수요건: 혼인은 꾸란에서 '미사끄'(mīthāq), 즉 남편과 아내와의 '서약'이라고도 언급되어 있다; "너희들이 이미 서로 허

---

[105] 아이샤의 혼인시기에 대해서는 학자마다 논란이 있다. 아이샤가 여섯 살 되던 해에 약혼이 이루어졌고 아홉 살 때 혼인하였다는 설도 있다.

[106] 메디나에서 계시됨.

[107] 위의 책, pp.618-620.

락하였고 여자들이 너희들로부터 확고한 서약을 받았는데 어떻게 그 것(혼납금)을 취할 수 있겠는가"(꾸란 4장 21절). 혼인서약은 신랑과 신부의 상호동의를 바탕으로 반드시 증인이 있는 가운데 이루어져야 한다. 혼인은 증인이 동석한 가운데 사람들 앞에 선언됨으로써 완전해진다. 혼인선언이 이루어지기 전에 모스크에서 쿠뜨바(khuṭbah), 즉 설교를 하는 것이 예언자의 관행이었다.

혼납금(마흐르): 혼인에서 두 번째로 중요한 것은 혼납금이다. 꾸란에서 일반적으로 '혼납금'이라는 단어는 '보상', '신부에게 주는 선물'을 의미하는 '아즈르'('ajr, 복수 'ujūr)가 사용되었다. '사두까트' (saduqāt, saduqah의 복수)라는 단어도 꾸란에서 혼납금의 의미로 사용되었다.[108] 꾸란에서 혼납금을 의미하는 또 다른 단어 가운데는 문자상으로 '의무적인 것, 혹은 지정된 몫'을 의미하는 '파리다'(farīḍah)가 있다. 하디스에서 '마흐르'라는 단어는 혼납금 또는 혼인선물을 의미한다. 꾸란에 따르면 '마흐르'는 혼인계약시 남편이 아내에게 거저 주는 선물이다; "부인들에게 무상의 선물로 혼납금을 주어라"(꾸란 4장 4절). 남편 측에서 마흐르를 지불하는 것은 아내의 경제적 독립성을 인정한다는 의미이다. 여성은 혼인 전에 아무런 재산이 없다 하더라도 일단 혼인을 하면 남편에게서 혼납금으로 받은 일정 재산을 소유하게 된다. 혼인시 신부에게 혼납금을 지불하는 것은 의무사항이다; "간음이 아닌 합법적인 혼인을 원할 경우 혼납금을 지불해야 되나니 너희가 그들과 혼인함으로써 욕망을 추구했다면 그녀들에게 혼납금을 줄 것이라"(꾸란 4장 24절). 혼납금의 지불은 여자노예와 혼인하는 경우에도

108_ 꾸란 4장 4절.

필수적이다; "그녀들 주인의 허락을 받고 혼인하되 그녀들에게 공정하게 혼납금을 주어라"(꾸란 4장 25절). 무슬림이 비무슬림 여자와 혼인하는 경우에도 혼납금은 지불되어야 한다; "믿음이 있는 사람들 중 정숙한 여성들과 너희 이전에 계시서를 부여받았던 여성들에 대해 만약 너희들이 그녀들에게 혼납금을 지불한다면 그 혼인은 허용되나니"(꾸란 5장 5절). 이렇듯 꾸란은 어떠한 경우이든 혼인시 혼납금의 지불을 의무화하고 있다. 혼납금은 아주 적은 금액이라 하더라도 반드시 지불해야 한다는 하디스가 있다. 이혼에 관해 언급하면서 꾸란은 다음과 언급하고 있다; "만약 너희가 여자와 동침하지 않았거나 여자에게 혼납금을 지불하지 않은 상태에서 이혼을 했다면 너희에게는 아무런 죄가 없느니라"(꾸란 2장 236절). 이것은 혼납금이 지불되지 않았더라도 혼인이 유효하다는 사실을 보여준다. 하디스 역시 혼납금이 지불되지 않았더라도 혼인은 유효하다고 말한다. 그러나 혼납금은 신방에 들어가는 때든지 또는 그 후에라도 반드시 지불되어야 한다. 남편의 생존시 혼납금이 지불되지 않았으면 그것은 남편의 유산에서 우선적으로 지불되어야 한다.

혼납금의 액수는 신랑의 생활형편이나 신부의 신분에 따라 다르다. 꾸란은 '부유한 자는 부유한 대로 가난한 자는 가난한 대로 자기의 능력에 따라'(꾸란 2장 236절), 즉 신랑의 형편이나 능력에 따라 혼납금을 정하도록 규정하고 있다.[109] 혼납금의 액수가 정확하게 정해진 적은 없다. 예언자는 부인들에게 다양한 액수의 혼납금을 지불하였다. 아부 수피얀의 딸 움무 하비바와 혼인했을 때 4천 디르함의 혼납금이 지불된 경우를 제외하고 대부분의 경우 500디르함 정도의 혼납금이

109_ Maulana Muhammad 'Alī, 앞의 책, pp.621-624 참조.

지불되었다. 예언자의 딸 파띠마는 400디르함의 혼납금을 받았다. 하디스에 언급된 가장 낮은 액수의 혼납금은 무쇠반지 하나였다. 그것조차 구입할 수 없는 남자는 혼납금으로 아내에게 꾸란을 가르치라고 언급되어 있다. 어떤 하디스에는 두 움큼의 밀가루나 대추야자가 혼납금으로 지불된 경우도 언급되어 있다. 혼납금 액수는 혼인 후 언제라도 남편과 부인의 상호합의에 의해 증감될 수 있다; "혼납금이 정해진 이후 상호 합의하여 바꾸어 정해도 너희들에게 죄가 없느니라"(꾸란 4장 24절).[110]

혼인의 공표: 꾸란에서 남몰래 맺는 성 관계는 혼인의 범주에서 배제된다; "그들을 간음하거나 남몰래 간부(姦婦)로 취하지 말고 혼인하여 취하라"(꾸란 4장 24절, 25절, 5장 5절). 혼인이 간음과 구별되는 기준은 그 공표성에 있다. 남편 또는 아내로서 살고자 하는 양 당사자 간의 상호합의는 증인들 앞에서 공개적으로 발표되지 않는 한 합법성을 인정받지 못한다. 이슬람식 혼인식의 기본적 특징은 공공장소에서 사람들에게 그 소식을 공표하는 데 있다. 혼인은 북을 쳐서라도 공개적으로 알려야 한다는 것이 한 하디스에 나와 있다. 이러한 목적을 위해 혼인 모임에서 음악이 허용되었다. 예언자 시대에 있었던 혼인 모임에서 처녀들이 예언자 앞에서 북을 치며 노래하였다고 전해진다. 혼인의 공표성을 입증하는 하디스로 다음의 것이 주로 인용된다; "혼인은 공개적으로 모스크에서 거행하라. 그리고 그들을 위해 북을 쳐라." "혼인이 합법적인 것과 불법적인 것 사이의 차이는 만인 앞에 공표하고 북을 치는지 아닌지 여부에 달려 있다." "아이샤는 안사르 출신의 한 소

110_ Maulana Muhammad ʿAlī, 앞의 책, p.624.

녀를 데리고 있었는데 그 소녀가 안사르 출신의 남자와 혼인했다. 예언자가 와서 아이샤에게 말했다. 그 아이를 남편에게 보냈소? 그렇다는 대답을 받자 예언자는 다시 물었다. 그 아이와 함께 노래를 부를 사람을 보냈소? 아이샤가 아니라고 대답하자 예언자가 말했다. 안사르 남자는 노래 부르기를 좋아하는 사람들이오. 노래를 부를 사람을 함께 보냈더라면 더 좋았을 텐데."[111] 오늘날 이슬람세계 어디를 가더라도 자동차 경적을 시끄럽게 울려대며 지나가는 혼인식 행렬을 볼 수 있다. 이는 바로 혼인을 만인들에게 공표하라는 예언자의 하디스에 근거한 행동이라 할 수 있다.

후견인 제도: 남성의 경우는 후견인의 승낙 없이도 스스로 혼인을 결정할 수 있다. 그러나 여성의 경우 후견인의 승낙 없이도 혼인이 이루어질 수 있는지 혹은 그렇지 않은지에 관해서는 이견이 있다. 하디스와 마찬가지로 꾸란은 좋아하는 남성과 혼인할 수 있는 여성의 권리를 인정하고 있다; "그들이 상호 합당한 조건으로 동의한다면 재혼을 막지 마라"(꾸란 2장 232절). 이것은 이혼한 여성에게 해당되는 계시이다. 미망인의 경우 꾸란은 다음과 같이 전한다; "여인들이 합당하게 자신들을 위해 한 일에 대해서 비난받지 않으리라"(꾸란 2장 240절). 이 구절은 스스로 혼인할 수 있는 미망인의 권리를 인정하는 내용이다. 이 두 구절은 분명히 이혼한 여성과 미망인에게 스스로 혼인할 수 있는 권리를 인정할 뿐만 아니라 이러한 여성들의 혼인에 후견인이 간섭하는 것을 금지하고 있다. 하디스도 꾸란의 내용을 뒷받침하고 있다; "미망인 또는 이혼녀는 혼인문제에서 자신의 거취를 결정하는 데 후

111_ 위의 책, pp.265-266.

견인보다도 더 많은 권리를 가지고 있나니.” “후견인은 미망인이나 이혼녀의 문제에 간섭할 권리가 없나니.”[112] 앞에 인용한 꾸란과 하디스의 구절에 비추어 미망인과 이혼녀는 배우자를 선택하는 데 완전한 자율권을 가지고 있다고 할 수 있다.

4) 금지된 혼인

일시적 혼인관계(mut 'ah): 이슬람 이전에는 일정한 기간 동안만 유지되는 혼인의 형태가 인정되었다. 이러한 혼인은 ‘어떤 것을 즐기거나 그것으로부터 이득을 보는 것’을 의미하는 ‘무트아’(mut 'ah)라는 이름으로 행해졌다. 일시적 혼인관계에 관하여 이슬람은 점진적인 입장 변화를 보였다. 부카리의 하디스 모음집에는 ‘예언자에 의해 최종적으로 일시적 혼인관계가 금지됨’이란 제목하에 “예언자가 카이바르(Khaibar) 원정시 일시적 혼인관계와 집에서 키우는 당나귀 고기의 식용을 금지했다”라고 말한 것을 예언자의 사촌 알리가 이븐 압바스(Ibn 'Abbās)[113]에게 전했다고 되어 있다. 또 다른 하디스에는 어려움에 처하거나 여자의 수가 적을 때 일시적 혼인이 허용되는가에 대한 이븐 압바스의 질문을 받고 예언자가 긍정적으로 대답했다고 기록되어 있다. 세 번째 하디스는 원정 중에 예언자의 사신이 와서 일시적 혼인을 예언자가 허락하였다고 전한 살마 븐 아크와(Salmah bn Akwa ')의 전언이다. 마지막으로 부카리는 “알리가 예언자의 말을 전하면서 일시적 혼인이 폐기되었다는 사실을 분명히 했다”고 덧붙였다.[114] 이렇듯 무

112_ 위의 책, p.634.
113_ 예언자의 사촌.
114_ 위의 책, p.608.

슬림들은 일시적 혼인관계에 관해 상충되는 몇 개의 하디스를 가지고 있다. 순니파 무슬림들은 일시적 혼인관계를 예언자가 허용하였다는 하디스는 전언가들의 오해 속에 잘못 전해진 것이라고 주장하고 있다. 아라비아반도에서 일시적 혼인은 뿌리 깊은 관행으로 예언자가 이를 금지하라는 명령을 내렸음에도 불구하고 바로 근절되지 않았던 것으로 보인다. 이에 제2대 칼리프 우마르는 일시적 혼인관계가 불법이라는 사실을 다시 공표하기에 이르렀다. 일시적 혼인관계를 불법이라고 인정하였던 사람들조차 금지된 음식이 필요에 따라 허용되는 것과 마찬가지로 일시적 혼인도 상황이 불가피할 경우 인정될 수도 있다는 유보적인 입장을 취하기도 하였다. 쉬아파는 오늘날까지도 일시적 혼인을 합법적인 것으로 인정하고 있다.

혼인이 금지된 혈연, 양육, 인척관계: 꾸란은 특정한 관계에 있는 남녀 간의 혼인을 금지하고 있다; "너희들은 어머니와 딸, 누이, 고모, 이모, 유모, 젖 자매, 장모, 동침한 부인이 낳아 너희의 보호 아래에 있는 의붓딸, 동침하지 않은 부인의 의붓딸은 예외이다. 친아들의 부인(며느리), 그리고 두 자매를 동시에 부인으로 맞아들이는 것이 금지된다. 그러나 둘 가운데 하나가 죽었을 때는 예외이다"(꾸란 4장 23절). 남성에게 혼인이 금지되는 사람은 어머니, 딸, 누이, 조카, 고모, 이모 등의 경우처럼 혈족관계에 있는 여성, 또는 유모나 젖 누이[115]의 경우처럼 양육관계에 있는 여성, 또는 장모나 의붓딸, 며느리의 경우처럼 인척관계에 있는 여성이다.

혈족관계에서 어머니는 아버지와 어머니 양쪽의 모든 여성 선조

115_ 이슬람에서는 한 여성의 젖을 먹은 아이들은 서로 부모가 다르다 하더라도 젖 형제, 젖 자매, 혹은 젖 누이로 불려 서로 혼인할 수 없는 관계가 된다.

들을 포함한다. 딸은 외손녀와 친손녀는 물론이고 아무리 멀건 간에 모든 여자 후손을 포함한다. 이모나 고모는 아버지나 어머니의 이모나 고모의 딸은 포함되지 않으나 할아버지나 할머니의 누이나 자매는 포함한다.

　두 번째 유형인 양육관계에 관하여 꾸란은 오직 동일한 유모의 젖을 먹은 누이만을 언급하고 있다. 그러나 하디스는 혼인이 금지되는 혈족관계는 양육관계에도 그대로 적용된다고 밝히고 있다. 예컨대 예언자의 삼촌 함자(Ḥamzah)는 예언자와 같은 유모에게서 젖을 먹었기 때문에 젖 형제로 간주된다. 즉 함자는 혈연관계에서는 삼촌이긴 하지만 양육관계에서는 형제가 되므로 함자의 딸은 예언자와 혼인할 수 없다. 혈연관계에서는 불가능하지만 특정한 양육관계의 경우에는 완전히 타인일 수도 있다. 예컨대 형제의 어머니는 친모이거나 양모이다. 친모나 양모는 모두 혼인이 금지된 관계에 포함된다. 그러나 젖 형제의 어머니는 완전히 타인일 수도 있어 혼인이 금지된 관계에 포함되지 않는다. 양육관계[116]의 구성요건에 관한 약간의 이견이 있다. 꾸란에서 어린아이에게 두 살까지만 젖을 먹이도록 되어 있다.[117] 그리고 이점에 대해서는 어떠한 이견도 없다. 그러나 하디스에는 어린아이가 배고플 때 젖을 먹이지 않았다면 양육관계가 성립되지 않는다고 되어 있다. 그러나 하나피 법학파는 어린아이에게 단 한번만이라도 젖을 먹였다면 충분히 양육관계가 성립된다고 간주한다. 샤피이 법학파는 어린아이에게 네 번 이상 젖을 먹여야 한다는 견해를 피력하는 반면, 쉬아파는 적어도 24시간 동안 젖을 먹여야 양육관계가 성립된다고 보고 있다.[118]

116_ 아랍어로는 라다아(raḍā 'ah)로 젖을 먹인다는 의미에서 나왔음.
117_ "어머니들은 아버지가 원할 때 자녀들을 이 년 동안 젖을 먹여야 되나니…"(꾸란 2장 233절)
118_ 앞의 책, pp. 612-613.

금지의 세 번째 유형은 인척관계에서 나온 것이다. 여기서는 아내의 어머니, 즉 장모는 아내의 어머니의 어머니, 즉 외할머니를 포함한다는 것과, 아내의 딸은 아내의 외손녀를 포함한다는 것, 며느리는 손자며느리까지도 포함한다는 내용이 담겨 있다. 의붓어머니와의 혼인도 꾸란에서 명백히 금지되어 있다; "너희들 아버지와 혼인했던 여자와 혼인하지 마라"(꾸란 4장 22절). 마지막 금지는 두 자매를 함께 부인으로 맞아들이는 것과 관련되어 있다. 하디스는 이러한 개념을 확대하여 한 여자와 그녀의 고모 또는 이모를 함께 부인으로 맞이하는 것도 금지하고 있다.

무슬림과 非무슬림 간의 혼인: 꾸란에서 혼인이 금지되는 또 다른 근거는 '쉬르크'(shirk), 즉 유일신 알라와 다른 신을 동격화시키는 것이다. "그들이 믿을 때까지는 다신론자와 혼인하지 마라. 믿음을 가진 여종이 우상 숭배하는 너희 마음에 드는 여자보다는 분명 나으니라. 우상숭배자들이 믿게 될 때까지 그들에게 (믿는 여자를) 혼인시키지 마라 믿는 노예가 비록 너희를 기쁘게 하지 않을지라도 우상숭배자보다 나으니라"(꾸란 2장 221절). 그러나 꾸란은 유대교나 기독교와 같은 계시종교를 믿는 여성과의 혼인은 허락하고 있다; "오늘날 모든 좋은 것이 너희들에게 허용되었다. 계시서의 추종자들이 먹는 음식이 너희에게 허용되며 너희들의 음식도 그들에게 허용된다. 믿는 여자들과 너희 이전에 계시서를 받은 사람들로부터 나온 여자들의 정절은 너희에게 합당하다. 너희들은 그들에게 혼납금을 주고 혼인하라. 그들을 간음하거나 비밀의 정부로 삼지 말라"(꾸란 5장 5절). 따라서 이슬람은 우상을 숭배하는 남자나 여자와의 혼인은 금지하고 있는 반면, 계시종교를 믿는 여성과의 혼인은 허용하고 있다. 계시종교를 배화교나 불교, 힌두

교까지 확대 해석하는 교파도 있으나 일반적으로 계시종교란 유대교와 기독교를 의미한다. 무슬림 남성과 계시종교를 믿는 非무슬림 여성과의 혼인은 꾸란에 분명하게 언급되어 있는 반면, 무슬림 여성과 계시종교를 믿는 非무슬림 남성과의 혼인은 그 합법성 여부가 전혀 언급되어 있지 않다. 오늘날 일반적으로 무슬림들은 부족원이 아닌 남성과의 혼인을 기피하던 아라비아반도의 전통에 따라 무슬림 여성이 非무슬림 남성과 혼인할 수 없는 것으로 해석하고 있다.

교환혼인 쉬가르(shighār): 이슬람 이전 아랍인들 사이에는 '쉬가르', 즉 교환혼인이 혼인의 한 형태로 인정되었다. 이것은 한 남자가 다른 남자의 딸이나 여동생 또는 피후견인과 혼인하기 위해 혼납금을 지불하는 대신 자신의 딸이나 여동생 또는 피후견인을 그 교환조건으로 주는 것이다. 이러한 유형의 혼인은 예언자에 의해 명백히 금지되었다.

5) 아내로서의 여성의 권리

아내의 지위: 여성은 혼인 상태에 들어가더라도 사회의 일원으로서 자신이 소유한 어떤 권리도 상실하지 않는다. 혼인한 여성은 계속 자유롭게 자신이 원하는 일을 수행할 수 있으며 독립적으로 계약을 체결하거나 자기 재산을 처분할 수 있다. 그러나 혼인과 동시에 여성은 새로운 임무를 수행해야 하며 그 결과 새로운 권리도 가지게 된다. 꾸란은 다음과 같은 원칙을 정하고 있다; "여성들은 공정하게 의무에 상당하는 권리를 갖고 있다"(꾸란 2장 228절). 이것은 가정에서의 여성의 의무와 권리를 의미한다. 하디스에서는 여성이 가정의 '지배자'로 묘

사되어 있다; "그대들 각자는 지배자이며 자기에게 속한 사람에 대해 책임을 져야 한다. 왕이 지배자인 것과 같이 남편은 가솔들의 지배자이며 아내는 남편과 자녀들로 구성된 가정의 지배자이다. 따라서 너희들 각자는 지배자이며 자신의 임무에 대해 책임을 져야 한다." 가정사에 관한 한 아내는 지배자의 지위를 가진다는 의미이다.[119]

아내의 권리와 의무: 꾸란은 남편이 아내를 부양하도록 명령하고 있다; "그의 재력에 따라 지불하게 하되 재력이 한정된 자는 하나님께서 그에게 베푼 것 중에서 지불하도록 하라. 하나님께서는 베푸신 것 이상의 무거운 짐을 어느 누구에게도 부과하지 아니하시니 하나님께서는 고난을 편안함으로 거두어 주시니라"(꾸란 65장 7절). 또한 남편은 아내에게 거처할 장소를 마련해 줄 의무가 있다; "너희 재력에 따라 너희가 살고 있는 곳에 그녀도 살게 하라"(꾸란 65장 6절). 아내는 남편의 반려자가 되어 남편의 재산을 낭비하지 않고 보존하며 가족의 평화를 유지해야 하는 책임이 있다. 한 하디스에 따르면 아내는 남편이 원하지 않는 사람을 집안으로 초대해서는 안 되며, 남편의 허락 없는 지출은 자제해야 한다. 아내는 가능하다면 남편의 고된 일을 도와야 하며 남편 역시 아내의 가사를 도와야 한다. 예언자는 염소 젖 짜기, 옷 수선, 신발 수선, 설거지 등과 같은 사소한 집안일에서 부인들을 도운 것으로 전해진다.[120]

아내에 대한 예우: 꾸란은 아내에게 친절하도록 강조하고 있다. "그녀들에게 좋은 동반자가 되라", "그녀에게 친절해라"라는 구절은

119_ 위의 책, p.644.
120_ 앞의 책, p.648.

꾸란에 자주 등장하는 충고이다.[121] 심지어 꾸란은 자기 아내가 미워지더라도 친절하게 대하도록 명령하고 있다.[122] 아내에게 친절하게 대하라는 명령은 예언자의 하디스에도 여러 번 등장한다; "여러분 중에서 가장 훌륭한 자는 아내에게 친절하게 대하는 사람이다." "여성에게 잘 대해주라는 나의 충고를 받아들여라." 예언자는 고별순례 때 행한 연설에서 다시 한 번 아내들을 잘 예우하도록 특별히 강조하였다; "오! 나의 가까운 사람들아! 그대들이 아내들에게 특별한 권리를 갖고 있듯이 아내들도 똑같은 권리를 가지고 있노라…. 아내들은 너희들의 수중에 맡긴 하나님의 신탁이다. 너희는 아내들에게 아주 친절하게 대해주어야 하느니라."[123] 사실 예언자가 이렇게 아내들에 대한 예우를 강조하고 생존시 아내들에게 친절하게 대하였던 이유는 첫 부인 카디자의 역할과 위상에 기인한다. 예언자는 카디자와 혼인함으로써 경제적인 안정과 더불어 정신적인 안정을 찾을 수 있었다. 예언자가 명상에 몰두할 수 있었던 것도 카디자의 뒷받침이 없이는 불가능하였다. 또한 계시를 받고 두려움에 떨고 있던 예언자에게 종교적인 확신을 가져다준 것도 카디자였다. 그 결과 예언자는 당시로서는 아주 파격적인 페미니스트가 될 수 있었다.

121_ 꾸란 2장 229절, 231절, 4장 19절.
122_ "믿는 신앙인들이여 강제로 여성들을 유산으로 남기는 것은 허락되지 아니하며 그녀들이 재혼하려 할 때 방해하지 말 것이며 너희가 그녀들에게 준 것의 일부를 빼앗기 위해 그녀들을 학대해서도 아니 되니라. 그녀들이 분명한 비행을 저질렀을 경우는 예외라. 그녀들과 의롭게 살 것이며 만일 너희가 그녀들을 싫어한다면 이는 하나님이 주신 풍성한 선행의 일부를 증오하는 것이라." (꾸란 4장 19절)
123_ Maulana Muhammad 'Alī, 앞의 책, p.649.

3. 이슬람 여성의 이혼의 권리

이슬람에서는 혼인에 의한 결합을 매우 신성한 것으로 간주함에
도 불구하고 예외적인 상황에서 혼인을 취소할 수 있는 길을 열어 두
었다. 다른 종교에서와는 달리 이슬람에서는 혼인기간 동안 발생할 수
있는 현실적인 문제를 고려하여 남녀 모두에게 이혼할 수 있는 권리를
인정하고 있다.

1) 예외적인 상황에서 허용되는 이혼

오늘날 이슬람사회에서 가장 문제가 되는 것은 사실 일부다처제
도가 아닌 이혼의 문제이다. 여성의 교육과 사회진출이 확산됨에 따라
이슬람사회에서도 다른 사회와 마찬가지로 이혼율이 급증하고 있다.
특히 이혼은 무슬림 남성들에 의해 남용되는 성향을 보이고 있다. 이
혼이 남성 고유의 권한이라는 인식은 이슬람의 본질과는 거리가 있다.
이슬람은 이혼을 인정하지만 오직 특수한 상황 아래서만 허용한다. 배
우자 사이를 중재하려는 최대한의 노력이 기울여진 이후에야 비로소
이혼은 허용된다. 이혼을 자제하라는 메시지를 담고 있는 꾸란의 구절
가운데는 다음과 같은 것이 있다; "그들을 친절하게 대하라. 만일 네가
그들을 싫어한다면 너 자신의 선행을 위해 하나님이 주신 것들을 싫어
하는 것이다"(꾸란 4장 19절). 꾸란은 아내의 혼납금을 도로 빼앗기 위
해 아내를 비방하는 것도 금하고 있다; "만일 네가 아내를 다른 아내로
다시 얻으려 할 때 황금 달란트라 할지라도 네가 그녀에게 준 혼납금
을 취하지 말라. 그것은 마땅치 않으며 매우 부정한 것일 것이다. 네가
그녀와 동거하였고 굳은 계약을 했는데 네가 어떻게 그것을 도로 취할

수 있겠는가"(꾸란 4장 20절).

이렇듯 이슬람은 이혼에 관해 부정적인 시각을 가지고 있으면서
도 어쩔 수 없는 상황에서의 이혼은 허용하고 있다. 꾸란에는 이혼의
문제를 다루는 '이혼의 장'이 존재한다. 이혼을 의미하는 아랍어 단어
딸라끄(ṭalāq)는 '매듭 풀기', 또는 '매듭을 짓지 않음'의 의미를 가지
고 있다. 하디스에서도 이혼은 허용되나 예외적인 상황에서만 가능하
다는 점을 분명히 하고 있다. 예언자의 한 하디스는 "허용된 모든 것
가운데 하나님이 가장 혐오스럽게 생각하는 것은 이혼이다"라고 언급
하고 있다.[124] 예언자의 양아들 자이드가 아내 자이납과 오랫동안 불
화를 지속하였음에도 불구하고 꾸란은 그들이 이혼해서는 안 된다는
입장을 견지한 바 있다; "하나님께서 은총을 베푸셨고 그대(예언자 무
함마드)가 은혜를 베풀었던 그(양아들 자이드)에게 '너의 아내를 네 곁
에 간직하라. 그리고 하나님을 두려워하라'고 그대가 말한 것을 상기
하라"(꾸란 33장 37절). 이 밖에도 꾸란에는 이혼을 말리는 여러 구절이
있다. 이혼을 가능한 한 피할 수 있는 구제방법도 제시되어 있다; "그
리고 만일 둘 사이에(남편과 아내) 헤어질 우려가 있다면 남자 가족 중
에서 한 사람 그리고 여자 가족 중에서 한 사람을 중재자로 임명하라.
만일 둘 다 화해를 원한다면 하나님은 그들 사이를 화합하게 하시나
니"(꾸란 4장 35절). 따라서 이혼은 혼인 생활을 지속할 수 없는 상황에
서의 마지막 선택이다.

2) 이혼의 사유와 원칙

이슬람적 시각에서 이혼의 사유에는 여러 가지가 있다. 배우자 간

124_ Haifaa A. Jawad, 앞의 책, p.74.

의 생각이나 견해, 행동양식, 기질이 서로 맞지 않는다면 이혼할 수 있다. 상호 맞지 않음으로써 불가피하게 야기되는 충돌과 긴장은 분명 두 배우자 사이에 좋지 않은 감정을 불러일으키기 때문이다. 부부 간의 충돌은 단지 양 당사자의 문제로 그치는 것이 아니라 자녀들은 물론 집안사람들에게까지 부정적인 영향을 미친다. 상호 맞지 않는 배우자의 결합을 강제하는 것은 이슬람에서 금기시하는 간음을 불러일으킬 수 있다는 점에서 그 마지막 방법으로서 이혼이 허용되는 것이다.

이슬람에서 이혼의 사유는 포괄적이다. 예컨대 쌍방 중에 한 명이 정상적인 성생활을 할 수 없거나 성관계에 부적합한 질병을 지닌 경우가 있다. 남편이 오랫동안 감옥에서 보내거나 종신옥살이를 하는 경우, 행방불명이 된 경우, 평생 동안 불구로 지내면서 아내를 부양할 수 없는 경우에 아내는 이혼을 청구할 수 있다. 같은 사유로 남편의 권리가 침해받으면 남편도 이혼을 청구할 수 있다. 이혼은 쌍방 가운데 한 명의 품행이나 성격에서 비롯되기도 한다. 예컨대 둘 가운데 한 명의 품행이 바르지 못하거나, 둘 가운데 한 명이 상대를 지속적으로 괴롭힐 때, 혹은 혼인계약을 지키며 살아갈 수 없을 정도로 서로 성격차이가 날 경우가 그것이다.

어떤 무슬림 남성이라도 원하기만 하면 일방적으로 이혼할 수 있다는 것은 이슬람의 본질에서 벗어난다. 이혼의 원칙은 남편과 아내로서 더 이상 살 수 없다는 결정이다. 꾸란에서 이러한 불화는 '쉬까끄'(shiqāq, 깨어져 둘이 됨)라 불린다. 그러나 '쉬까끄'의 경우에도 부부의 화합을 위한 중재가 강구되지 않으면 쌍방 어느 쪽에게도 이혼의 권한이 주어지지 않는다. 양 당사자의 가족 가운데 임명된 두 명의 중재자의 중재 시도가 있은 이후에야 비로소 이혼이 허용된다. 그러나 꾸란은 부부관계가 깨어진다 하더라도 세상의 끝이 아님을 분명히 하고 있다; "그리고 만일 그들이 서로 헤어진다면 하나님은 그의 풍요로움으로 그들 둘에게 부족함이 없게 하시나니 하나님은 풍요로우시고 지혜로우시다"(꾸란 4장 130절).

앞서 언급된 꾸란의 구절에서 나타나듯 이혼시 남편과 아내는 대등한 수준에 놓이게 된다. 이혼은 남편이나 아내 어느 한쪽이 혼인계약을 취소할 때 이루어진다. 즉 남편이든 아내이든 혼인계약을 취소할 권리를 가진다는 의미이다. 이혼이 성립되기 전에 남편과 아내는 동등한 입장에서 중재자를 임명한다. 두 명의 중재자는 부부 간의 화해를 위한 중재의 노력을 해야 하며 그 결과가 실패할 경우 비로소 이혼이 성립된다.

3) 여성의 이혼권

현재 많은 이슬람 국가의 가족법에서는 여성의 이혼권이 남성에 비해 상당히 제한되어 있다. 남성들은 자신이 원하는 어느 때든지 아내와 이혼할 수 있는 반면, 여성들은 이혼을 하고 싶어도 할 수 있는 방법이 없어 남편을 피해 해외로 야반도주하는 사건이 발생하기도 한다. 앞서 살펴본 대로 꾸란은 남성과 여성 모두에게 동등한 이혼의 사유와 권한을 부여하고 있다. 예언자의 하디스 역시도 여성에게 이혼의 권리를 보장하고 있다. 예언자가 우마이라('Umairah)라는 여인과 혼인하였다. 예언자가 다가가자 우마이라는 그를 피하며 이혼을 요구했다. 이에 예언자는 우마이라에게 이혼을 허락했고 약간의 선물을 주어 보냈다. 또 다른 경우는 사비트 븐 까이스(Thābit bn Qais)의 아내가 예언자에게 와서 남편과의 혼인을 지속할 수 없다고 불평하였다. 그러자 예언자는 "그대는 혼납금을 남편에게 돌려주겠느냐?"라고 질문하였다. 그 여인이 이를 승낙하자 예언자는 사비트를 불러 혼납금을 돌려 받고 아내에게 이혼을 허락하라고 명령하였다. 이 두 사례는 남편이 아내와 이혼할 수 있는 것처럼 아내에게도 남편과 이혼할 수 있는 권리가 있다는 것을 보여주고 있다.[125]

아내가 남편에게 요구하는 이혼을 이슬람법적 용어로는 '쿨으'(kul')라고 부른다. 이혼을 원하는 아내는 혼인시 남편에게서 받은 혼납금을 되돌려줌으로써 이혼할 수 있다; "너희가 그들(아내)에게 준 어떠한 선물도 되받아오는 것은 너희에게 허용되지 아니하나 하나님께서 명한 한계를 지킬 수 없다고 걱정될 때는 예외니라. 만약 그들(부부)이 하나님이 명한 한계를 지킬 수 없을 거라고 너희(중재자)가 염려되면 그 여자가 자유를 도로 찾으려고 무언가 되돌려 준다면 그들 중 어느 누구에게도 허물이 없다"(꾸란 2장 229절). 만약 남편이 먼저 아내와 이혼하기를 원하면 아내는 혼납금을 그대로 소유하게 된다. 그러나 아내가 먼저 이혼을 원할 경우는 남편에게 혼인시 받은 혼납금을 되돌려 주어야 한다.

남편이 행방불명이 된 경우는 '쉬까끄'에 해당되지는 않지만 남편이 혼인계약의 의무를 수행할 수 없는 사유가 되기 때문에 아내에게 이혼의 권한이 주어진다. 이런 경우 아내가 얼마 동안 기다려야 하는지에 관해 꾸란이나 하디스는 명확하게 언급하고 있지 않다. 그러나 이슬람법학파 가운데 하나피법은 남편이 출생한 지 100년이 지나야 아내가 재혼할 수 있다고 규정하고 있다. 샤피이법은 남편이 행방불명된 후 7년을, 말리키법은 4년을 기다려야 한다고 규정하고 있다.[126] 하나피법의 경우는 남편이 행방불명된 이후에 아내가 재혼할 수 있는 가

125_ Maulana Muhammad 'Alī, 앞의 책, pp.675-677.
126_ 위의 책, p.677.

능성을 완전히 차단하는 것으로 꾸란이나 하디스의 정신에 위배된다고 할 수 있다.

꾸란은 남편에 의해 선언되는 이혼을 언급하고 있으나 남편이 이혼의 권리를 행사하는 데에는 여러 가지 규제가 가해진다. 앞서 언급하였듯이 이혼이 최종적으로 선언되기 위해서는 남편과 아내가 각각 중재자를 선정하여 중재를 시도해야 한다. 중재자들은 당사자들과 가까운 사람들로 신뢰와 존경을 받는 사람들 가운데 선임되어야 한다. 중재자들은 공정하고 신중하게 그리고 비공개적으로 부부 사이의 갈등을 해결하도록 노력해야만 한다. 특히 중재자들은 개인적이고 사적인 문제가 남들에게 폭로되지 않도록 노력해야 한다. 두 중재자가 내린 결론에 의해 이혼여부가 결정되기 때문에 중재자의 결정에는 구속력이 있다. 즉 중재자는 남편에 의해 선언된 이혼에 제동을 걸 수 있는 장치가 되기도 한다. 그러나 만일 한 사람 혹은 두 사람 모두가 중재자의 중재를 거부할 경우 이혼은 법정의 판결로 이루어진다.

4) 이혼의 종류와 절차

중재자의 중재가 실패한 경우라도 이슬람에서는 아내의 생리기간 중에는 이혼을 금지하고 있다. 이슬람에서 여성의 생리는 성생활에 해로운 것으로 간주되어 생리기간 동안 부부 간의 성관계가 금지된다.[127] 아내의 생리 중에는 부부관계가 일시적으로 중단되기 때문에 이 기간

127_ "사람들이 그대에게 여성의 생리에 관해 묻거든 이는 깨끗한 것이 아니라 일러 가로되 생리 중에 있는 여성과 멀리하고 생리가 끝날 때까지 가까이 하지 말라. 그러나 생리가 끝났을 때는 가까이 하라. 이는 하나님의 명령이니라. 하나님은 항상 회개하는 자와 함께 청결을 기뻐하시니라."(꾸란 2장 222절)

동안 내린 이혼 결정은 자칫 잘못된 판단이 될 수도 있다는 우려에서 이다. 예언자는 아내의 생리기간 중에 선언된 이혼을 불법으로 간주하였다.

중재자들의 중재가 있은 이후에도 부부 간의 화해가 이루어지지 않을 경우 남편과 아내는 '잇다'('iddah)라고 불리는 이혼숙려기간을 보내야 한다; "오, 예언자여! 너희가 여인과 이혼할 때 그들에게 잇다를 두고 이혼하라"(꾸란 65장 1절). 꾸란에 '잇다'는 약 세 달로 규정되어 있다; "그리고 이혼한 여자는 세 번의 월경 기간 동안 기다려야 한다"(꾸란 2장 228절절). 폐경기에 있는 여성은 물론 월경을 하지 않는 여성의 경우에도 이혼숙려기간은 3개월로 규정되어 있다.[128] 임신한 여성의 경우 이혼숙려기간은 분만 때까지이다. 이렇듯 이슬람에서 이혼숙려기간을 두는 목적 가운데 하나는 쌍방에게 화해할 기회를 주기 위해서이다. 이혼숙려기간 동안 남편과 아내는 같은 집에서 머물게 된다. 아내의 품행이 나쁘지 않는 한 남편은 아내를 집에서 쫓아낼 수 없다. 남편이 아내를 집에서 쫓아내거나 아내 스스로 집을 나오는 것을 꾸란은 금지하고 있다.[129]

꾸란은 이혼숙려기간 동안 재결합을 권고하고 있다; "그리고 그들이 재결합을 원하면 그 기간 동안에 남편들은 그들을(부인)을 도로 찾을 권리가 있다"(꾸란 2장 228절). 심지어 이혼숙려기간이 지난 이후라도 쌍방이 재결합하도록 꾸란은 권고하고 있다; "그리고 너희가 여자와 이혼하여 잇다 기간이 끝났을 때에도 합법적으로 둘 사이에 합의가

128_ "생리기간이 끝나버린 여성이라도 너희가 의심할 경우는 그녀들을 위해 잇다 기간은 세 달이며 생리에 이르지 아니한 여성도 마찬가지라."(꾸란 65장 4절)
129_ "예언자여 너희가 여성과 이혼하고자 할 겨우 잇다 기간을 두고 이혼하되 그 정해진 기간을 헤아릴 것이며 너희 주님을 두려워할 것이라. 그녀들을 가정으로부터 내보내지 말며 그녀들 스스로 나가서는 아니 되나니."(꾸란 65장 1절)

이루어지면 남편들과 재결합하는 것을 막지 마라"(꾸란 2장 232절). 그러나 당사자 간의 재결합이 허용되는 '취소할 수 있는 이혼'은 두 번으로 한정되어 있다; "화해를 통해 두 번의 이혼은 허락되나 그 후의 두 당사자는 동등한 조건으로 재결합하든지 아니면 이혼을 해야 된다"(꾸란 2장 229절). 부부가 세 번째 이혼하게 되면 이들 사이의 재결합은 불가능해진다. 이슬람 이전 시대에는 남편이 아내와 무제한적으로 이혼할 수 있는 특권을 누렸다. 언제든지 원할 때 이혼선언을 하고 또 기분이 바뀔 때 이혼을 취소할 수 있었다. 남성들은 심지어 뭔가 맹세를 하기 위해, 예컨대 "만약 당신이 오늘 우리 집에 오지 않을 경우 내 아내와 이혼해 버리겠다"라는 표현을 사용하기도 하였다. 이러한 상황에서 이슬람은 취소할 수 있는 이혼을 단지 두 번이라고 선언함으로써 남성에 의해 남용되던 이혼 권리에 규제를 가했다.

이슬람 법학자들은 세 가지 형태의 이혼만을 인정한다. 첫 번째 형태는 한 남자가 단번에 세 번의 이혼을 함께 선언하는 것으로 이를 '변형적인 이혼'(ṭalaq bid ʿī)이라 불렀다. 두 번째 이혼의 형태는 월경이 나오지 않는 기간에 아내와 첫 번째 이혼선언을 하고 난 후, 두 번째 달에 월경이 나오지 않는 기간에 두 번째 이혼선언을, 세 번째 달에 월경이 나오지 않는 기간에 세 번째 이혼선언을 연달아 하는 것으로 이를 '바른 이혼'(ṭalaq ḥasan)이라 불렀다. 세 번째 이혼의 형태는 이혼이 선언된 후 이혼숙려기간 잇다를 지키는 것으로 '가장 바른 이혼'(ṭalaq ʿahsan)이라 불렀다. 이슬람 법학자들이 이러한 세 가지 형태의 이혼을 인정하는 반면 꾸란은 세 번째 형태의 이혼만을 인정하고 있다.[130] 즉 이혼은 한 차례에 한 번씩만 선언되며, 이혼선언 이후에는 반

130_ 꾸란 65장 1절.

드시 이혼숙려기간을 두고, 그 기간 동안에 당사자들이 이혼을 취소할 권리를 갖는다는 것이다. 따라서 '변형적인 이혼'이나 '바른 이혼'은 꾸란이나 예언자의 관행에서 벗어난 것이라 할 수 있다. 꾸란은 같은 부인과 세 번 이혼하면 재결합할 수 없도록 규정하고 있다; "만약 그가 (세 번째) 그 여자와 이혼하면 그 여자가 다른 자와 혼인한 이후에야 그 여자는 그에게 법률이 인정하는 아내가 될 수 있다. 그리고 만약 두 번째 남편이 그녀와 이혼하고 하나님의 법도를 지킬 수 있다고 생각되면 그들(본래의 남편과 아내)이 서로에게 혼인에 의해 되돌아간다 할지라도 흠이 되지 않는다"(꾸란 2장 230절). 즉 남편이 아내와 세 번째 이혼한 후에 다시 재결합을 원할 경우, 아내는 다른 남자와 혼인한 후 그 남자와 이혼한 이후에나 전남편과 재결합할 수 있다.[131] 그러나 이러한 점을 악용하기 위한 사례가 이슬람세계에서 나타나기도 하였다. 세 번째 이혼을 한 아내와 다시 재결합을 원할 경우 전처를 꼬마신랑에게 혼인시켜 하룻밤을 보내게 한 후 이튿날 이혼시킨 다음 다시 재결합하는 경우가 그것이다.

이혼은 구두나 서명을 통해 반드시 증인들 앞에서 이루어져야 한다; "그들이 잇다 기간을 채웠을 때 친절하게 그 여자들을 다시 붙들든지 또는 친절하게 여자들과 헤어지되 너희 중에 공정한 남자들을 불러 증언하게 하고 하나님에게도 솔직하게 증언하라"(꾸란 65장 2절). 실제로 어떠한 표현이 사용되든 남편은 부부의 인연이 끝났다는 의도를 아내에게 분명하게 전달해야 한다.

131_ Maulana Muhammad ʿAlī, 앞의 책, pp.681-682.

4. 이슬람 여성의 상속권

여성과 관련하여 이슬람이 가져온 가장 큰 변화는 여성의 재산권과 상속권을 인정하였다는 점이다. 서구의 여성들은 근대에 이르도록 재산권을 행사하지 못하였다. 즉 서구의 여성들은 물건을 사고팔거나 계약을 맺거나 혹은 부동산을 소유할 권리가 없었다. 이슬람이 7세기에 여성들에게 재산권과 상속권을 인정하였다는 것은 당시 주변의 상황에 비추어볼 때 과히 혁명적이라 할 수 있다. 이슬람 여성에 대해 비판적인 목소리를 내는 서구의 페미니스트들조차도 이슬람에서 보장한 여성의 재산권과 상속권은 높이 평가하고 있다.

1) 이슬람 이전 시대, 여성은 상속 목록 가운데 하나?

상속에 관한 꾸란의 구절이 계시되기 전에 상속은 남성들만의 특권이었다. 일부 예외적인 경우가 있었다 하더라도 이슬람 이전 시대 대부분의 여성들은 상속의 권리가 없었을 뿐만 아니라 자신의 운명에 대한 어떠한 결정권도 없었다. 여성의 운명을 결정하던 사람은 가족의 남자 구성원이거나 친척, 혹은 남편과 그 집안사람들이었다. 이슬람 이전 시대에는 사망한 사람의 상속인이 망자의 미망인에게 가서 자신의 외투로 감싸며 독점적 권리를 주장하던 관행이 있었다. 이는 생전에 망자가 미망인에게 지불하였던 혼납금을 근거로 한 것이었다. 상속자는 망자로부터 미망인의 혼납금을 상속받은 것으로 간주되어 미망인에 대한 모든 권한을 행사할 수 있었다. 미망인을 아내로 맞이하지 않을 경우 상속자는 미망인과 혼인하는 남자로부터 혼납금을 받아 챙기기도 하였다. 그러나 남편이 사망한 직후 상속자가 도착하기 전에

미망인이 자신의 씨족에게 도망할 경우 상속자는 미망인에 대한 권리를 상실하게 된다.[132]

한 남자가 아내와 이혼하고자 할 경우 헤어지는 아내가 자신의 허락 없이 재혼할 수 없다는 동의를 받고 난 이후에야 아내와 이혼하던 관행도 있었다. 남편은 이를 확실하게 하기 위해 증인들 앞에서 서면으로 계약하기도 하였다. 이혼한 여성은 전남편의 허락 없이는 자신의 운명에 대해 어떠한 결정도 내릴 수 없었다. 재혼을 위해 부득이 전남편의 허락을 얻기 위해서는 상당한 액수의 돈을 지불해야만 했다.[133]

기혼 여성들만이 지속적인 위협과 갈취의 희생양은 아니었다. 어린 소녀들, 특히 아버지가 없는 소녀들의 경우는 더욱 나쁜 상황에 처해 있었다. 이슬람 이전 시대 아라비아 사회에서 전쟁을 할 수 없는 미성년자나 생계를 꾸려 나갈 수 없는 고아에게 유산의 몫을 허락하는 것은 상상하기조차 어려운 일이었다. 따라서 여자아이들은 물론 남자아이들에게도 상속권은 없었다. 특히 어린 여자고아들은 성적 학대의 대상이 되기도 하였다. 결국 후견인들은 여자고아들의 상속의 몫을 통제하였을 뿐만 아니라 혼납금을 지불하지 않고 그들과 혼인할 수도 있었다. 여자고아가 못생겼거나 마음에 들지 않을 경우 후견인들은 그들과 혼인을 하지도 그렇다고 다른 사람에게 혼인시키지도 않은 채 여자고아들의 몫을 갈취하였다.

그러나 이슬람 이전 시대 여성의 지위에 대해서는 제1장에서 언급하였듯이 논란의 여지가 많다. 여기서는 이슬람 학자들의 주장을 더 많이 수용한 서술이라 할 수 있다. 그럼에도 불구하고 분명한 사실은 이슬람 이전 시대의 여성들이 상속을 받거나 혹은 재산을 소유하는 경

132_ Haifaa A. Jawad, 앞의 책, pp.61-62.
133_ 위의 책, p.62.

우가 매우 드물었다는 점이다. 예언자의 부인 카디자와 같은 여성이 전남편으로부터 유산을 상속받은 예가 있기는 하지만 일부 여성들을 제외하고는 일반 여성들의 재산권은 매우 미미한 수준이었다.

2) 이슬람 이후 보장된 여성의 상속권

이슬람이 계시를 통해 여성의 재산권을 인정하고 여성에게도 상속의 몫을 규정하였다는 것은 당시 관행에서 매우 급진적인 이탈을 의미하였다. 꾸란의 '여성의 장'은 남성과 여성에게 돌아가야 할 유산의 몫을 상세하게 기술하고 있다. '여성의 장'에 따르면 여성들은 더 이상 노예처럼 상속되는 것이 금지되었을 뿐만 아니라 개인으로서 합법적인 상속의 몫을 가지게 되었다; "남성들은 그들의 부모와 일가친척이 남긴 것 중에서 몫을 가질 것이며 여성들은 그녀들의 부모와 일가친척인 남긴 것 중에서 몫을 가질 것이다. 그것이 적든지 많든지 그것은 법적으로 그들의 것이다"(꾸란 4장 7절). 이 구절은 남편이 사망한 후 딸과 함께 아무 것도 상속받지 못한 한 여성이 예언자에게 와서 불평하고 난 이후에 계시된 것이다. 죽은 남편의 형제들은 "여성들은 말위에 오르지도 않고, 목숨을 내놓는 위험에 처하지도 않고, 전쟁에 나가 싸우지도 않기 때문에 상속을 받을 수 없다"라며 자신들의 행위를 정당화하였다. 이것이 바로 당시 사회에 적용되었던 상속권의 범위를 밝혀주는 것이다.

상속과 관련된 꾸란의 새로운 계시는 남성들에게 유리하였던 가부장적 사회구조에 대한 도전이었다. 여성들에게 상속의 몫을 인정하는 새로운 도전에 대해 남성들은 반발하였다. 그들은 시간이 지남에 따라 상속과 관련된 계시가 바뀔 것을 고대하면서 이슬람 이전의 관행을 그대로 적용하였다. 그러나 이슬람 이전 시대의 관행으로 고통 받아 온 여성들은 새로운 계시를 환영하면서 이를 어기는 남성들에 대해 예언자에게 문제를 제기하였다. 쿠바이샤 빈트 마안(Kubayshah bint Maʿan)이라 불리는 여성은 남편의 아들이 자신의 상속의 몫을 인정하지 않자 예언자에게 와서 새로운 관행이 실행되지 않는다고 불평하였다. 쿠바이샤는 "하나님의 사도여, 저는 남편의 유산 가운데 제 몫을 취하지 못하였으며 홀로 남겨져 자유를 누리거나 재혼도 하지 못하였습니다"라고 예언자에게 호소하였다.[134] 새로운 관행을 지키지 않는 상황이 발생하자 예언자는 다음과 같은 계시를 받았다; "오 믿는 자들이여 만약 여성들이 죄를 범하지 않았다면 여성들의 의지에 반하여 당신의 죽은 친척의 여성들을 상속받거나 당신들이 여성들에게 주었던 것의 일부를 포기하도록 강요하기 위하여 그녀들의 재혼을 금하는 것은 불법이다"(꾸란 4장 19절). 이 꾸란 계시는 쿠바이샤의 호소에 대한 응답일 뿐만 아니라 아라비아반도에 만연되어 있던 이슬람 이전의 관행을 근절하기 위한 것이었다.

3) 고아들의 재산권과 상속권

이슬람은 이슬람 이전 시대에 관행화되었던 고아의 상속 갈취를 근절시키고자 하였다. 이슬람은 아버지 없는 아이들이 상속의 몫을 가질 수 있도록 함으로써 고아들의 권리를 확보해 주었다. 다음의 꾸란 구절들은 고아의 재산과 상속의 몫을 갈취하는 것을 비인간적인 행위라고 규정하면서, 이러한 관행이 지속될 경우 심각한 결과가 초래될

134_ 위의 책, p.62.

것이라고 경고하고 있다; "고아들에게 그들의 재산을 줄 것이며 좋은 것을 나쁜 것으로 대체하지 말며 그들의 재산을 너희 재산으로 갈취하지 말라. 이것은 크나큰 죄악이라"(꾸란 4장 2절). "고아들이 혼인연령에 이를 때까지 고아들을 보살피되 그들이 올바른 판단을 할 수 있다고 생각되면 그들의 재산을 돌려주되 그것을 탐내거나 그들이 성장하는 것을 시기하지 말라"(꾸란 4장 6절). "고아들의 재산을 부당하게 빼앗는 자는 그들의 복부에 불길을 삼키는 것과 같나니 이리하여 타오르는 화염 속에 밥이 되리라"(꾸란 4장 10절). "고아들의 재산에 손대지 마라. 하지만 그들이 성인이 될 때까지 그들의 몫을 증진시키도록 노력하라"(꾸란 6장 152절).

위 구절들은 과거 여성과 아이들을 사회 구성원으로 인정하지 않던 관행에 대한 도전이었다. 전쟁을 수행할 수 없는 약자의 권리를 인정하지 않던 아라비아반도의 관행은 여성과 아이들의 권리를 인정하는 이슬람에 의해 변화되기 시작하였다. 이슬람의 계시는 약자인 여성과 고아들, 특히 약자 가운데도 약자인 여자고아들을 보호하도록 명령하고 있다.[135] 이런 점에서 이슬람은 분명 약자들을 위한 종교였다. 예언자 스스로도 유복자로 태어나 조부모와 삼촌 밑에서 불우한 어린 시절을 보냈다. 이슬람사회에서 고아란 어머니가 있다고 하더라도 아버지가 없는 경우를 지칭하였다. 따라서 고아로 자라난 예언자가 약자를 이용하고 갈취하던 당시의 사회관행에 도전하였던 것은 자연스런 결과였다.

135_ "그들이 여성의 일에 관하여 그대(예언자)에게 질문하리니 가로되 하나님께서 그녀들에 대해 말씀이 있으리라 … 여자고아와 연약한 어린이들에 관한 말씀이 있나니 고아들에게 공정하라."(꾸란 4장 127절)

4) 여성의 상속의 몫

여성이나 고아의 상속권을 확고히 하기 위한 꾸란의 계시는 반복적으로 나타난다. 그뿐만 아니라 꾸란은 모든 발생 가능한 상황에서 개인의 유산의 몫을 세부적으로 명시하고 있다. 꾸란에 명시된 상속과 관련된 내용은 너무도 상세하여 근대 법의 상속관련 조항보다 더 구체적으로 보인다. 꾸란이 계시될 당시가 7세기였다는 점에 비추어 각각의 상속분을 규정하기 위해 다양한 분수[136]가 사용되었다는 점은 놀랄만하다. 현재 이슬람세계의 각국에서는 변화된 새로운 환경에 맞는 가족법 개정을 시도해 오고 있다. 그러나 혼인과 이혼, 상속, 친권, 양육권 등을 포함하고 있는 가족법의 다양한 분야 가운데서 오늘날까지 가장 변화하지 않는 부분은 상속과 관련된 내용이다. 상속과 관련된 꾸란의 계시가 너무도 상세하고 명백하여 다른 방법으로의 해석, 즉 이즈티하드(ijtihād)[137]의 여지가 거의 없기 때문이다. 그러나 오늘날 사회가 변화함에 따라 여성도 사회활동이나 경제활동에 참여하는 한편, 남성의 고유 책임이었던 가족의 부양도 부부가 공동으로 책임지는 등 사회, 경제적인 여건이 변화하고 있어 상속 관련법의 개정도 불가피하다. 이러한 상황에서 상속과 관련된 너무도 상세한 꾸란의 계시는 상속 관련 가족법 개정에 오히려 걸림돌로 작용할 가능성이 크다.

여성의 상속의 몫을 언급하는 꾸란 구절에는 다음과 같은 것이 있다; "너희 아내들이 남긴 것 가운데 너희에게 절반이며 이때는 아내에게 아이가 없을 때라. 아내에게 자손이 있을 때는 아내가 남긴 것 가운데서 사분의 일이며 유증과 부채를 지불한 이후라. 너희가 남긴 것 가

136_ 1/2, 1/4, 1/8 등.
137_ 개인적인 판단이나 견해 및 해석.

운데 부인에게는 사분의 일이며 너희에게 자손이 없을 때라. 너희에게 자손이 있다면 부인에게는 팔분의 일이며 유증과 부채를 지불한 이후라. 한 남자 혹은 한 여자에게 상속받을 자손과 부모가 없어 먼 친척이 상속자이거나 또는 여자가 상속자일 때 한 형제와 한 자매에게는 각자에게 육분의 일 그 이상일 때는 유증과 부채를 지불한 후 삼분의 일이라. 이것은 하나님이 제정하신 율법이거늘 하나님은 아시는 분이시며 자비로운 분이시라"(꾸란 4장 12절). 이 구절에서 나타나듯 남성과 여성 각각의 상속의 몫이 구체적으로 언급되어 있을 뿐만 아니라 상속의 몫은 신의 율법이라는 사실이 분명하게 언급되어 있다. 따라서 이슬람에서 여성의 상속은 거스를 수 없는 신의 명령이 되었다.

이슬람이 여성에게 상속의 권리를 주었으나 여성의 몫은 남성의 몫과 동등한 것은 아니었다. 예외적인 경우도 있으나 대체적으로 여성의 몫은 남성 몫의 절반에 해당된다. 이렇듯 여성에게 남성 몫의 절반을 허용하는 것은 후에 이슬람이 상속에서 남녀불평등의 소지를 안고 있다는 비난을 불러일으켰다. 그러나 무슬림 학자들은 일반적으로 여성이 남성 몫의 절반을 상속받는 것이 보다 공정하고 합당한 것이라고 주장한다. 사실 이슬람식의 상속은 특정한 사회적, 경제적 환경에서 나온 것이다. 당시 시대적 요인들을 감안하면서 상속의 분배에 관한 다음의 꾸란 구절을 읽어볼 필요가 있다; "하나님께서 상속에 관한 말씀을 하셨나니 아들에게는 두 명의 딸에 해당하는 양을, 두 명 이상의 딸만 있을 경우에는 상속의 삼분의 이를, 단지 한 명의 딸만 있다면 절반이라. 부모에게는 각기 육분의 일씩을 그리고 그것은 한 명의 자손만 두었을 경우라. 자손이 없을 경우 상속자는 부모로 어머니에게 삼분의 일을, 만일 고인의 형제들이 있다면 남긴 유산 가운데서 유증의 몫과 부채를 지불한 후 어머니에게는 육분의 일이라. 부모들과 자식들 중 어느 쪽이 너희에게 더 유용한지 너희는 모르니라. 그것은 하나님으로부터 할당된 몫이거늘 하나님은 모든 것을 아시고 현명하시니라" (꾸란 4장 11절). 이 구절은 앞서 언급하였듯이 남편이 죽자 다섯 딸과 함께 남겨진 한 여성이 남편의 재산 가운데 아무 것도 상속받지 못하자 예언자에게 와서 이를 불평한 이후에 내려진 일련의 계시 가운데 하나이다. 이 여성은 예언자가 계시 받은 위의 구절에 따라 다섯 명의 딸들과 더불어 상속의 몫을 받을 수 있었다.

무슬림 학자들이 이슬람의 상속의 몫을 불공정하지 않다고 보는 근거는 다음과 같다. 첫째, 꾸란은 여성이 딸로서 뿐만 아니라 어머니와 아내로서 상속의 몫을 받을 수 있도록 보장하고 있다는 점이다. 둘째, 여성이 남성 상속인의 몫의 절반을 받는다는 것은 사회적, 경제적 구조 안에서 고찰해야 한다는 점이다. 이슬람에서 남편에게는 아내를 부양할 의무가 있다. 아내는 충분한 재산이 있다고 하더라도 남편으로부터 부양받을 권리가 있다. 더군다나 여성은 혼인시 남편으로부터 순전한 자신의 재산이 되는 혼납금을 받는다. 여성은 혼납금을 자신이 원하는 대로 사용하거나 투자할 수 있다. 따라서 아내로서의 여성은 자신이나 자녀들을 부양할 법적인 책임이 없으며 상속이나 혼납금 등을 자신의 재산으로 축적할 수 있다. 이것은 딸의 경우도 마찬가지이다. 따라서 가족 부양의 책임이 있고 혼인시 혼납금을 지불해야 하는 남성이 여성의 두 배를 상속받는 것은 아주 공정하다는 해석이다.

무슬림 지식인들의 상징이었던 '이크완 알 사파'(Ikhwān al-Ṣafā')는 이슬람식 상속이 공정하다는 것을 다음과 같이 설명하고 있다; "지식인들은 남성이 여성 몫의 두 배를 상속하는 것이 부당하다고 비난한다. 여성은 나약하여 돈을 벌 수 없기 때문에 오히려 남성의 두 배를 받아야 한다고 그들은 주장한다. 그러나 이러한 지식인들은 신성한 계시가 실제로 그들이 암시하고 요구하는 것에 정확하게 부응하고 있다는 사실을 이해하지 못한다. 예컨대, 당신이 아버지로부터 1,000디르함을 상속받고 당신의 누이가 500디르함을 상속받았다고 치자. 당신의 누이는 혼인할 때 또 다른 500디르함을 혼납금으로 받기 때문에 결국 그녀의 몫은 1,000디르함이 된다. 그러나 당신은 혼인시 500디르함을 혼납금으로 지불해야 하기 때문에 결국은 누이의 절반에 해당되는 몫만을 가지게 된다."[138]

위의 논쟁에서 분명한 것은 상속과 관련하여 여성의 권한은 보장된다는 점이다. 남성 몫의 절반만을 상속받지만 여성은 가족에 의해 혹은 남편에 의해 부양을 받기 때문에 경제적인 부담이 없다. 여성들은 혼납금을 받을 권리와 함께 남편으로부터 생계비를 요구할 권리가 있다. 그러나 혼인하지 못한 여성들이나 일자리가 없어 일을 할 수 없는 여성의 경우는 어떠한가? 이런 예외적 경우에 대해 이슬람은 다음과 같은 해결책을 제시한다. 첫째, 남성친족들, 특히 남자 형제들이 가문의 여성들을 돌보고 그들의 경제적 욕구를 충족시킬 의무가 있다고 꾸란은 명령하고 있다. 둘째, 꾸란은 누구에게라도 유증할 권리가 있다고 명백히 밝히고 있다. 즉 유증을 통해 혼인하지 못한 딸에게 상속할 수 있는 방법이 있다. 예언자는 가능한 빨리 유증을 준비하라고 권하기도 하였다. 다른 한편, 꾸란은 먼 친척들이나 매우 궁핍한 사람이나 고아들이 상속 분배시 참석했다면 그들에게도 일부를 주라고 명령하고 있다; "친척이나 고아나 어려운 자가 그 유산을 분배하는 곳에 참석하였을 때는 그들에게도 그 유산의 일부를 분배하여 주고 친절을 베풀라"(꾸란 4장 8절). 그렇다면 부모들은 자신의 딸이 어떤 이유로든 혼

138_ Haifaa A. Jawad, 앞의 책, pp.66-67.

인할 수 없어 생계를 유지할 수 없다고 판단되면 딸의 미래를 위해 유증할 수 있다.

위와 같이 이론적으로 무슬림 여성의 상속권은 꾸란과 하디스, 이슬람법에 의해 보장되었으나 현실적으로 여성들은 자신들의 권리를 찾지 못하기도 한다. 여성의 상속권과 관련된 신성한 계시는 이슬람사회에서 끊임없이 위반되고 무시되었다. 꾸란의 계시보다는 사회적, 정치적, 경제적 그리고 문화적 요소가 상속의 몫을 결정하는 데 결정적인 역할을 하고 있다. 남성가족구성원의 이익을 위해 여성들에게 상속을 포기하도록 가정적, 사회적 압력이 가해지기도 한다. 만약 여성들이 이를 거절하면 이기적이고, 탐욕스럽고, 경솔하고, 무책임하다는 책망을 듣는다. 대부분의 이슬람세계에서 여성의 상속권과 관련된 이슬람법이 제대로 집행되지 않는 것이 사실이다. 대신에 사회적, 문화적 압력이 상속문제를 지배하는 것이 현실이다. 그러나 분명한 것은 오늘날 이슬람세계에서 살고 있는 대부분의 남성과 여성들이 꾸란에서 명시하고 있는 상속의 몫을 공정하다고 인식하고 있는 점이다. 꾸란에 명시된 일부다처제에 대한 논란은 이슬람세계에서 끊임없이 제기되고 있다. 그 결과 튀니지나 터키와 같은 국가에서는 일부다처를 현행법으로 금지하는 결정을 내렸다. 그러나 상속과 관련해서는 대부분의 무슬림들이 꾸란의 신성한 계시를 그대로 받아들이려는 경향이 있다. 일부다처와 관련된 꾸란의 계시가 애매모호한 성격을 띠고 있는 반면, 상속과 관련된 꾸란의 계시는 너무도 상세하고 구체적이기 때문에 이론의 여지가 없다는 것이다.

5. 이슬람 여성의 교육 및 사회활동

이슬람이 여성에게 부여한 가장 중요한 권리 중 하나는 교육을 받을 수 있는 권리이다. 현실적으로 무슬림 여성들이 사회에서 격리되어 교육에서 소외받는 현상이 나타나기도 하지만,[139] 이슬람은 여성을 비롯한 모든 사람들에게 교육받을 것을 강조하고 있다. 시대나 지역에 따라 무슬림 여성들이 교육을 받지 못한 채 사회에서 격리되어 살아온 것은 이슬람적 관행에서 벗어난 것이다. 오늘날 많은 이슬람 국가에서 여성들은 교육에 대해 매우 적극적이다. 북부아프리카를 비롯한 대부분의 걸프지역의 대학에서는 여대생의 숫자가 남자대학생의 숫자를 상회하는 것이 바로 그 증거이다. 현대 무슬림 여성들이 교육으로부터 소외될 종교적 근거는 없다고 할 수 있다.

1) 이슬람과 교육

이슬람은 신자들에게 종교를 비롯한 다양한 분야에서 지식을 습득하도록 권장하고 있다. 신성한 계시와 예언자를 보낸 것은 바로 인간에게 지식을 전달하기 위한 것이라고 꾸란은 강조하고 있다. 예언자는 "나는 가르치는 자로 세워졌다"고 말하기도 하였다. 꾸란은 교육받은 사람을 칭송하는 한편, 독창적인 사고와 탐구를 장려하고 있다. 그리고 상상력이 없는 모방을 비난하는 구절로 가득하다. 꾸란은 또한 자연의 법칙을 배우는 것이 중요하다고 강조하고 있다. 꾸란에 따르면 배우는 것은 끝없는 과정이며 온 우주는 신의 대리인인 인간에게 도움

139_ 가장 대표적인 예가 아프가니스탄의 탈레반 정권하에서 여성들은 철저하게 격리되어 교육으로부터 소외당한 바 있다.

이 되도록 만들어져 있다는 것이다. 인간은 세습적인 관습이나 좁은 개념의 신앙이 아닌 진리를 배워야 한다는 것이다. 인간들에게 자연을 배우고 관찰하도록 명령한 꾸란의 구절은 예배, 단식, 순례와 관련된 모든 것을 합한 구절들을 상회한다고 학자들은 밝히고 있다.[140]

꾸란의 첫 계시는 신이 예언자에게 '읽으라'고 명령하고 있다; "만물을 창조하신 주님의 이름으로 읽으라.[141] 그분은 한 방울의 정액으로 인간을 창조하셨노라. 읽으라. 주님은 가장 은혜로운 분으로 연필로 쓰는 것을 가르쳐 주셨으며 인간이 알지 못하는 것도 가르쳐 주셨노라"(꾸란 96장 1-5절). 신은 인간에게 지식을 널리 전파하고 문화적 유산을 대대로 보존할 수 있도록 펜으로 쓸 수 있는 능력을 부여하였다. 지식과 배움의 중요성을 알리는 또 다른 꾸란 구절이 있다; "하나님은 믿음을 가진 자와 지식을 가진 자에게 더 높은 곳을 주시나니 실로 하나님은 너희가 행하는 모든 것을 지켜보고 계시니라"(꾸란 58장 11절). "아는 자와 모르는 자가 같은 수 있느뇨"(꾸란 39장 9절). "주여 저에게 지식을 더해주소서"(꾸란 20장 114절).

하디스에서도 지식은 높이 평가된다. 예언자 무함마드는 추종자들에게 지식의 중요성을 늘 강조하면서 지식을 구하도록 격려하였다. 그리고 지식이 있는 사람들은 예언적 지혜의 상속자로 간주되었다. 이와 관련하여 다음의 하디스들이 주로 인용된다; "예언자들은 지식을 상속으로 남긴다. 지식이 있는 사람들은 이러한 위대한 행운을 상속하느니." "지식이 중국[142]에 있다 하더라도 가서 구하라." 예언자는 또한 "지식을 찾으러 나서는 자는 돌아올 때까지 하나님의 길 안에 있다"고 말했다.

140_ 위의 책, pp. 16-17.
141_ 이 구절의 아랍어 문장에서는 '읽어라'라는 명령형 동사가 가장 먼저 나온다.
142_ 당시 중국은 아주 먼 곳을 의미하였다.

"새벽에 일어나 얼마간의 지식을 습득하는 것은 천 번의 라카[143] 예배보다 나으니라." "지식을 가진 자와 함께 하는 모임은 천 번의 라카 예배보다 나으니라." "학문의 가르침에 귀 기울이며 한 시간을 배우는 것은 천 명의 순교자의 장례식에 참석하는 것보다 더 훌륭하니라." "신실한 정신으로 창조자의 업적에 대해 한 시간을 묵상하는 것은 70년의 예배보다 나으니라." 예언자는 "오, 하나님의 사도여, 지식을 구하는 것은 꾸란을 읽는 것보다 낫습니까?"라는 질문을 받고, "지식을 통하지 않고 꾸란이 무슨 유익을 가져다주겠느냐?"라고 대답한 것으로 알려져 있다. "부러움의 대상이 되는 것은 오직 두 유형의 사람뿐이니 하나님으로부터 재산을 받아 그 재산을 진리의 목적으로 사용하는 용기를 가진 자, 그리고 하나님으로부터 지혜를 받아 인류의 이익을 위해 사용하고 그것을 동료들과 함께 나누는 자이니라."[144] 이러한 모든 하디스들은 예언자가 지식을 얼마나 중요하게 생각하였는가를 보여주는 것이다. 실제로 예언자는 어린 부인 아이샤와 막내딸 파띠마를 직접 가르친 것으로 전해진다.

이슬람 초기부터 무슬림들은 지식을 구할 것을 요구받았다. 예배의 장소인 모스크는 학습과 토론의 장이 되었다. 예배 이외의 시간에는 어떤 사람이라도 모스크에서 자유롭게 학생들을 모아 가르칠 수 있었고 누구라도 모스크에서 이루어지는 강의에 참석할 수 있었다. 그 결과 교육은 무료로 이루어졌으며 부자나 가난한 자 모두에게 교육의 기회가 동등하게 부여되었다. 예언자는 "지식을 얻기 위해 너희 앞에 앉아 있는 가난한 학생들과 부유한 학생들 모두를 동등하게 대하라."라고 말했다. 지식을 추구하는 것은 나이의 제한을 받지 않았다. 예언

143_ 이슬람의 예배 방법으로 한 번 무릎을 구부려 땅에 몸을 숙인 후 일어나는 자세를 일컬음.
144_ 위의 책, p.17.

자는 "요람에서 무덤까지 지식을 구하라"라고 언급하였다. 그리고 이슬람에서는 상당한 정도의 학문적 자유가 보장되었다. 교사와 학생들은 다양한 주제에 관해 자유롭게 토론할 수 있었다. 실제로 교육자들의 명성은 토론이나 논쟁을 어떻게 성공적으로 이끄는가에 달려 있었다. 세계 최초의 대학이 이슬람의 모스크[145]에서 출발하였다는 것은 교육에 대한 이슬람의 관심을 단적으로 시사해 준다.[146]

2) 교육의 초기 발전

초기 무슬림들의 교육은 동료들에게 이슬람의 원리를 가르쳤던 예언자 무함마드와 더불어 시작되었다. 예언자가 메카에서 메디나로 이주한 후 가장 중점을 두었던 것은 무지의 퇴치였다. 예언자의 모스크는 무슬림들의 교육을 위한 장소로 이용되었다. 바드르 전투 승리 직후 예언자는 문자해득이 가능한 메카의 포로들에게 석방의 조건으로 열 명의 무슬림들에게 읽고 쓰는 법을 가르치도록 명령하였다. 또한 예언자는 아라비아반도 각처에 교사와 선교사를 파견하여 새로 개종한 무슬림들에게 이슬람의 원리를 가르치도록 하였다. 예언자는 꾸란을 연구하고 가르칠 수 있는 학자들의 모임을 만들기도 하였다. 이슬람이 타 지역으로 확산된 후 이슬람이 전파된 지역에서는 모스크가 설립되어 예배의 장소로뿐만 아니라 신자들의 교육을 위한 장소로도 활용되었다. 예언자의 추종자들 역시 예언자의 선례를 따랐다. 추종자들은 자신들이 살고 있는 지역에 학교나 모스크를 설립하는 것을 의무

145_ 튀니지의 자이투나 대학, 모로코의 까라윈 대학, 이집트 아즈하르 대학이 세계 최초의 대학으로 알려져 있다.
146_ 위의 책, pp.17-18.

이자 명예로 받아들였다. 모스크에서 이루어지던 단순한 교육은 시간이 지남에 따라 포괄적이고 응집력 있는 교육 시스템으로 발전하였다. 이슬람의 교육제도는 신성한 것과 세속적인 것 모두를 포함하였다. 이슬람의 특성은 바로 聖과 俗 간에 구별을 두지 않는다는 점이다. 모든 형태의 지식은 신에 의해 창조된 것일 뿐만 아니라 인간이 알고 있는 지식은 그 자체가 신성한 선물로 간주되었기 때문이다. 따라서 이슬람의 교육제도는 인간의 영적인 영역과 인성적인 영역을 포괄하는 것으로 그 목표는 온전한 인격의 훈련뿐만 아니라 지적인 훈련까지 포함한 것이었다.

이슬람의 교육제도를 살펴보면 우선 초등학교에 해당되는 '쿳탑'(kuttāb)이 있었다. 이곳에서 아이들은 꾸란 읽기와 쓰기, 언어, 속담, 시, 그리고 산수 등의 여러 과목을 공부하였다. 쿳탑은 좀더 높은 단계인 마드라사(madrasah)에 입학할 수 있을 정도의 수준을 교육시키던 학교였다. 마드라사에서는 종교와 관련된 학문뿐만 아니라 세속적 학문도 교육되었다. 종교적 학문은 꾸란과 하디스, 언어학, 신학을 포함하였으며 이것은 대부분의 마드라사에서 교육되는 주요 영역이었다. 세속적 학문은 논리, 수학, 자연과학뿐만 아니라 철학까지도 포함하였다. 마드라사는 이슬람사회에서 좋은 평판을 얻었으며 시간이 지남에 따라 튀니지의 카이라완(al-Qairawān) 대학이나 이집트의 아즈하르(al-'Azhar) 대학처럼 완성된 형태의 교육 기관으로 발전하여 이슬람세계 각지에서 많은 학생들을 불러 모으기도 하였다. 그 후 바그다드의 니자미야(al-Niẓāmīyah)와 무스탄시리야(al-Mustanṣirīyah), 다마스쿠스의 누리야(al-Nūrīyah)와 같은 대학들이 생겨났다. 그 밖에도 천문대와 병원이 설립되어 그 일부는 실험이나 과학교육을 위해 독립적으로 운영되거나 혹은 다른 대학에 소속되기도 하였다. 압바스조 칼리프 마문

시대에 명성을 떨쳤던 샴시야(al-Shamsīyah) 천문대는 가장 주목할 만
한 예이다. 그 후 다른 많은 도시에서도 천문대가 설립되었다. 이러한
고등 교육기관들은 지속적으로 많은 지적 엘리트와 사회 · 정치 사상
가들을 배출하였다. 당시의 엘리트들은 지식을 전수하는 교사로뿐만
아니라 도덕적 역할 모델로 활동하였다. 결국 완성적인 형태의 교육시
스템을 통해 이슬람은 성공적으로 고대 그리스와 동양의 학문을 유지,
발전, 보존할 수 있었으며 후에 동서 문명의 중계자로 서구 르네상스
의 근간을 제공하였다.[147]

3) 여성의 교육

이슬람은 종교 · 사회 영역 모두에서 여성의 교육을 장려하고 있
다. 여성의 교육은 사회발전을 위해 반드시 필요한 것으로 간주되었
다. 남성이 여성보다 우선적으로 혹은 더 많이 교육받아야 한다는 개
념은 없었다. 앞서 언급된 것처럼 남성과 여성 모두는 '요람에서 무덤
까지' 동등하게 교육받도록 장려되었다. 사실 배움과 관련된 꾸란의
모든 구절들은 공히 남녀 모두를 대상으로 하고 있다. 꾸란과 예언자
의 하디스 어느 것도 여성들이 지식을 구하거나 교육 받는 것을 금지
하지 않았다. 예언자는 지식을 구하는 것이 모든 무슬림 남성과 여성
의 의무라고 선언하였다. 여성의 교육에 대한 예언자의 관심은 그 스
스로가 남성과 나란히 여성들을 가르쳤던 사실에서 분명히 드러난다.
그는 아내뿐만 아니라 노예여종에게도 배움을 주라고 추종자들에게
명령하였다. 다음의 하디스는 그러한 내용을 포함하고 있다; "노예여

147_ 위의 책, pp. 19-20.

바레인 국립대학교 여자대학 캠퍼스의 여대생들(ⓒ조희선)

종을 가르쳐서 해방시킨 후 그와 혼인한 남자는 두 배의 보상을 받나니." 예언자의 부인들, 특히 아이샤는 여성뿐만 아니라 남성들도 교육시켰던 것으로 알려져 있다. 예언자의 많은 교우들과 추종자들은 예언자의 어린 부인 아이샤에게서 하디스와 이슬람법학을 배웠다. 여성의 교육에는 어떠한 제약도 없었다. 여성들은 모든 학문분야를 배울 수 있었다. 그럼에도 불구하고 이슬람은 원칙적으로 아내와 어머니로서의 여성의 역할을 강조하고 있어 여성들이 이러한 영역에서의 지식을 구하도록 장려하였다.[148]

모든 면에서 인격을 계발하도록 장려하는 꾸란과 하디스의 가르침에 따라 교육받은 여성은 가정에서 자신의 능력을 발휘 할 뿐만 아니라 사회, 경제, 정치 등의 다양한 분야에서 능동적인 역할을 해야 한다. 꾸란의 계시는 남성과 여성 모두에게 예배를 드리고, 종교세를 지불하며, 선을 행하고, 모든 형태의 악을 금하도록 명령하고 있다. 이것은 남녀 모두가 동등하게 이러한 임무를 수행해야 한다는 것을 의미한다. 여성의 교육과 관련된 꾸란과 하디스의 명령에 따라 초기 무슬림 여성들은 당시 모든 학문 영역에서 활동할 수 있었다. 여성은 남성과 더불어 강의에 참석할 수 있었고, 남성과 나란히 모든 문화적인 활동에 참여하였다. 초기 이슬람 역사는 남성과 경쟁하여 탁월한 능력을 보였던 많은 여성들에 대해 기록하고 있다.

4) 이슬람 초기 여성들의 사회활동

종교학 분야는 이슬람 초기 여성들이 가장 선호하던 분야로 상당수의 무슬림 여성들이 하디스와 이슬람법학에서 빼어난 역할을 수행하였다. 그 가운데 가장 뛰어났던 여성은 바로 예언자의 부인 아이샤였다. 앞장에서 언급한 대로 아이샤는 당대의 유명한 학자로 인정받았다. 이에 초기 무슬림 통치자들은 공동체에 문제가 발생할 때마다 아이샤의 식견과 충고에 의존하였다. 아이샤는 예언자에게서 직접 전수받은 수천 개의 하디스에 정통하였으며, 오늘날까지 이슬람법학 분야에서 상당한 권위자로 인정받고 있다. 종교학 분야에서 뛰어났던 또다른 여성은 4대 칼리프 알리의 후손으로 법학자와 신학자로 명성을 떨쳤던 나피사(Nafīsah)가 있다. 슈흐다(Shuhdah) 또한 하디스 분야에서 잘 알려진 이름이었다.

무슬림 여성은 문학가로 명성을 떨치기도 하였다. 그 선두에는 당대의 유명한 여류시인 칸사가 있었다. 그녀가 지은 시는 현재까지 전해지고 있다. 예언자는 칸사의 시를 능가할 것이 없다고 칭찬하기도 하였다. 그 밖에도 오빠의 죽음에 대한 유명한 애도시를 남겼던 여류시인 까틸라(Qatīlah)도 예언자의 칭찬을 받은 것으로 알려져 있다.

여성들은 이슬람 군대가 치렀던 많은 전투에서 부상병을 돌보는 역할을 수행하였다. 여성들이 군대를 따라다니며 물을 길어오고, 부상자들을 치료하거나 후송하고, 전의를 잃은 남성들에게 용기를 북돋는 것은 이슬람 이전부터 내려오던 관행이었다. 무슬림 군대가 카이바르 원정을 준비하고 있었을 때 가파리야(al-Ghafarīyah)[149]라는 여성은 한 무리의 여성들과 함께 군대와의 동행을 허락해 줄 것을 예언자에게 요청하였다. 예언자는 그녀의 요청을 승낙하였고 여성들은 자신들의 의무를 성공적으로 수행하였다. 우흐드 전투에 참가하였던 누사이바(Nusaibah)는 전투에서 예언자 곁에서 싸운 것으로 알려져 있다. "내가 어디를 바라보든 그녀는 내 앞에서 싸우고 있었다"라는 예언자의 전언은 유명하다. 야르묵(Yarmūk) 전투는 무슬림 여성들이 참여했던 전쟁으로 알려져 있다. 이 전투에서 여성들은 남성들과 똑같이 칼을 사용하였다고 전해진다. 그 밖에도 아우드('Aud) 부족 출신의 자이납(Zainab)과 같이 무슬림 여성들 가운데는 의사로서 명성을 얻었던 여성들도 있었다. 자이납은 뛰어난 내과의사이며 안과의사였다.

그 밖에도 무슬림 여성들은 이슬람공동체의 다양한 영역에서 주도적인 역할을 수행한 것으로 알려져 있다. 여성들이 칼리프의 선출과 같은 정치적 문제에 개입하여 자신들의 의견을 개진하기도 하였다. 여성들은 자유롭게 의사표현을 할 수 있었으며 공동체의 사회생활에 적극적으로 참여하였다. 공공영역은 남성과 여성 모두가 활발하게 참여할 수 있는 무대와 같았다. 이슬람 초기의 여성들은 예언자와는 물론 그의 교우들과도 논쟁을 벌이거나 토론을 할 수 있었다. 심지어 자신들의 권리가 침해받았을 경우 그것을 시정하기 위해 논쟁을 벌이기도 하였다. 2대 칼리프 우마르 시절, 한 여성이 여성의 혼납금 문제와 관

149_ 우마이야 빈트 까이스('Umaiyah Bint Qais).

런하여 칼리프의 견해에 동의할 수 없다며 공개적으로 시정을 요구하기도 하였다. 이슬람은 여성들이 침묵하지 말고 자신들의 생각을 자유롭게 표현하도록 권장하고 있다. 따라서 오늘날 몇몇 이슬람근본주의자들이 '여성의 목소리는 감추어야 하는 수치스러운 것'이라고 주장하는 것은 이슬람의 근본과는 거리가 있다.[150]

5) 이슬람과 여성의 사회활동

앞서 살펴보았듯이 초기 이슬람 시대의 여성들은 사회 각 분야에서 활발하게 활동하였다. 이슬람은 가사를 소홀히 하거나 자신의 품위를 떨어뜨리지 않는 한 여성들의 사회활동을 금지하지 않았다. 예언자의 첫 부인이었던 카디자는 대상을 거느리던 대부호였다. 초기 이슬람 시대 동안 여성들은 종종 집 밖에서 일하는 남성을 도왔으며 자유스럽게 이동할 수 있었다. 1대 칼리프 아부 바크르의 딸 아스마는 들에서 일하는 남편을 돕곤 하였다. 예언자도 자신의 부인과 딸들을 포함하여 여성들이 가정의 영역 밖에서 일하는 것을 장려하였다. 예언자는 '가장 축복받는 돈벌이는 자신의 노동으로 버는 것이라'라고 언급한 것으로 전해진다. 초기 무슬림 여성들은 이슬람공동체의 권위 있는 공직에 종사하기도 하였다. 2대 칼리프 우마르에 의해 여러 번 메디나 시장의 감독관으로 임명되었던 샤파 빈트 압둘라(al-Shafā' Bint 'Abd al-Lāh)가 좋은 예이다. 당시의 여성들은 심지어 판사로 일할 수도 있었다. 그러나 오늘날 튀니지와 말레이시아를 제외한 대부분의 이슬람 국가에서 판사의 직위는 남성 고유의 영역으로 간주된다. 여성이 남성에 비

150_ 위의 책, pp. 22-23 참조.

해 감성적이라는 꾸란 구절에 근거하여 냉철한 이성을 필요로 하는 판사직에 여성이 일할 수 없다는 전통적인 해석이 적용되었다. 그러나 꾸란이나 하디스 어디에도 여성에게 이 분야의 일을 금지하라는 내용은 없다. 예언자의 부인 아이샤는 사실 당대의 판사와 같은 역할을 수행하였다. 또한 하나피 법학파를 창시한 아부 하니파('Abū Ḥanīfah)는 형사 소송을 제외하고 여성도 판사가 될 수 있다고 주장하였다. 꾸란 주석가인 따바리는 아무런 조건 없이 여성들이 판사로 임명될 수 있다는 견해를 밝히기도 하였다.[151]

이슬람 초기 동안 꾸란의 계시에 따라 여성에게 부여되었던 높은 지위는 오래 지속되지 않았다. 이슬람세계가 팽창함에 따라 남성 중심의 다양한 문화가 이슬람사회에 흘러들어왔다. 특히 이슬람의 황금기 압바스조 시대에는 아라비아반도의 문화보다는 타 지역의 문화가 압도하였다. 그 결과 다양한 타 문화의 관행이 이슬람 문화 속에 침투되어 이슬람의 일부로 오해되었다. 그리고 무슬림 여성의 지위는 점차 하락의 길을 걷게 되었다. 이슬람 초기에 활발하였던 사회참여와 활동은 사라지고 여성들은 하렘에 갇혀 공적영역에서 점차 사라졌다. 압바스 시대 이후 이슬람세계에 몽골과 터키가 침입함으로써 이슬람문명의 쇠퇴는 가속화되었다. 결과적으로 무슬림 여성의 지위도 점차 약화되었다. 여성들은 무시되었으며 성적 대상물로 인식되었다. 여성의 얼굴에는 무거운 히잡, 즉 가리개가 드리워졌고 외출도 제한되었다. 공적 생활에 참여하는 것이 금지되는가 하면, 모스크의 금요집단예배에서도 배제되었다. 그러나 그 가운데서도 여성들이 입은 최대의 손실은 교육의 권리를 박탈당한 것이었다. 종교적 의례에 대한 기본 지식과

151_ 위의 책, pp.23-24.

꾸란의 일부를 암기하는 것이 여성교육을 위해 충분하다는 인식이 확산되었다. 그 결과 여자아이들은 낮은 수준의 종교교육에 만족해야 하였으며 보다 깊은 학문을 배울 수 없었다. 심지어는 글쓰기를 가르치는 것이 여성에게 해가 된다는 소리도 들렸다. 결국 이슬람사회 속에서 여성의 역할은 주로 현모양처가 되는 것에 국한되었다. 근대 사회로 접어들면서 현대식 교육은 남성에게만 집중되었다. 그러나 오늘날 이슬람사회에서도 여성들이 아무런 제약 없이 교육을 받음으로써 사회 진출을 위한 발판을 마련하고 있다. 사우디와 같은 일부 이슬람 국가에서 여성에게 석유공학이나 지질학, 법학 등의 일부 분야가 제한되기도 하나 대부분의 이슬람 국가에서는 여성들에게 모든 학문 분야가 개방되어 있다.

6. 이슬람 여성의 정치적 권리

이슬람적 관점에서 인간의 모든 행동은 의무로 간주된다. 인간의 의무는 개인적인 의무와 집단적인 의무로 구분된다. 일반적으로 모든 의무는 그것이 개인적인 것이든 혹은 집단적인 것이든 개인의 능력과 관계가 있다. 특정한 의무를 완수할 수 있는 능력을 가진 사람들에게만 의무라는 것이다; "하나님은 인간에게 감당할 수 있는 것 이상을 책임 지우지 아니하시니"(꾸란 2장 286절). 이슬람에서 정치적인 행동 역시 '충성의 맹세'(bay 'ah),[152] 상호협의 '슈라'(shūrah)[153]와 같은 개인적인 의무와 성전 지하드, 공적 임무, 권선징악 등과 같은 집단적인 의

[152] 무슬림들이 최고 지도자 칼리프에게 충성을 맹세하는 것.
[153] 이슬람공동체에서 의회와 같은 기구에서 자신의 의사를 표현하는 것.

무로 분류된다. 남성과 여성은 각각 능력에 따라 자신이 속한 사회의 정치적인 일에 참여할 의무와 권리를 가진다. 오늘날 세계의 여타 지역과 마찬가지로 이슬람세계에서도 여성의 정치참여는 미미한 수준에 그치고 있다. 그러나 이슬람 초기 공동체에서 여성들은 그 이후시대의 여성들보다 사회적, 정치적 영역에서 더욱 활발하게 활동하였다. 특히 예언자 생전시 여성들의 활동은 더욱 돋보였다. 이슬람제국이 확립되고 중앙집권이 강화되기 시작한 이슬람 중기부터 여성들의 사회, 정치적 참여는 눈에 띄지 않을 정도로 축소되었다. 그렇다면 이슬람 초기에 활발하였던 무슬림 여성의 정치참여가 이슬람 중기로 넘어가면서 어떻게 위축되었는가를 살펴보기로 한다. 이는 최근 이란을 비롯한 여러 이슬람 국가에서 여성들의 정치참여가 증가하고 있는 것이 이슬람의 원리에 의해 탄력을 받을 수 있는가를 밝혀줄 것이다.

1) 이슬람 초기 여성들의 정치참여

초기 무슬림 여성들은 이슬람을 포용하는 순간부터 정치참여를 시작한 것과 다름없었다. 많은 무슬림 여성들은 새로운 종교로 개종하는 대가로 가족과 사회로부터 많은 억압과 핍박을 견뎌내야 했다. 그들은 새로운 신앙을 지키기 위해 남편이나 가족으로부터 버림받고 이슬람공동체로 피신해야 하였다. 이러한 모든 행동은 당시의 개념으로 일종의 정치활동으로 간주될 수 있다. 그들은 낡은 정치 시스템에 도전하였으며 정당하지 않은 학대와 고문에 저항하였다. 이슬람공동체가 설립됨에 따라 여성들은 새로운 사회의 정치적 영역에서 새로운 국면을 맞이하였다. 여성들은 공동체의 영향력 있는 일원으로 인정받으며 공적 영역에 당당하게 참여하였다. 남성들과 마찬가지로 여성들은 예언자 무함마드의 지도력하에 설립된 정치체제에 대해 지지와 충성을 보냈다. 이것은 소위 '충성의 맹세'를 통해 이루어졌다.

이슬람에서 '충성의 맹세'는 공동체의 합법성을 인정하는 중요한 정치적 장치였다. '충성의 맹세'란 지도자가 이슬람의 원칙을 준수하는 한 그에게 충성을 다하겠다고 맹세하는 것이다. 따라서 이는 지도자, 국가, 공동체, 그리고 이슬람법 샤리아에 대한 맹약인 것이다. '충성의 맹세'는 다시 모든 무슬림 남성과 여성에게 의무가 되는 '일반적 충성의 맹세'(bay'ah 'aynīyah)와 특정한 부류의 남성과 여성에게만 의무가 되는 '특별한 충성의 맹세'(bay'ah kayfīyah)로 분류된다. 예언자가 살아 있을 동안 남성과 여성 모두는 충성의 맹세를 하여야 했다. 일부 무슬림 여성들은 일반적인 충성의 맹세 외에도 특별한 충성의 맹세를 하기도 하였다. 그러한 여성들 가운데는 지하드에 참여할 것을 맹세하고 실제로 남성들과 더불어 여러 전투에 참여하였던 누사이바를 들 수 있다. 특별한 충성의 맹세는 뛰어난 재능을 가진 남성과 여성에게 부과되었다. 이는 여성들도 남성들과 마찬가지로 자신의 능력을 발휘할 의무가 있다는 것을 의미한다.

'충성의 맹세' 외에 여성들은 이슬람 정치제도의 기본으로 오늘날의 의회와 같은 기능을 가지고 있던 상호협의 '슈라'에도 참여하였다. 꾸란은 어떤 일을 수행하는 데 상호협의하도록 충고하고 있다; "일을 다룰 때는 그들에게 의견을 물어보라. 만일 결정을 했을 때는 하나님께 구원하라"(꾸란 3장 159절). 또한 상호협의하는 사람들을 칭찬하는 꾸란의 구절[154]도 있다. 통치자는 피통치자와 협의해야 하며, 피통치자로 이루어진 이슬람공동체는 통치자의 협의에 응할 의무가 있다고

---

[154]_ "이들은 주님의 부름에 의하여 예배를 드리고 일을 처리함에 상호협의하며 하나님이 그들에게 베푼 일용할 양식으로 자선을 베푸는 자들이라."(꾸란 42장 38절)

꾸란은 강조하고 있다.

슈라, 즉 상호협의는 이슬람 국가가 이슬람법 샤리아의 목적을 달성할 수 있는 도구로 간주되었다. 따라서 국가는 슈라를 지키고 보호하며, 어떠한 환경에서든 포기하지 말아야 할 의무가 있다. 슈라를 실천하는 것은 다양한 수준에서 이루어질 수 있다. 개인에 의한 슈라 실천 약속은 사안이나 개인의 능력에 따라 달라진다. 예컨대 이슬람법과 관련된 문제는 종교학자, 즉 울라마와의 협의가 필요하고, 기술적인 문제는 해당 전문가들과의 협의가 필수적이다. 국가 전체의 일반적인 문제에 관해서는 공동체의 모든 구성원들과 협의하는 것이 가장 이상적이다. 이러한 맥락에서 여성들은 사안에 따라 그리고 개인의 능력에 따라 다양한 수준의 협의에 참여할 수 있다.

예언자 생전이나 이슬람 초기 시대에는 여성들도 다양한 수준의 협의에 참여하였다. 당시 정책입안자들은 중요한 결정을 내리기 전에 여성들의 충고를 구하곤 하였다. 예언자는 여성문제를 제기하는 여성 대표단을 맞이하기도 하였다. 그 가운데 아스마 빈트 야지드 알 안사리('Asmā' bint Yazīd al-'Anṣārī)는 종종 여성들을 대표해서 예언자를 찾았다. 예언자는 그녀를 격려하였으며, 그녀가 지닌 강한 성격을 칭찬하기도 하였다. 예언자의 부인들, 특히 움무 살라마와 아이샤는 많은 경우 예언자에게 자신들의 생각과 견해를 피력하는 데 주저하지 않은 것으로 알려져 있다. 특히 움마 살라마는 예언자가 위기에 처해 있을 때 올바른 충고를 아끼지 않았다. 움무 살라마는 지혜와 신중함, 올바른 판단으로 이슬람공동체가 분열되어 예언자의 위상이 약화될 위기의 순간 예언자가 곤경에서 빠져 나올 수 있도록 도운 것으로 유명하다. 위트를 겸비한 지성적인 여성으로 잘 알려진 아이샤는 논쟁하고 토론하는 방법을 예언자에게서 직접 훈련받았다. 예언자는 무슬림들에게 특히 종교 문제에서 아이샤의 지식과 지혜를 배우도록 명령하였다. 이와 관련하여 "너희 종교의 반을 아이샤에게서 취하라"라는 예언자의 하디스가 전해진다. 예언자가 사망할 당시 아이샤는 이미 당대의 유명한 학자로 추앙받았으며, 판사의 직위를 획득하였다. 아이샤는 1, 2, 3대 칼리프 아부 바크르, 우마르, 우스만 시대 동안 종교적인 권위를 지닌 인물로 인정받았다. 이들 칼리프들은 종종 어려운 문제에 직면할 때마다 아이샤와 상의하고 그녀에게 충고를 구하곤 하였다. 아이샤는 연설에서도 뛰어났던 것으로 알려져 있다.[155] 2대 칼리프 우마르의 딸이며 예언자의 부인이기도 하였던 하프사 역시 공적 영역에서 활발하게 활동하였다. 아버지였던 우마르도 딸 하프사와 여러 문제에 관해 상의하곤 하였다. 하프사는 다른 여성들과 협의를 토대로 이들의 이익을 위해 다양한 의견을 개진하였다. 4대 칼리프 알리와 우마이야 왕조의 시조가 된 무아위야 사이에 분쟁이 일어나자 하프사는 동생 압둘라를 설득하여 두 사람 사이를 중재하도록 하였다. 이러한 정치적인 역할 외에도 앞서 언급하였듯이 이슬람 초기 시대의 여성들은 음식이나 물 나르기, 부상자 간호하기를 비롯하여 필요시에 실전에 투입됨으로써 남성들과 함께 전쟁에도 참여하였다.[156]

이렇듯 당시 여성들은 정치문제에 깊게 관여하였으며 이슬람의 원칙에서 벗어나는 판단을 하는 통치자들에게 제동을 걸기도 하였다. 그 대표적인 예로 여성의 혼납금을 제한하는 법을 통과시키려는 우마르에게 공개적으로 반대한 여성이 있었다. 우마르는 어쩔 수 없이 자

155_ "나는 칼리프 아부 바크르, 우마르, 우스만, 알리의 연설을 들었다. 그러나 아이샤의 입에서 나온 말은 어느 누구의 말에서도 발견할 수 없는 자질과 유창함을 지니고 있었다." Haifaa A. Jawad, 앞의 책, p.86.

156_ 위의 책, pp.85-86.

신의 실수를 인정하고 결정을 철회하였다. 두 번째 예는 아이샤로 그녀는 4대 칼리프 알리에게 3대 칼리프 우스만의 피값을 묻는 것이 자신의 의무라고 생각하였다. 아이샤는 예언자의 교우 딸하와 주바이르와 함께 군대를 이끌고 알리에게 대항하였다. 아이샤가 타고 있던 낙타 때문에 이 전투는 후에 '낙타전투'라고 명명되었다. 공적 영역에서의 여성들의 영향력은 예언자가 여성에게도 타인을 보호하거나 타인의 징벌을 면제할 수 있는 권한을 부여하면서 그 정점에 달했다. 도망자에게 은신처를 제공하고 그의 '보호자'가 된다고 선언하면 누구도 그 도망자를 헤칠 수 없었다. 이러한 관행은 이슬람 이전 시대부터 내려오던 것으로 '보호자'가 되는 사람은 사회적으로 명망이 있던 사람들이었다. 예언자가 여성도 '보호자'가 될 수 있다고 선언한 것은 여성의 정치적, 사회적 위상을 보장하는 것이나 다름없었다.[157]

　초기 이슬람 시대 여성이 수행하였던 수준 높은 정치활동은 첫째, 여성들을 온전한 시민으로 간주하는 것에서 비롯된 것이다. 둘째, 여성들이 사회에서 정치적 책임감을 인식하게 된 것과 맥을 같이한다. 당시 여성들은 다양한 지식을 교육받았으며 공중 모임에도 활발하게 참여하였다. 특히 여성들은 모스크에서 거행되던 종교명절 축제의식에 참여하였다. 비록 여성들이 생리 중에 예배의 의무가 면제되어 모스크 출입을 제한받기도 하였으나 이것이 여성들로 하여금 공식 연례 모임에 참석하지 못하도록 제한하는 것은 아니었다. 오히려 여성들은 금요집단예배나 명절축제에 참석하도록 권장 받았다. 금요예배는 공동체와 관련된 주요 이슈들이 논의되는 일종의 정치 모임과도 같았다. 가사로 금요예배에 참석할 수 없는 여성들에게 명절축제 모임은 최소

157_ 위의 책, pp.86-87.

한의 정치의식을 고양시킬 수 있는 장이 되었다. 예언자는 특별한 능력을 가지고 있거나 높은 의식 수준을 지니고 있는 여성들, 그리고 정규 집단예배에 참석할 수 있는 여성들을 적극적으로 지지하였다. 예언자는 아내들이 새벽이나 밤 예배에 참석하는 것을 금지하지 말라고 남성들에게 가르쳤다. 예배의 시간은 여성들에게 종교교육뿐만 아니라 정치의식도 고양시킬 수 있는 기회였다. 셋째, 능력에 따라 여성들이 광범위하게 정치활동을 할 수 있었던 것은 당시 사회적 분위기에서 비롯된다. 여성의 정치참여에 대한 당시의 우호적 분위기는 여성을 억압하는 관습이나 전통을 근절하고자 하였던 예언자의 노력에 기인한다. 꾸란의 명령과 하디스의 규정은 여성의 사회참여를 지지하였으며, 예언자 및 교우들이 보여준 모범도 여성들이 정치참여를 할 수 있는 근간이 되었다. 특히 메디나에 살고 있던 안사르 여성들은 예언자의 후원으로 다양한 사회활동에 적극적으로 참여할 수 있었다.[158]

2) 이슬람 여성의 공적 영역으로부터의 후퇴

꾸란과 하디스가 공적 영역에서의 여성의 활동을 장려하고 있음에도 불구하고 이슬람 시대가 깊어갈수록 무슬림들 사이에서는 여성들의 정치개입을 반대하는 분위기가 점차 확산되었다. 대부분의 학자들은 여성들이 가정에 머물며 공적 생활에 관여하지 않는 것이 합당하다고 꾸란과 하디스를 해석하기 시작하였다. 그리고 여성들이 공적 영역의 일을 수행할 수 있는 능력이 부족하다고 주장하였다. 학자들은 여성들이 가정에 머물며 가사에 전념하는 것이 여성 자신과 사회에 이

158_ 위의 책, pp.87-88.

득이 된다고 주장하였다. 예언자 시대 여성들이 수행하였던 사회적, 정치적, 경제적 역할은 무시되기 시작하였다. 무슬림 학자들은 초기 여성들의 사례를 개인적인 것으로 치부하고 이러한 사례들로 여성의 사회참여를 정당화할 수 없다고 주장하였다. 역사상 아이샤가 빼어난 정치적인 역할을 수행하였던 것과 관련하여 그들은 아이샤가 유명한 전투를 치르긴 하였으나 인생의 말년에 이를 후회하고 용서를 구했다고 반박하였다. 결과적으로 아이샤의 정치적 역할은 긍정적인 사례가 되기보다는 여성들의 정치참여로 이슬람공동체가 분열되었다는 부정적인 사례로 이용되었다.

그러나 여성들의 정치참여에 반대하는 사람들 사이에서도 여성들이 어느 정도 혹은 어느 수준에서 권한을 행사할 수 있는가에 대해서는 이견이 있다. 여성들이 투표나 공천과 같은 정치활동에 제한적으로 접근할 수 있다는 관용적인 입장이 있는 반면, 여성의 어떠한 정치적 활동도 허용하지 말아야 한다는 배타적인 입장도 있었다. 그러나 두 입장 모두 여성들이 한 국가의 수장이 될 수 없다는 데는 일치된 견해를 보이고 있다. 이에 대한 근거를 그들은 꾸란과 하디스에서 찾고 있다.

첫째, 학자들은 '남성은 여성의 보호자'이며 '여성은 남성에게 순종해야 한다'라는 꾸란 구절[159]을 여성이 남성을 다스리는 고위 직책에 오를 수 없다는 것으로 해석하였다. 그들의 해석에 따르면 이 구절은 여성들에 대한 남성들의 권위를 절대적으로 인정하는 것으로 정치나 권력은 남성 고유의 영역이라는 주장이다. 남성들은 강력한 지도력을 가지고 있는 반면, 여성들은 연약하고 감정적이라는 것이다. 그러나 이 구절은 가사와 관련된 것으로 공적 영역에서의 남녀관계를 의미

159_ 꾸란 4장 34절.

하는 것으로 일반화시킬 수 없다. 이 구절은 혼인생활에 관해 언급하면서 남편은 가족의 우두머리가 되어 가족을 돌볼 책임이 있다는 문맥에서 언급되었다. 따라서 혼인생활과 관련된 이 구절을 사회 속에서의 남녀관계로 확대하여 여성의 공공 분야 진출을 금지하는 것은 잘못된 해석이라 할 수 있다.

둘째로 다음의 하디스가 인용된다; "여성들이여, 자선을 행하라. 지옥 거주자의 대부분이 너희(여성들)인 것을 내가 보았노라. 여성들이 물었다. 하나님의 사도시여, 왜 그렇습니까? 그는 대답했다. 너희는 곧 잘 저주의 말을 하고 남편에게 감사하지 않는다. 너희들보다 이성과 종교심이 부족한 누구도 보지 못했다. 주의 깊고 분별 있는 남성들이 일부 너희들에 의해 길을 잃게 될지도 모른다. 여성들이 물었다. 하나님의 사도시여, 우리의 이성과 종교심에 부족한 것은 무엇입니까? 그는 말했다. 두 여성의 증언이 한 남자의 증언과 똑같지 않느냐? 그들이 그렇다고 대답하자 예언자가 말했다. 그것이 바로 여성의 이성이 부족한 증거이다. 여성들은 월경 중에 예배도 단식도 할 수 없는 것이 사실이 아니냐? 여성들이 그렇다고 대답하자 예언자는 말했다. 그것이 바로 여성의 종교심이 부족한 증거이다." 이 하디스는 여성의 정치적 권리를 부인하는 사람들에 의해 종종 인용되었다. 그들은 이 하디스를 근거로 여성들이 남성 위에서 권력을 행사할 수 없다고 주장하였다. 남성들에게 의무사항인 금요집단예배나 지하드가 여성들에게는 면제되었다는 사실이 또 다른 증거라고 그들은 주장하였다. 그러나 이 하디스를 다른 시각에서 바라보는 사람들도 있다. 일부는 이 하디스가 받아들이기 어려운 위조된 것이거나 '약한 하디스'라고 간주하였다.[160] 다른 일부는 이 하디스가 '올바른 하디스'이나 그 해석이 잘못되었다고 주장하였다. 이 하디스에 언급된 여성의 부족함은 천부적인 것이 아닌 특별한 경우에 나타나는 부족함이라고 주장하였다. 그들은 인간의 부족함에는 두 가지 유형이 있다고 보았다. 첫째는 광기와 같은 '천부적인 부족함'(naqs fiṭrī)이 있다. 여기에 여성은 포함되지 않는다. 꾸란적 시각에서 여성들은 자신의 의무를 수행할 수 있는 사려 깊고 책임감 있는 존재로 인식되기 때문이다. 둘째는 '특별한 경우의 부족함'(naqs naw ʿī)으로 여성의 월경이나 임신, 감금과 같은 특별한 경우나 환경에서 발생할 수 있는 부족함이다. 지속된 임신이나 출산으로 오랜 기간 동안 여성이 사회로부터 격리되어 있을 경우 사회, 정치, 경제에 대한 인식의 부족으로 여성들이 제한된 역할밖에 수행할 수 없다는 것이다. 이러한 특별한 경우의 부족함은 환경이 변화하면 언제든 없어진다. 여성은 이성이 부족하여 남성과 똑같은 몫의 법적 증인이 되지 못한다고 한 하디스는 꾸란 구절161에 근거하고 있다. 그러나 이와 관련된 꾸란 구절은 채무계약과 같은 재정문제와 관련된 경우에만 해당된다. 또한 이 꾸란 구절은 특정한 상황에서 남성들이 증언할 수 없을 경우 그 대안으로 두 명의 평범한 여성162을 남성 한 명과 같이 인정하라는 의미이다. 따라서 이 구절을 근거로 여성이 남성보다 덜 이성적이라고 주장함으로써 특별한 능력과 자질을 갖춘 여성의 존재를 부인하는 것은 옳지 않다는 것이 페미니스적인 사고를 하는 일반 학자들의 주장이다.

160_ 하디스를 전한 사람의 계보가 잘 밝혀져 있는지, 혹은 하디스를 전한 사람이 올바른 이성을 지닌 사람인지 여부에 따라 '올바른 하디스', '받아들일 만한 하디스', '약한 하디스' 등으로 분류된다. 일반적으로 학자들은 '올바른 하디스'만을 인정한다.

161_ "두 명의 증인을 세울 것이며 두 남자가 없을 경우는 한 남자와 두 여자를 선택하여 증인으로 세우라."(꾸란 2장 282절)

162_ 재정문제에 관해 거의 경험이 없는, 혹은 월경이나 출산 후에 있을 수 있는 일시적인 불안감을 겪을 수 있는 여성을 의미한다.

여성의 정치참여를 부인하는 것으로 인용되는 또 다른 하디스가 있다; "하나님의 사도는 페르시아인들이 키스라[163]의 딸들을 통치자로 앉혔다는 소식을 듣고는 말했다. 여성이 지배하는 민족은 결코 성공하지 못할 것이니라." 이 하디스는 여성의 정치참여를 막기 위한 종교적 근거로 폭넓게 인용되어 왔다. 여성의 정치참여에 반대하는 사람들은 예언자가 이 하디스를 통해 무슬림들에게 여성을 지도자로 앉혀 멸망을 자초한 페르시아인들의 예를 따르지 말도록 충고하였다고 주장한다. 그러나 이 하디스는 특별한 경우, 즉 예언자 시대 페르시아 제국의 상황을 다루고 있다는 점을 고려할 필요가 있다. 사실 이 하디스는 예언자가 페르시아 제국의 운명을 예언한 것 이상의 의미를 가지지 않는다. 따라서 이 하디스가 모든 시대에 걸쳐 모든 여성들에게 일반화될 수는 없다. 또한 이 하디스는 꾸란의 내용과 모순된 것으로 인정하기 어려운 부분이 있다. 꾸란에는 고매한 식견과 지혜로 백성들을 통치하여 국가를 번영시킨 시바의 빌끼스(Bilqīs) 여왕이 높이 평가되고 있다. 예언자의 하디스에도 "나는 백성들을 지배한 한 여성을 발견했다. 그녀는 후덕한 여인으로 찬란한 왕관을 차지하였다. 그녀의 유일한 단점은 여자로서 나라를 다스렸다는 데 있는 것이 아니라 잘못된 신앙에 있었다. 그녀는 백성들과 함께 하나님이 아닌 태양을 숭배하였다. 이 지혜로운 여인은 후에 솔로몬을 만나 하나님을 숭배하지 않던 자신의 죄를 뉘우치고 백성들과 함께 이슬람에 귀의하였다"[164]라는 내용이 있다.

실제로 예언자나 교우 누구도 여성들에게 국가의 행정을 맡겨본 적은 없었다. 여성들 스스로도 공직에 관심을 나타내지 않았다. 그러나 2대 칼리프 우마르는 메디나 시장 감독관으로 여성 샤파를 임명하

163_ 일반적으로 페르시아 왕들의 명칭을 의미함.
164_ Haifaa A. Jawad, 앞의 책, pp.90-92 참조.

였다. 당시 이 직책은 상업적인 것보다는 정치적인 것에 더 가까웠다. 당시의 시장은 상업의 중심지였을 뿐만 아니라 정치활동의 중심 무대였기 때문이다. 당시의 사회적 배경은 이슬람 이전 시대의 관행들이 여전히 만연되어 있으면서 이슬람이 가져온 어떠한 변화에도 저항하던 시절이었다. 따라서 이슬람이 획기적인 변화를 가져왔다 하더라도 당시 여성들에게 공직을 맡기는 것은 사회적으로 한계가 있었다.

여성의 정치참여에 반대하는 사람들은 여성들이 공직에 종사하는 것은 가정의 차원에서뿐만 아니라 사회적으로도 손실을 가져온다고 주장한다. 여성들은 연약하여 잘못 인도되기가 쉽고 집행권을 가진 위치, 특히 지도자적인 위치에 부적합하다는 것이다. 예컨대 이슬람 국가에서 대통령이나 통치자는 전쟁의 수행, 평화조약 체결, 국가방어, 설교나 예배의 인도와 같은 중요한 역할을 수행하게 되는데 여성들은 유약하고 감정적인 기복이 심하기 때문에 이러한 일들을 잘 처리할 수 없다는 것이다. 더 나아가 여성들이 결정권을 가진 역할에 종사하는 것은 여성 고유의 사회적 역할, 즉 아내와 어머니로서의 역할과 상치된다고 주장한다. 가사에 전념해야 하는 여성이 가정 밖에서의 일을 수행할 경우 결과적으로 가사를 소홀히 하게 되어 사회의 기본이 되는 가정이 파괴될 수 있다는 것이다.

또 다른 한편으로 그들은 정치지도자가 여러 사람들과 지속적으로 접촉해야 한다는 점을 강조한다. 이는 이슬람에서 금지되어 있는 남녀 간의 접촉을 동반하기 때문이다. 그들은 꾸란이 명확하게 여성들에게 집에 머물며 공적인 노출을 피하라고 명령하였다고 주장한다. 그러나 이러한 견해는 꾸란의 문맥뿐만 아니라 예언자의 관행에도 벗어난다고 할 수 있다. 여성이 집안에 머물 것을 명령한 꾸란 구절[165]은 오직 예언자의 부인들에게만 한정된 것이기 때문이다. 예언자의 부인들은 '신자들의 어머니'로 간주되었기 때문에 일반 무슬림 남성들과의 격리가 요구되었다. 그러나 일반 여성들이 사회로부터 격리되도록 명령한 꾸란의 구절은 없다. 예언자 시대 여성들은 집단예배에 참석하거나, 지식을 구하거나, 지하드에 참여하거나, 폭넓은 사회적 접촉을 할 수 있었기 때문이다. 예언자 시대에 남녀가 사회적으로 폭넓게 접촉함으로써 불유쾌한 사건이 많이 발생하였음에도 불구하고 예언자는 이를 금지하지 않았다. 예언자 시대 동안 여성들은 오히려 정치적인 일에 적극적으로 참여하도록 장려되었다. 이슬람에서는 금지한 것은 난잡함이나 호색 등이지 일상적인 사회활동은 아니다. 따라서 무슬림 여성이 정치영역에서 소외되고 격리되는 것을 이슬람적인 것으로 해석하는 것은 문제가 있다.

165_ 33장 32절.

제3장

이슬람 여성을 둘러싼
허구와 진실

일반적으로 서양의 연구자들은 이슬람사회의 여성에 대해 서구적인 잣대를 사용하려는 경향이 있다. 무슬림 학자들이 보는 일부다처의 일부 순기능은 무시한 채 현대 서구적 기준에서 일부다처를 확대 해석하는가 하면, 여러 사회적, 역사적, 기후적인 요인에서 비롯된 이슬람 여성의 히잡을 서구 여성들이 경험한 신체 억압의 기제 코르셋이나 거들의 차원에서 이해하려는 경향이 있다. 여성의 성기 일부를 훼손하는 여성의 할례도 아프리카 토속관행에서 비롯되었다는 점을 간과한 채 마치 여성의 할례가 이슬람의 관행인 듯 왜곡하려는 경향도 있다. 이슬람 여성은 남성으로부터 학대 받으며, 억압 당하고, 냉대 받으며, 종속되어 있을 뿐만 아니라, 여성에 대한 이러한 학대는 이슬람 종교의 기본 원칙에 따른 자연적인 부산물이라는 주장이다. 다시 말해, 서구적 패러다임 안에서 진행되는 이슬람 여성에 대한 서양의 연구들은 실제적인 이슬람과 이상적인 이슬람을 혼동하는 경향이 있다. 대부분의 서구의 연구들은 통계적 분석틀을 이용하여 그 결과를 서구의 사회적, 문화적 영역과 비교함으로써 이슬람 여성의 위치를 설명하고 있다. 오늘날 이슬람 국가에서 나타나는 여성의 저조한 문자해득률과 취업률 등을 서구 학자들은 이슬람사회에 대해 주장하고자 하는 특정 가설들을 정당화시키는 데 이용하고 있다. 출생률에 대한 통계 자료들은 이슬람이 본질적으로 여성의 역할을 자녀양육에 한정시킴으로써 여성의 사회활동을 단념하게 만든다는 주장을 뒷받침하기 위해 이용된 예이다. 히잡과 여성의 격리와 같은 독특한 사회적 관행들은 명확한 정의 없이 '이슬람적 제약들' 또는 '이슬람적 전통' 등과 같은 모호한 용어로 언급되고 있다. 자민족 중심적인 이러한 서구적 접근에 대한 검토는 이슬람을 바르게 이해하기 위한 필수요건이라 할 수 있다. 이슬람 여성에 대한 편견과 오해는 바로 이슬람 전반에 대한 편견과 선입견을 낳았기 때문이다.

1. 일부다처제도, 여성 억압의 장치?

이슬람의 일부다처 관행은 여전히 이슬람 및 이슬람 여성과 관련된 가장 논쟁적인 주제 가운데 하나이다. 18세기 이래 서구인들은 이슬람 종교와 문화를 공격하기 위한 수단으로 종종 일부다처의 관행을 비판해 왔다. 이슬람세계의 남성들은 일부다처를 통해 여성의 종속을 강요하고 있다는 것이다. 더군다나 이슬람이 일부다처의 관행을 처음으로 소개하여 장려하였다는 것이 그들의 주장이다. 그 결과 이슬람세계 밖의 사람들은 대부분의 무슬림 남성들이 일부사처의 관행을 지킨다고 믿고 있다. 그러나 이러한 일반적인 편견과는 달리 실제 이슬람세계에서 일부다처는 사라져가고 있는 관행이다. 이슬람세계에서도 보편적인 혼인제도는 일부일처이다. 일부다처를 하는 사람은 아주 극소수에 불과하고 다처를 할 경우에도 두 명의 아내를 두는 것이 일반적이다. 튀니지나 터키와 같은 일부 이슬람 국가는 법으로 일부다처를 금지하고 있다. 이렇듯 일부다처는 이슬람세계에서 점차 사라져가고 있는 관행이 되었고, 우리가 생각하는 것과는 달리 일부다처가 결코 이슬람 국가의 사회적인 문제가 되지 않고 있다. 따라서 일부다처의 개념과 이슬람에서 적용되는 일부다처의 엄격한 조건 등을 살펴보는 것은 이슬람의 일부다처에 대한 오해를 불식하기 위해 매우 필요하다고 할 수 있다.

1) 일부다처의 개요

일부다처는 이슬람이 내려오기 이전에도 대부분의 고대 국가에서 실행되던 일반적인 관행이었다. 일부다처는 고대 이집트, 페르시아,

중국, 그리고 우리나라에서도 허용되었다. 일부다처는 유대인들에 의해서도 실행되었으며, 모세의 율법에도 특정한 경우에 일부다처가 명령되기도 하였다. 탈무드의 가르침에 따르면, "한 남자는 여러 명의 여성들과 혼인할 수 있다. 만약 부인들을 부양할 수만 있다면 그것은 합법적이라. 그럼에도 불구하고 현명한 남자들은 네 명 이상의 여성들과 혼인하지 마라" 라고 되어 있다.[166]

구약성서에 등장하는 예언자와 종교지도자들 역시 일부다처를 했던 것으로 기록되어 있다. 아브라함은 한 명 이상의 부인을 두었다. 그는 이스라엘인들의 선조 이삭을 낳은 사라와 첫 번째 혼인을 했다. 그 후 아랍인의 선조가 된 이스마엘을 낳은 하갈과 혼인하였다. 다윗은 8명의 아내를 두었으며, 솔로몬 왕도 1000번의 혼인계약을 했던 것으로 알려져 있다. 유대교에서 일부다처의 관행은 11세기 초 웜스(Worms)에서 열린 랍비종교회의에서 금지되기 전까지 지속되었다. 유럽 유대인들 사이에서 일부다처의 관행은 중세에도 계속되었고 이슬람 국가에 거주하는 유대인들은 아직까지도 일부다처를 하기도 한다.

기독교에서는 비록 신약이 혼인의 이상적 형태로서 일부일처를 지지하고 있지만, 주교와 집사의 경우를 제외하고는 일부다처를 모든 사람들에게 명백히 금지한 것은 아니었다. 초기 기독교 교사들은 일부다처를 비난할 필요가 없었다. 일부일처는 기독교가 전파되었던 지역에 이미 관행화되어 있었기 때문이다. 기독교 초기에는 어떠한 교구도 일부다처를 비난하지 않았다. 오히려 많은 종교지도자들이 일부다처에 대해 관대하였다. 성 아우구스티누스(Augustine)는 일부다처를 비난하지 않았으며 종교개혁가 루터(Luther) 또한 구약 시대의 족장들도

166_ Haifa A, Jawad, *The Rights if Women in Islam*, p.43.

중혼을 했다며 이혼보다 중혼이 낫다고 언급하였다. 16세기까지 독일 종교개혁가들의 일부는 두 번째 혼인을 유효한 것으로 받아들였으며 심지어는 세 번째 혼인도 유효한 것으로 인정하였다. 1650년대 일부 종교지도자들은 모든 남성들이 두 명의 여성과 혼인할 수 있도록 허락해야 한다고 주장하기도 하였다. 근대적 종교라 할 수 있는 모르몬교 역시 미국 의회가 일부다처의 관행을 금지하는 법을 통과시킨 1880년대 후반까지 일부다처의 관행을 지지하였다. 또한 일부다처는 아프리카와 호주의 부족들 사이에서 관행화되어 있었다. 실제로 인도의 혼인법은 한 남자가 혼인할 수 있는 부인들의 수를 제한하지 않고 있다.

일반적으로 기독교인들이 유대인이나 무슬림보다 일부다처를 적게 하는 것으로 알려져 있다. 그러나 기독교가 서양세계에 처음으로 일부일처를 도입하거나 사회개혁을 위해 일부일처를 강화하지도 않았다는 점은 상기할 필요가 있다. 우연하게도 기독교가 처음으로 소개된 서구사회의 합법적인 혼인제도가 일부일처제였던 것이다. 기독교가 일부다처를 할 여유가 없었던 가난한 서민계층 사이에 먼저 뿌리를 내렸다는 사실도 기독교세계에서 일부일처가 강화되는 요인이 되었다.[167]

2) 이슬람과 일부다처

이슬람 이전 시대 아라비아반도에서는 일부다처가 일반적인 관행이었다. 당시의 남성들은 아무런 규제 없이 무제한의 여성들과 혼인할 수 있었다. 부족 간의 잦은 전쟁으로 남성의 숫자가 줄어든다는 이유

---

[167]_ 위의 책, pp.43-44.

로 무제한의 여성과 혼인하는 것이 정당화되었다. 이슬람의 출현과 함께 일부다처의 개념은 근본적으로 재정의되었다. 이슬람은 특정 조건 하에서 부인들의 수를 네 명으로 제한하였고, 이상적인 혼인형태로서 일부일처를 소개했다. 무엇보다도 이슬람은 당시 아라비아반도에 퍼져 있던 몇 가지 형태의 일부다처, 즉 두 자매를 동시에 아내로 받아들인다거나 한 여성과 그 여성의 숙모와 동시에 혼인하는 것 등을 금지하였다.

일부다처를 허락하는 꾸란의 구절은 앞서 언급한 4장 3절이 유일하다. 이 구절은 이슬람공동체가 불신자들과 치른 여러 전투에서 많은 희생자들이 생겨난 이후에 계시되었다. 이 계시는 남편을 잃고 아이들과 함께 남겨진 미망인에 대한 관심을 불러일으켰다. 고아와 미망인에 대한 배려에서 일부다처를 허용하는 이 계시는 모든 부인들에게 동등하게 대우해야 한다는 조건을 달고 있다.[168]

일부다처와 관련된 위의 두 구절을 해석하는 데 두 가지 입장이 있다. 첫 번째 입장은 아내들에게 모두 공평하게 대할 수 있는 사람에게 일부다처가 허용되는 것이며, 아내들을 공평하게 대할 수 없는 사람에게는 일부다처가 금지된다는 것이다. 두 번째 입장은 아내를 공평하게 대우하는 것은 일부다처의 필수요건인데 평범한 인간이 아무리 노력을 하더라도 모든 아내들에게 물질적으로나 정신적으로 공평하게 대하는 것은 불가능하므로 일부다처는 허용되지 않는다는 것이다. 두 번째 입장을 처음으로 견지한 학자는 이집트의 개혁주의 사상가 무함마드 압두(Muḥammad ʻAbduh, 1849-1905)였다. 비록 한 명 이상의 부인을 취하는 것이 이슬람에서 허락된다고 하더라도 모든 아내들에게 공

168_ 꾸란 4장 129절.

평하게 대하여야 한다는 조건이 충족되지 않을 경우 일부다처는 금지된다고 그는 주장하였다. 모든 아내들에게 물질적으로 공평하게 대하는 것은 어렵지 않으나, 인간인 이상 남편은 모든 아내들에게 감정적으로 똑같이 대하는 것이 불가능하므로 보통의 남성은 한 명의 부인으로 만족해야 한다는 것이다. 또한 무함마드 압두는 일부다처제가 이슬람공동체가 처했던 특수한 사회적, 정치적, 경제적 상황에서 계시되었기 때문에 이러한 상황이 변화되었을 때 일부다처에 대한 해석도 달라져야 한다고 주장하였다. 초기 이슬람공동체에 일부다처에 대한 계시가 내려왔을 당시 그 계시의 목적은 이슬람공동체를 강화시키고 통합시키기 위한 목적이 있었다. 그러나 시간이 지남에 따라 일부다처제도는 많은 남성들에 의해 남용되었다는 것이 무함마드 압두의 주장이다. 따라서 오늘날 일부다처를 금지하는 것이 꾸란에 대한 현대적인 올바른 해석이라는 것이다.

일부다처제에 대한 무함마드 압두의 입장은 일부 이슬람 국가와 이슬람 개혁주의 사상가들에게 깊은 영향을 끼쳤다. 튀니지의 입법가들은 일부다처를 금지시켰다. 흥미로운 사실은 이들이 일부다처를 금지하면서도 그 근거가 이슬람에 있다고 천명한 점이다. 실제적으로 보통의 남성들이 아내들에게 공평하게 대우하는 것이 불가능하므로 일부다처를 금지하는 것은 바로 이슬람의 신성한 원칙과 일치한다는 것이다. 여타 이슬람 국가에서도 가족법 개정을 통해 일부다처의 남용을 금지하려는 경향을 보이고 있다. 이집트 가족법에서는 첫 번째 부인의 허락을 얻지 못할 경우 두 번째 혼인은 불가능하다고 규정되어 있다. 시리아와 이라크에서는 두 번째 혼인을 위해 판사의 허락이 필요하며, 파키스탄에서는 소위 중재위원회라고 불리는 곳으로부터 문서화된 혼인허가서를 발부받아야 한다. 말레이시아에서는 공무원들에게 일부다

다른 아랍 국가에 비해 사회적으로 개방된 튀니지 한 가정의 모습(ⓒ조희선)

처를 금지하고 있다. 터키는 튀니지와 마찬가지로 법적으로 일부다처
를 금지하고 있다.

　이슬람세계 가족법에서 나타나는 이러한 새로운 경향에도 불구하
고 특정한 조건하에서 일부다처를 허용하는 것은 여전히 이슬람세계
의 고전적인 입장이다. 일부다처의 금지는 꾸란에 위배되는 것이기 때
문에 일부다처를 공식적으로 금지해서는 안 된다는 것이다. 개인과 사
회가 직면하는 특수한 상황 속에서 일부다처는 필요하다는 것이다. 그
러나 이들의 주장은 무조건적으로 일부다처를 수용하자는 것은 아니
다. 아주 제한적인 특수한 상황에서 일부다처가 허용되어야 한다는 것
이 이들의 주장이다. 일부다처를 주장하는 사람들의 견해를 압축해 보
면, 첫째, 일부다처제는 기본적으로 꾸란에 의해 허용된다. 둘째, 일부

다처제는 단지 허락된 사항으로 그에 대한 규제가 있다. 셋째, 일부다처제는 본질적으로 개인의 즐거움이나 탐닉을 위해서가 아니라 과부나 고아를 보호하기 위한 사회적 필요에서 고안되었다. 넷째, 비록 꾸란 구절이 한 명 이상의 여성과 혼인하도록 허락한다고 할지라도 이 허락에는 제약이 뒤따른다. 남성이 성적 만족을 위해 일부다처를 남용하는 것은 엄격히 금지된다. 두 번째 부인과의 혼인을 생각하기 전에 아내들을 모두 공평하게 대우할 수 있는지, 그들을 부양할 충분한 능력이 있는지를 확인해야 한다. 이는 의식주를 포함한 물질적인 안락함은 물론 공평한 잠자리까지도 포함한다. 다섯째, 꾸란이 요구하는 공정함이란 인간적으로 실현 가능하다. 절대적 공정함은 인간의 감정이 개인의 의지대로 통제될 수 없다는 점에서 불가능하다. 그러나 아내들을 공평하게 대우하겠다는 진실한 의지 및 물질적인 면에서의 공평함은 가능하다.[169]

이슬람세계 밖에서 일부다처제는 무슬림 여성의 위치를 가장 잘 대변해 주는 것으로 이해되고 있다. 그러나 정작 이슬람세계에서는 여성들조차 일부다처제에 관해 아주 관대하다. 이집트 지식인 여성들을 상대로 한 인터뷰[170]에서도 응답자들은 대부분 일부다처를 폐지할 필요가 없다고 대답하였다. 꾸란에 게시되어 있는 일부다처를 폐지할 수 없다는 입장이다. 아내가 병에 걸리거나 불임일 경우 남편이 아내와 이혼하기보다는 다른 부인을 얻는 것이 보다 인간적이라는 입장을 보였다. 그리고 앞으로 일어날지 모르는 전쟁과 같은 특수한 상황을 위해서도 일부다처는 법적으로 폐지되어서는 안 된다는 예상 밖의 대답을 하였다. 일반적으로 젊은 여성들은 미래의 남편이 일부다처를 할

169_ 위의 책, pp. 46-47.
170_ 조희선, "이집트 가족법에 대한 인식 조사 연구".

경우 이혼을 할 것이라고 서슴없이 대답한다. 그러나 흥미로운 사실은 나이 든 노처녀의 경우 기혼 남성이 청혼을 할 경우 이를 받아들일 것인가에 대한 질문에 대해 많은 여성들이 긍정적으로 대답하고 있다는 점이다. 무슬림 남성들 스스로도 한 명의 부인하고 살기도 어려운데 어떻게 두 명의 부인을 얻을 수 있느냐며 반문한다. 카타르에서 만난 한 남성은 세 명의 부인을 두었다. 두 번째 부인은 남편과 사별하고 아들 하나를 키우고 있던 여성이었다. 그는 두 번째 부인을 얻은 사실을 숨겼고 1년 7개월 만에 첫 부인에게 들통이 나서 심한 싸움을 벌였다고 말했다. 그는 또 다시 아이를 데리고 사는 미망인과 세 번째 혼인하였다. 그러자 세 번째 혼인에 결사적으로 반대한 사람은 첫 부인이 아닌 두 번째 부인이었다. 적지 않은 재산을 가지고 있는 이 남성의 경우에는 이슬람에서 허용한 네 번의 혼인을 모두 할 것이라고 말했다. 카타르와 같은 보수적인 사회에서 여성들이 남편 없이 아이만을 데리고 사는 것은 너무 힘들기 때문에 자신이 이러한 여성들의 울타리가 되어 주고 싶다고 그는 자랑스럽게 이야기했다.

3) 일부다처제의 조건

이슬람의 고전적인 입장에서 일부다처제는 아내들을 공평하게 대우하겠다는 남편의 의지가 있을 경우 허용된다. 그러나 아내들을 불공평하게 대우하여 그들의 불만을 초래하는 남성에게는 일부다처가 금지된다고 할 수 있다. 꾸란은 '만약 당신이 공명정대하게 할 수 없는 것을 두려워한다면 오지 한 여성과 혼인하라'라고 명령함으로써 일부다처에 대한 도덕적 규제를 의도하고 있다. 그러나 문제는 아내를 공평하게 대우한다는 것이 법적인 규제가 아닌 양심에 따른 종교적인 의무라는 점이다.

　이슬람은 남성에 의해 일부다처제가 남용되는 것을 막기 위해 여러 장치를 마련해 놓았다. 첫째, 여성은 남편의 중혼을 원치 않을 경우 혼인계약서에 남편이 중혼할 경우 이혼할 수 있다는 조건을 삽입할 수 있다. 둘째, 혼인생활에서 남편의 불공정한 대우로 피해를 입은 부인은 재판을 통해 이혼을 얻어낼 수 있다. 셋째, 여성은 혼인시 받는 선불혼납금 외에도 이혼시 받는 후불혼납금을 정해놓음으로써 일부다처를 남용하는 남편으로부터 자신을 보호할 수 있다. 후불혼납금을 높게 책정해 놓을 경우 이혼시 남편에게 경제적 부담이 되기 때문에 남편은 쉽사리 이혼을 요구할 수 없기 때문이다.[171]

　그렇다면 일부다처가 허용되는 예외적인 상황은 구체적으로 어떠한 것이 있을까? 첫째, 아내가 불임일 경우 남편은 아이를 갖기 위해 일부다처를 할 수 있다. 둘째, 아내가 중병에 걸려 정상적인 부부생활을 할 수 없는 경우이다. 아픈 아내와 이혼하는 것보다 혹은 아내가 아닌 다른 여성과 불륜을 저지르는 것보다 일부다처가 그 해결책이 될 수 있다는 것이다. 셋째, 전쟁 이후 많은 남성 사상자가 발생하였을 경우, 남편 없이 남겨진 과부나 미망인, 혹은 남편감을 찾지 못하는 미혼 여성을 위해 일부다처가 정당화될 수 있다는 것이다. 그 밖의 다른 경우의 일부다처는 정당화될 수 없다는 것이 대부분의 학자들의 주된 견해이다.

　이렇듯 이슬람에서의 일부다처제와 관련된 계시는 전쟁 이후라는 특수한 상황에서 계시되었음은 물론, 특정한 조건과 규제가 가해지는 제도였다. 그러나 일부다처제는 가부장적인 사회제도 속에서 남성들

171_ 위의 책, p.47.

에 의해 쉽게 남용되어 온 것이 사실이다. 특정한 상황에서만 허용되는 일부다처제도와 여성의 권익을 보장하였던 꾸란의 계시는 남성중심의 사회제도 속에서 남용되거나 무시되었다. 일부다처를 한 대부분의 남성들은 젊은 아내를 선호하여 나이 든 아내를 소홀히 대한다. 이슬람세계에서 오늘날까지 이어지는 전형적 일부다처의 가족은 꾸란의 정신과는 동떨어진 왜곡된 일부다처의 이미지를 제공하고 있는 것이 사실이다. 그러나 현실 속에 나타나는 일부다처의 남용을 이슬람의 기본 정신으로 해석하는 것은 잘못이다. 일부다처제에 대한 이슬람의 입장은 명백하다. 남성은 법적으로 네 명의 아내까지 취할 수 있다. 그러나 이러한 허용은 모든 부인들에게 공명정대하게 대하라는 꾸란의 명령에 의해 제한받는다. 만약 부인들에게 공정하게 대할 의지나 능력이 없다면 한 명의 아내에게 만족해야 한다. 일부다처제는 단지 허락일 뿐 장려사항은 아니라는 사실을 강조할 필요가 있다. 오늘날 이슬람세계에서 일부다처제는 교육수준의 향상과 경제적인 이유 등으로 점차 사라져 가고 있다. 대부분의 국가에서 일부다처의 비율은 3%를 넘지 않는다. 따라서 이슬람세계에서 일부다처가 일반화되어 있다는 인식은 잘못된 것이다. 이슬람 여성 페미니스트들은 사라져 가고 있는 일부다처제도의 폐지를 위해 투쟁할 필요성을 느끼지 않는다고 응답한다. 오늘날 이슬람세계에서 대두되고 있는 사회문제는 일부다처가 아닌 이혼의 문제이다. 경제적인 이유 때문이라도 남성들은 일부다처를 하기보다는 이혼을 선택한다. 따라서 오늘날의 이슬람 여성 페미니스트들은 종교적으로 반발을 살 수 있는 일부다처제의 폐지를 주장하기보다는 남성에 의해 남용되는 이혼권을 제한하고, 여성들도 원할 경우 쉽게 이혼할 수 있는 권리를 확보하기 위해 투쟁하고 있다.

2. 여성의 베일, 억압의 도구인가 정체성의 구현인가?

2004년 1월 이집트의 카이로와 이란의 테헤란, 팔레스타인의 가자 (Ghaza)지역, 요르단의 암만, 레바논의 베이루트 등지에서는 여성들이 길거리로 쏟아져 나와 학교나 공공기관에서 히잡쓰기를 금지하는 프랑스 당국의 결정에 항의하는 시위를 벌였다. 그들은 '히잡, 권리와 자유'라는 슬로건이 담긴 플래카드를 들고 있었다. 이에 프랑스 당국은 학교나 공공기관에서 종교적인 복장을 금지하는 것은 반이슬람적 입장에서 나온 것이 아니라고 주장하였다. 그것은 공공 영역에서 세속주의를 고수하는 프랑스의 정책에 따른 것으로 종교적 복장의 금지는 히잡뿐만 아니라 유대인의 모자 야물커(yarmulke), 그리고 기독교의 커다란 십자가도 포함한다고 밝혔다. 그러나 프랑스 내에 거주하고 있는 무슬림들과 프랑스 영토 밖의 이슬람권에 살고 있는 무슬림들은 프랑

사우디의 킹사우드 여자대학 여대생들, 가장 보수적인 형태의 베일의 모습(ⓒ조희선)

(인터넷 자료)   (인터넷 자료)

스 당국의 정책을 반이슬람적인 것으로 규정하고 이에 강력하게 항의
하였다. 한편, 미국의 이라크 침공을 격렬하게 비난하였던 프랑스 당
국에 복수할 기회를 얻은 미국의 관리들은 이슬람 여성의 히잡 착용을
금지하는 것은 개인의 자유를 주창한 프랑스혁명의 정신과도 위배된
다며 프랑스 당국을 비난하고 나섰다. 2001년 아프가니스탄에서의 군
사적 행동을 정당화시키고 탈레반 정권의 폭정을 비판하기 위해 '부
르카'를 쓴 여성의 이미지를 이용하였던 미국은 공개적으로 종교적인
표시는 '반드시 보호받아야 하는 기본적 권리'라고 주장하면서 이슬
람 여성의 히잡을 지지하였다.

　이렇듯 무슬림 여성의 히잡은 이슬람세계뿐만 아니라 서구세계에
서도 오늘날까지 논란의 대상이 되고 있다. 무슬림 여성 의상의 일부
로 간주되는 '히잡'은 일반적으로 서구에서는 '베일'(veil)이라고 번역
된다. 그러나 무슬림 여성의 '히잡'과 서구적 의미의 '베일'은 그 형태
와 작용 및 의미에서 완전하게 일치하지는 않는다. 히잡이나 베일은
크게 머리를 가리는 것, 얼굴을 가리는 것, 전신을 가리는 것으로 대별

해 볼 수 있으며, 국가나 지역, 혹은 시대에 따라 그 모양 또한 매우 다양하다고 할 수 있다. 아랍어의 '히잡'이라는 단어는 아랍·이슬람 문화에 뿌리를 둔 어휘인 반면, '베일'이라는 용어는 서구에서 사용되는 오리엔탈리즘적인 용어이다. 베일은 보통 무시되며, 공격과 추방의 대상이며, 낙후성의 상징으로 간주된다. 또한 베일은 종종 反휴머니즘적인, 反페미니즘적인, 혹은 反인권적인 것으로 이해되고 있다. 근래에 서구에서 보는 베일은 걸프전 당시의 사우디 여성, 혁명 이후의 이란 여성, 그리고 아프가니스탄 탈레반 정권하에서의 여성을 통해서였다. 그러나 베일에 해당되는 아랍어 어휘 '히잡'이라는 단어는 서구에서의 개념과는 달리 종교적인 원천에서 시작하여 시대의 흐름에 따라 사회·문화적 관계뿐만 아니라 정치적 의미까지도 내포하고 있는 독특한 관행이다. 이슬람의 상징처럼 되어 버린 무슬림 여성의 히잡에 관한 객관적인 평가는 이슬람세계에 대한 일반적인 편견과 왜곡의 시각을 바로잡을 수 있다는 점에서 그 가치가 있다.

1) 베일, 히잡에 관한 역사적 고찰

베일의 유래 : 베일은 아랍·이슬람문화 밖에서 오랜 기간 동안 존속해 왔음에도 불구하고 일반적으로 아랍 여성이나 무슬림 여성과 관련이 있는 것으로 인식되어 마치 이슬람의 상징인 '초승달'[172]을 대신하고 있는 듯하다. 대부분의 학자들은 베일이 메소포타미아나 페르시아에서 유래된 것으로 보고 있다. 분명한 것은 베일을 쓰는 관행이 그 형태나 작용은 조금씩 다를지라도 대부분의 문화 속에 존재해 왔다는

172_ 꾸란이 이슬람력 9월 라마단 달 초승달이 떴을 때 처음으로 계시되어 초승달은 이슬람의 상징으로 간주되고 있으며 모스크 건축에서 빠짐없이 등장한다.

점이다. 다양한 문화와 역사적인 시기에 따라 그 형태와 작용 및 의미가 변화되어 온 베일은 그것이 사용되었던 시기와 장소의 역사·문화적 맥락에서 이해하고 해석하는 것이 바람직하다.

아시리아와 페르시아에서는 베일이 계급이나 신분을 나타내는 표시로 사용되었다. 아시리아 법에서는 '베일을 써야 하는 여성과 써서는 안 되는 여성'을 분명하게 구분 짓고 있다. 즉, 귀족 여성, 그리고 첩과 노예로 구분되는 사회적 신분에 따라 베일을 착용해야 하는지 혹은 착용해서는 안 되는지가 법으로 규정되어 있었다. 또한 다른 남성에게 허용되지 않는 혼인한 여성과 성적으로 허용되는 매춘부나 노예여성을 구별하기 위해 베일이 사용되었다. 메소포타미아 지역에서도 높은 지위에 있던 남성들의 부인이나 딸들은 베일을 써야만 했다.[173]

한편, 그리스는 성(gender) 계급사회로 여성을 남성보다 열등한 존재로 간주하였다. '자연으로서의 여성'에 대한 시각, 즉 여성이 정신적, 신체적인 능력에 있어 남성에 비해 생물학적으로 열등하다는 것은 현대 서구사상의 기초가 되었다. 당시의 여성은 땅을 사거나 팔 수도 시장에서 물건을 살 수도 없었다. 여성에게 유산이 상속되기도 하였으나 그것은 남성 보호자들에 의해 관리되었다. 기독교 이전 아테네의 그리스 사회에서는 여성이 가까운 친척들 이외의 남성들에게 보여서는 안 되었다. 남성과 여성은 철저하게 분리되었으며, 남성은 시장이나 체력단련장과 같은 공공장소에서 활동하는 한편, 존중받는 여성들은 가정에 머물며 모르는 사람들 앞에서는 자신의 신체를 베일로 가려야만 하였다.[174]

고대 이집트에서는 남녀 간의 평등이 어느 정도 유지되었다고 학

173_ Fadwa EL Guindi, *Veil Modesty, Privacy and Resistance*, pp. 14-15.
174_ 위의 책, p. 17.

자들은 전하고 있다. 이집트 여성들은 재산권을 가지고 있었으며 격리되지 않은 채 사회에서 생산적인 역할을 수행하기도 하였다. 여성도 이혼을 요구할 수 있었으며, 남성이나 여성 모두에게 다처·다부의 관행은 금지되어 있었다. 당시 이집트 여성들이 누렸던 권리와 평등은 이집트를 점령한 그리스 사람들을 놀라게 할 정도였다고 전해진다. 그러나 후에 이집트 사회에 그리스와 로마식의 모럴이 확산되면서 이집트 여성들은 이전에 가졌던 대부분의 권리를 잃게 되었다. 반대로 이집트와 접촉한 이후 그리스의 여성의 위치는 크게 향상된 것으로 전해진다.[175]

한편, 비잔틴 사회는 기독교 사상과 관행의 중요한 발전 단계를 대변하고 있을 뿐만 아니라 후에 이슬람문명 속에 녹아든 기독교적 전통의 뿌리라는 점에서 매우 중요하다. 기독교의 청교도 정신을 이어받아 육체적인 것을 터부시하였던 비잔틴 사회에서는 여성의 육체가 베일에 가려져야 하였다.

이렇듯 베일은 이슬람이 내려오기 훨씬 이전부터 여러 문명 속에 존재하던 관행이었다. 그러나 베일은 각 문명에 따라 그 의미와 작용이 다르기 때문에 타 문명 속에 존재하는 베일의 의미를 자신의 잣대로 해석하는 것은 문제가 있다. 이슬람 이전 시대 아라비아반도에서도 베일은 분명 존재하였다. 이슬람 이전 시대 시나 문헌에는 베일을 쓴 여성과 더불어 베일을 쓰지 않은 여성이 묘사된 것으로 미루어 이슬람 이전 시대 아라비아반도에는 부족이나 지역에 따라 여성들이 베일을 쓰기도 혹은 베일을 벗기도 한 것으로 보인다. 이슬람이 내려온 이후로 베일은 이슬람 문화 속에 어떻게 정착되었는가를 살펴보도록 한다.

175_ 위의 책, pp.18-19.

이슬람에서의 히잡: 베일에 해당되는 아랍어 용어 히잡은 문자적으로 '장막, 커튼, 칸막이, 은폐'를 의미한다. 이 단어는 '보이는 것에서 자기 자신을 가리거나 숨기는 것'을 의미하는 동사 'hajaba'에서 파생되었다. 한편, 이슬람법 샤리아에서 이 단어는 '마흐람'(mahram)[176]이 아닌 사람의 시선으로부터 자신을 덮거나 가리거나 숨기는 것'을 의미한다.[177]

이슬람에서 히잡과 관련된 꾸란의 대표적인 계시는 꾸란 33장 53절로 꾸란 학자들은 이 구절을 '히잡의 구절'이라 부른다; "신자들이여 예언자의 가정에 들어가되 이때는 식사를 위해 너희에게 허용되었을 때이며 식사가 완료되기를 기다려서는 아니 되노라. 그러나 너희가 초대되었을 때는 들어가라. 그리고 식사를 마치면 자리에서 일어설 것이며 서로가 이야기를 들으려 하지 말라. 실로 이것은 예언자를 괴롭히는 일이라. 예언자는 너희를 보냄에 수줍어하사 하나님은 진리를 말하심에 주저하지 아니하심이라. 그리고 너희는 예언자의 부인으로부터 무엇을 요구할 때 가림새(히잡)를 사이에 두고 하라. 그렇게 함이 너희 마음과 예언자 부인들의 마음을 위해 순결한 것이라. 너희는 하나님의 사도를 괴롭히지 아니하도록 처신하라. 너희는 이 부인들과 혼인할 수 없노라. 이것은 실로 하나님 앞에 큰 죄악이라."

꾸란 33장 53절과 관련하여 예언자의 부인이었던 아이샤는 이 계시와 관련된 사건을 다음과 같이 언급하고 있다; "예언자와 자이납 빈트 자흐시와의 혼인식이 끝난 후 일부 사람들이 자이납의 방에 오래 머물러 있자 예언자의 인내는 한계에 다다랐다. 그는 하는 수 없이 손

176_ 여성이 혼인할 수 없는 남자 친척들, 예를 들어 아버지, 남자 형제, 아들, 삼촌 등을 마흐람이라 부른다.

177_ Muhammed Ismail Memon Madani, *Hijab*, p.3.

님들이 떠나길 기다리며 다른 부인들의 처소를 방문하였다. 그 후 자이납의 처소에 되돌아왔으나 손님들은 여전히 자리를 떠나지 않았다. 예언자가 다시 다른 부인들의 처소가 있는 곳을 돌고 되돌아왔을 때야 비로소 손님들은 떠났다." 이 하디스는 그 당시 예언자와 함께 있었던 교우 아나스 븐 말리크('Anas bn Mālik)에 의해서만 전승되었다. 한편, 이 계시를 다르게 해석하는 하디스들도 있다. 그러한 하디스 가운데는 2대 칼리프 우마르의 손이 식사를 하는 동안 예언자 무함마드 부인들의 손에 닿자 히잡의 구절이 계시되었다는 것이 있다. 아이샤가 전한 또 다른 하디스에 의하면 자신과 사우다[178]가 밤에 외출을 하고 있을 때, 키가 컸던 사우다를 알아본 우마르가 그녀들에게 소리친 사건이 있은 후 히잡의 구절이 계시되었다는 것이다. 이러한 다양한 하디스에도 불구하고 대부분의 사료들은 이 명령이 예언자와 자이납이 혼인했던 헤지라 5년에 계시된 것으로 보고 있다.[179]

보통 예언자가 특정한 사안에 대해 관심을 끄는 순간과 그것을 해결하는 계시가 내려오는 순간 사이에는 기다림의 시간이 있었다. 그러나 히잡의 계시는 예외적으로 일련의 사건의 결과 아주 성급하게 계시되었다. 보통 어려운 결정을 내리기 전에 심사숙고하던 예언자의 관행에서 벗어나는 것이었다. 히잡의 구절이 계시된 헤지라 5년(625년)은 우흐드 전투 패배 이후에 메디나 주민들의 모럴이 해이해지고 군사지도자로서의 예언자의 위치가 위협받던 시기였다. 히잡제도의 근거가 되는 이 구절은 예언자의 거처에 허가 없이 들어오는 교우들에게 예절을 가르치고, 예언자 사망 이후 예언자 부인들에게 재혼을 금지하는 신의 결정이 담겨 있다. 즉, 히잡의 구절은 매우 혼란스럽고 복잡한 상

178_ 예언자의 부인.
179_ Fadwa EL Guindi, 앞의 책, p.154.

황에서 이슬람공동체의 질서 회복을 위한 목적으로 계시되었다. 히잡은 헤지라 5년 예언자가 처해 있던 모든 갈등과 긴장을 해결하기 위한 신의 결정이었다. 따라서 히잡의 개념을 여성들이 길거리와 같은 공공장소에 나타날 때 두르는 천 조각으로 비하하는 것은 이 구절이 계시된 배경을 무색하게 만드는 것이다. 더군다나 꾸란 주석가 따바리는 이 구절이 예언자와 아나스 븐 말리크 사이를 분리시키기 위해 계시되었다고 해석하였다.[180]

여성의 히잡과 관련하여 꾸란이나 하디스 어디에도 예언자 무함마드가 모든 무슬림 여성들에게 그리고 특별하게는 자신의 부인들에게 얼굴을 가리라고 명령한 적은 없다. 히잡에 관한 일반규정으로 인식되는 꾸란 33장 59절[181]은 예언자의 부인들과 딸들과 믿는 여성들에게 외출할 때 '질밥'(jilbāb, 장옷)을 두르라고 명령했을 따름이다. 여기서의 '질밥'은 헐렁한 긴 원피스를 의미한다. 이 구절은 당초 예언자의 부인과 딸들에게 계시된 것으로 그들이 가지는 독특한 위치를 나타내기 위한 것이었으나 후에 일반 무슬림 여성들에게까지 확대 적용되었다. 이슬람 초기 이러한 의상은 이슬람공동체의 정체성을 표시하기 위한 것, 예언자 부인들로부터 사회적인 거리를 두는 것, 그리고 여성이 놀림감이 되는 것을 방지하여 여성 존중의 이미지를 구축하기 위한 것이었다.[182]

여성의 의상과 관련된 또 다른 꾸란 구절은 "믿는 남성들에게 일러 가로되 그들의 시선을 낮추고 정숙하라 할지니 그것이 그들을 위한

180_ Fatima Mernissi, *Women and Islam*, p.95.
181_ "예언자여 그대의 아내들과 딸들과 믿는 여성들에게 장옷(jilbāb)을 두르라고 이르라. 그때는 외출할 때라. 그렇게 함이 가장 편리한 것으로 그렇게 알려져 간음되지 않도록 함이라. 실로 하나님은 관용과 자비로 충만하심이라."
182_ Fadwa EL Guindi, 앞의 책, p.138.

순결이라. 실로 하나님께서는 그들이 행하고 있는 것을 아시니라"(꾸란 24장 30절). "믿는 여성들에게 일러 가로되 그녀들의 *시선을 낮추고 성기를 가리며* 밖으로 나타내는 것 외에는 유혹하는 어떤 것도 보여서는 아니 되니라. 그리고 가슴을 가리는 머릿수건을 써서…"(꾸란 24장 31절)이다. 위에 언급된 꾸란 구절에서 '시선을 낮추다'와 '성기를 가리다'는 이슬람식 복장 코드의 핵심이다. 꾸란은 이슬람식 복장 코드를 남녀 모두에게 명령하고 있다. 시선을 낮추고 여성에 대한 욕정을 억누르라는 명령은 남성들에게 먼저 언급되어 있으며 그 다음으로 여성들에게 비슷한 명령이 내려지고 있다. 중요한 것은 바로 이러한 명령이 남성과 여성 모두에게 내려졌다는 사실이다. 남녀 모두에게 정숙하게 옷을 입으라는 꾸란의 구절은 8세기 무슬림 남성들에 의해 모든 여성들이 신체를 가리고 격리되어야 한다는 것으로 해석되었다.

꾸란에서 '히잡'이라는 단어는 모두 일곱 번 언급되어 있다. 히잡은 예수의 어머니 마리아가 사람들로부터 자신을 감추기 위해 숨은 커튼이나 장막[183]을 의미하고, 무슬림 남성들이 예언자의 부인들에게 무엇인가를 요구할 때 그 사이에 두라는 가림새[184]를 의미한다. 최후 심판의 날에 구원받은 자는 히잡에 의해 저주받은 자로부터 구분되고,[185] 하나님께서는 계시에 의하지 않고는, 혹은 히잡 뒤에서가 아니면 말씀하지 않으시고[186] 등의 문맥에서 사용되고 있다.

결과적으로 이슬람문명에서 히잡이라는 개념은 여러 차원의 의미

183_ 꾸란 19장 17절의 우리말 번역본에는 "그들이 보지 아니하도록 그녀가 얼굴을 가렸을 때…"라고 되어 있으나 좀더 정확한 의미는 누군가가 자신을 보지 않도록 몸을 덮는다는 의미이다.
184_ 꾸란 33장 53절.
185_ 꾸란 7절 46절.
186_ 꾸란 42장 51절.

를 지닌다. 우선 무엇인가를 시야에서 가린다는 시각적인 의미와, 두 번째로는 분리시키다, 혹은 경계를 둔다라는 공간적인 의미, 그리고 마지막으로 금지를 나타내는 도덕적인 의미를 지닌다. 따라서 히잡은 시각과 공간과 같은 구체적인 의미뿐만 아니라 도덕적 분별을 나타내는 추상적인 의미까지도 포함한다. 예언자는 어려운 시기에 이슬람공동체의 질서와 교양을 위해 공적인 공간과 사적인 공간, 그리고 신성한 장소와 불경스런 장소를 구별하고자 하였다. 그러나 이것은 후에 여성의 격리라는 의도되지 않은 결과를 가져왔다.

2) 서구 담론에서의 베일: '타자'(others)의 열등성의 상징

위에서 살펴보았듯이 서구에서 보통 베일이라고 번역되는 이슬람에서의 히잡은 이슬람사회의 복잡한 문화적 맥락에서 이해해야 한다.

프랑스가 알제리를 식민지배하던 시기 한 프랑스인이 본토에 보낸 엽서 사진, 서구에 의해 왜곡된 이슬람 여성의 베일 모습(The Colonial Harem, Malek Alloula, University of Minnesota Press, 1986)

서구인들이 베일에 대한 담론을 지배해 오면서 베일은 여성의 종속과 억압, 그리고 가부장제의 상징처럼 되었다. 무슬림 여성의 히잡에 대한 이러한 접근은 바로 이슬람세계의 문화적 현상을 왜곡하는 결과를 초래하였다. 에드워드 사이드가 관찰한 바대로 동양(Orient)은 유럽문명과 문화적 경쟁자가 된 이래로 유럽에 의해 창안되어 그들의 방식대로 정의되어 왔다. 그가 쓴 바대로 오리엔탈리즘은 "동양을 지배하고 재구

성하며 위협하기 위한 서양의 스타일이다".[187]

　이슬람의 전통과 서구와의 갈등: 이슬람의 전통과 서구와의 갈등은 근대 이집트에서 먼저 시작되었다. 1882년부터 이집트를 식민통치하기 시작한 영국은 이집트의 경제구조에 근본적인 변화는 가져오지 못했다. 이집트는 주로 목화와 같은 원자재를 생산하여 영국을 비롯한 유럽국가로 수출하는 원자재 공급시장이었다. 영국에 의해 추진된 농업개혁이나 행정개혁은 이집트가 보다 효율적으로 원자재를 공급할 수 있도록 하기 위한 것이었다. 유럽 자본주의에 의해 추진된 이러한 개혁은 이집트의 일부 계층에게는 엄청난 부와 이득을 가져다주는 한편, 대부분의 사람들에게는 보다 악화된 경제적 상황만을 안겨주었다. 영국의 개혁조치와 자본주의 도입의 주요 수혜자는 이집트에 사는 유럽인 거주자들, 이집트인 상류층, 지방의 유지나 공무원, 그리고 서구식 교육을 받은 중산층 엘리트 등이었다.

　서구에서 교육받았거나 이집트 내에 설립된 서구식 교육기관에서 교육받은 신지식인들은 행정가, 공무원, 교육자로 급부상하면서 이집트 사회의 전통적 가치의 수호자로 자임해 오던 이슬람 법학자 '울라마'들을 대신하였다. 신지식과 신학문의 도입으로 종교 지식을 비롯한 전통적 학문은 낡고 가치 없는 것으로 치부되었다. 또한 19세기에 제정된 토지개혁 조치는 울라마들의 수입을 감소시켰으며, 19세기 말에 이루어진 사법개혁은 입법자와 판사로 활동하던 울라마들의 권한을 축소시켜 신세대에 의해 주도되는 민사법정으로 넘겨주었다.

　영국이 이집트를 본격적으로 지배하기 위해 진행하였던 사법개혁

187_ 에드워드 사이드, 『오리엔탈리즘』, p.16.

은 여성의 위치에 별다른 영향을 미치지 못했다. 당시 법 개정의 최우선 목표는 유럽인들이 치외법권을 누릴 수 있도록 하기 위한 것이었다. 사법개혁의 결과 이슬람법과 유럽식 법이 혼합된 형태의 법이 만들어져 이집트 내에 거주하는 모든 종교 공동체에 적용되었다. 이전에 이슬람법 샤리아는 무슬림들에게만 적용된 바 있다. 새로운 법의 제정으로 남성들에게 유리하게 적용되던 혼인이나 이혼 관련법에 제한이 가해지기도 하였다.[188]

울라마 이외에 수공업자들과 소상인들도 어려운 상황을 맞이하였다. 그들은 서구의 대량생산 체제에 맞서 경쟁할 수 없게 되자 서구의 이익을 대변하는 대리인으로 전락하였다. 시골 사람들은 대도시로 몰려와 노동자로 전락하였다. 서구식 초등교육을 마치고 하위관리직에 종사하던 중·하류 계층의 사람들 역시 고등교육을 받을 기회를 박탈된 채 신분상승의 높은 벽을 뛰어넘지 못했다. 영국 식민당국은 고등교육 시설을 제공하지 않았을 뿐만 아니라 초등교육의 수업료를 인상시킴으로써 교육의 기회를 축소시켰다. 이것은 계층 간의 빈부격차를 더욱 벌려놓는 결과를 가져왔다. 영국 당국은 필요에 따라 초등교육시설을 늘리는 한편, 정치적인 이유로 교육을 제한하는 이중적인 정책을 추진하였다. 영국인 이집트 총독 크로머(Cromer)는 이집트인들의 고등교육이 결국 민족주의 감정을 고취시켜 영국의 식민통치에 위협이 될 수 있다고 믿었다.

영국의 식민지배에 따른 자본주의가 확산되면서 계층 간의 차이는 더욱 벌어졌다. 교육에서 소외된 중·하류 계층의 사람들은 식민당국의 새로운 정치·경제체제하에서 아무런 이득을 보지 못한 반면, 서

188_ Leila Ahmed, *Women and Gender in Islam*, p.146.

구식 교육을 받은 신 중류계층은 서구와의 협력의 대가로 경제적 혜택을 누릴 수 있었다. 경제적 이득 분배를 둘러싼 사회계층 간의 갈등은 정치적, 이념적인 분열을 가져왔다. 서구식 교육을 받고 서구 식민주의로부터 수혜를 입은 사람들은 서구의 방식과 제도가 국가의 진보를 위한 필수요건이라고 주장한 반면, 그렇지 못한 사람들은 불신자 서구에 대항하여 이슬람적 유산을 지켜야한다고 주장하였다. 영국의 식민제도하에서 서구식 교육의 혜택을 입고 중산층으로 부각된 신지식인들은 서구식 근대화를 주장하면서 서구 식민주의 담론 속에 흡수되기 시작하였다.

식민주의 담론과 페미니즘의 결탁: 이슬람 여성의 관행은 이슬람문화의 열등성을 주장하는 서구 담론의 단골 주제가 되었다. 서구세계에 이슬람 여성이 소개된 것은 17세기로 거슬러 올라간다. 이슬람세계를 여행하거나 방문하였던 여행가나 선교사들은 이슬람문화에 대한 아무런 이해 없이 자신들이 본 바대로 이슬람 여성을 서구에 소개하였다. 이들은 이슬람세계의 남성들과 다를 바 없는 남성 중심적인 시각으로 이슬람 여성을 소개하였다. 이들은 특히 베일이나 하렘, 목욕탕과 같은 관행을 자신들의 시각으로 왜곡하여 전달하였다. 이들에게 베일은 여성의 신체를 억압하는 도구로, 하렘은 성적 공간으로, 그리고 목욕탕은 동성연애가 일어나는 음탕한 장소로 비춰졌다.

18세기 영국의 작가이며 여행가인 메리 워틀리 몬터규(Mary Wortley Montagu)는 이슬람세계의 남성들이 여성에게 영혼이 없다고 믿는다는 영국인들의 생각은 사실과 다르게 전해진 잘못된 정보 때문이라고 지적하였다. 이슬람에 대한 오해의 대부분은 이슬람을 악의적으로 해석하려던 그리스 목사들이 꾸란을 오역한 데서 비롯되었다고

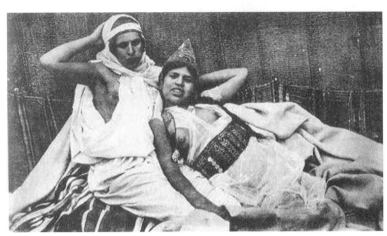

서구에 의해 왜곡된 하렘의 모습. 동성연애를 연상시키는 스튜디오 촬영 사진, 알제리 식민시대 프랑스인들이 만들어 본토에 보낸 엽서 가운데 하나(The Colonial Harem, Malek Alloula, University of Minnesota Press, 1986)

그녀는 보았다. 자신이 관찰한 베일은 여성들을 억압하는 관행이 아니라 오히려 여성들에게 자신의 정체성을 숨길 수 있게 함으로써 일종의 자유를 주는 것이라고 그녀는 전하기도 하였다.[189] 오늘날 이슬람세계의 여성들은 베일을 쓸 경우 자신의 정체성을 가릴 수 있어 행동의 자유를 느낀다고 말하기도 한다.

　　메리 워틀리 몬터규와 같은 일부 서구인들이 이슬람문화에 대한 지나친 왜곡이 있었다는 반성을 보이기도 하였으나 대부분의 서구인들의 일반적인 시각은 그렇지 못했다. 이슬람 여성문제가 서구 담론의 중심으로 부상한 것은 19세기 말 유럽이 이슬람 국가를 식민통치한 시기부터였다. 식민시대 특히 영국은 인종과 문화와 관련된 사회진보이론을 발전시키면서 영국의 빅토리아 중산층을 진화발전의 모델로 간

189_ 위의 책, p.150.

주하였다. 빅토리아 시대의 여성성과 도덕성 역시 이상적인 여성의 모습으로 간주되었다. 이는 여성의 생물학적 열등성을 주장하고 여성의 역할을 가사에만 한정시킴으로써 당시 고개를 들고 있던 페미니즘 운동에 찬물을 끼얹는 것이었다.

빅토리아 남성중심의 이론은 서구 페미니즘에 대해 거부적인 반응을 보이는 한편, 페미니즘의 언어를 포착하여 이른바 '다른' 남성들과 '다른' 문화를 지배하기 위한 수단으로 이용하였다. 그들은 여성 억압의 문제와 '다른' 남성들의 문화의 문제를 동일선상에 놓음으로써 콜로니얼 언어에 페미니즘 언어를 합성하였다. '다른' 남성들, 즉 문명화된 서구의 경계선 밖에 있는 식민지 사회의 남성들이 '여성을 억압하고 있다'라는 것은 식민지 문화를 근절해야 한다는 명분으로 이용되었다. 콜로니얼 페미니즘, 즉 식민주의에 봉사하면서 다른 문화를 타도하기 위한 도구로 이용되었던 페미니즘은 지배의 목표가 된 특정 문화에 맞게 재단되었다.

여성에게 집중된 콜로니얼 담론의 명제는 이슬람이 본질적으로 여성에게 억압적이고 그러한 억압의 상징이 여성의 베일이라는 것이다. 베일의 관행이 바로 이슬람사회를 후퇴시킨 근본적인 원인이라는 것이다. 그 결과 서구인들의 눈에 비친 이슬람 여성의 베일은 여성 억압과 후진성의 상징이 되었다. 서구인들이 여성의 의상을 여성 억압의 상징으로 받아들인 것은 서구 여성들의 신체를 억압하던 코르셋이나 거들의 경험에 근거한다. 1960년대 미국의 페미니스트들이 신체를 억압하는 브래지어를 불태움으로써 여성해방의 상징으로 삼은 것도 이와 맥을 같이 한다.

이집트 총독 크로머는 백인 우월적이고도 자민족중심적인 시선으로 타자의 문화를 바라보았다. 그는 이슬람이 여성을 비하하고 억압하고 있으며, 그것이 바로 자녀들의 교육에까지 영향을 미쳐 열등한 인간을 만들어낸다고 보았다. 이슬람세계가 퇴보하고 있는 가장 큰 원인이 베일과 격리의 관행이라고 지적하면서, 발전과 진보를 위해 이집트인들은 서구문명을 배워야 한다고 주장하였다. 그러나 이러한 주장에도 불구하고 정작 크로머가 이집트에서 펼친 정책은 여권신장과는 동떨어진 것이었다. 공립학교에 대한 규제와 등록금의 인상은 여자아이들뿐만 아니라 남자아이들의 교육도 후퇴시켰다. 식민시대 이전에 이집트 여성들은 차별 없이 의학교육을 받을 수 있었던 반면, 크로머는 여성들에게 산파 교육만을 받도록 제한하는 정책을 폈다. 이집트 여성의 베일 벗기기를 주도하였던 크로머는 아이러니컬하게도 영국에서는 여성에게 참정권을 부여하는 것에 반대하였다. 영국 본토에서 백인 남성에 저항하는 페미니즘은 철저하게 저지되었음에도 불구하고 식민지 남성들의 문화에 대항하던 페미니즘은 식민지배의 정당화를 위해 적극 장려되었다.

크로머와 같은 정치인 외에 기독교 선교사들 역시 이슬람 여성의 문제를 부각시키며 이슬람문화를 공격하였다. 이슬람의 예언자 무함마드가 '여성을 억압하기 위해' 많은 여성들과 혼인하였으며, 그가 바로 베일을 도입함으로써 여성의 지위와 역할에 부정적인 영향을 끼쳤다고 주장하였다. 서구의 여성 선교사들은 무지와 낙후 속에 살고 있는 이슬람 여성들을 기독교로 개종시켜 구원해야 한다고 설파하였다. 선교학교 교사들도 여학생들을 설득하여 베일을 벗도록 적극적으로 계도하였다. 크로머와 마찬가지로 선교사들에게도 이슬람 여성은 낙후된 이슬람사회를 문명화된 기독교 사회로 전환시키기 위한 열쇠로 간주되었다.

이렇듯 서구의 정치인, 선교사, 페미니스트 모두는 무슬림들로 하여금 고유의 종교와 관습, 의상을 포기하도록 몰아붙였다. 그 가운데서도 여성의 베일과 의상은 개혁의 우선 대상이었다. 이렇듯 서구식 페미니즘은 이슬람사회에 대한 공격을 정당화하기 위해, 그리고 유럽의 우월성을 뒷받침하기 위해 이용되었다. 분명한 것은 유럽의 페미니즘이 남성중심의 이념과 충돌하였음에도 불구하고 그 경계선 밖에서의 페미니즘은 백인 남성 지배체제를 부추기는 존재가 되었다는 점이다. 아랍의 지식인들은 이러한 식민주의 지배담론을 여과 없이 수용함으로써 정치적으로뿐만 아니라 문화적으로까지 서구에 종속되는 결과를 가져왔다.

식민주의 담론의 반영, 까심 아민(Qāsim ’Amīn)의 『여성해방』과 『신여성』: 이집트에서 본격적인 페미니즘이 등장하기 이전인 1870년대와 1880년대 초 이집트 남성 지식인들은 서구의 식민주의를 초래한 사회적 원인을 찾는 가운데 성(gender)과 관련된 관행을 거론하기 시작하였다. 이들은 고학력 출신의 법학을 전공한 사람들로 서구적인 사고와 문화에 노출되어 있던 신지식인들이었다. 이들에 의해 아랍·이슬람 세계에서는 처음으로 여성문제를 둘러싼 담론이 등장하였으며 그 가운데서도 베일의 문제는 주요 논제로 부상하였다.

그 중 가장 선구자적인 역할을 한 사람이 바로 까심 아민이었다. 그의 저서인 『여성해방』(1899)은 이슬람세계에서 커다란 반향을 불러일으켰다. 아민이 주장한 여성에 대한 초등교육의 의무화, 일부다처와 이혼 관련 법 개정 등은 당시로서는 혁신적인 내용이 아니었다. 리파아 알 따흐따위(Rifā ’ah al-Ṭahṭāwī, 1801-1873)나 무함마드 압두와 같은 무슬림 지식인들은 1870년대와 1880년대에 이미 여성의 교육과 일부다처, 이혼의 문제에 관한 개혁을 주장한 바 있었기 때문이다. 까심 아민은 이 저서에서 이집트 사회의 사회적, 문화적 변화의 필요성을 주장하였다. 이러한 논제를 다루면서 그는 여성 의상의 변화, 즉 히잡의 폐지가 이집트 사회의 근본적인 변화를 위한 열쇠라고 주장하였다.

까심 아민은 이 저서를 통해 아랍세계에서는 처음으로 히잡에 관한 논쟁을 불러일으켰다. 히잡은 단순히 여성문제만 국한된 것이 아니라 계층과 문화의 문제를 담아낸 것이었다. 히잡의 문제는 이집트 사회 내에서 다양한 계층 간의 문화적 차이뿐만 아니라 식민주의 문화와 피식민주의 문화 간의 충돌을 의미하는 것이었다. 이로써 여성과 문화의 문제가 혼합되어 아랍세계에서는 처음으로 담론의 중심으로 자리 잡았다. 여성과 문화의 문제가 결부된 것은 앞서 언급한 유럽의 식민주의 담론과 무관한 것이 아니었다. 서구문화의 우월성을 여성문제로 풀어낸 서구 식민주의 담론은 바로 서구 문화에 노출되었던 아랍 지식인들에 의해 다시 아랍사회에서 재생산되었다.

크로머와 선교사들이 주입시키려 하였던 콜로니얼 페미니즘은 바로 까심 아민 저서의 근간을 형성하였다. 서구식 교육을 받은 까심 아민이 주장한 여성의 지위 향상과 히잡의 폐지는 바로 서구 담론에 근거한 것이었다. 작품의 곳곳에서 그는 유럽문명의 우월성과 이슬람사회의 후진성을 토로하고 있다. 그는 이슬람사회가 후진성을 벗어버리고 문명화되기 위해서는 여성을 변화시켜야 하며 그 변화의 열쇠는 히잡이라고 규정하였다; "히잡은 여성의 발전에 커다란 장애가 되며 결국 국가의 발전을 가로막는다…. 어머니는 아이들의 교육에 커다란 영향을 미친다. 만약 여성들이 지금 이 상태로 히잡을 고집한다면 여성들 스스로의 교육도 불가능하다…. 여성에게 히잡을 쓰게 할 경우 지적 호기심이나 새로운 것에 대한 열망은 없어진다. 히잡은 여성을 조그마한 원 속에 가두어 그 안에서 일어나는 보잘것없는 사건 이외에는 보지도 듣지도 알지도 못하게 하기 때문이다. 결국 히잡은 살아 있는 세계와의 단절을 가져온다."[190]

까심 아민의 주장 가운데 가장 큰 비난을 불러일으킨 것은 바로 여성의 격리와 히잡의 폐지에 관한 그의 주장이었다. 식민주의자들의 담론에서처럼 까심 아민은 여성의 히잡과 격리가 사회적인 악영향을 미친다는 가정에서 출발하고 있다. 그는 히잡이 여성의 발전과 진보에 장애가 되고 결국 사회와 국가의 발전을 가로막는다고 주장하였다. 유감스럽게도 히잡에 대한 그의 공격은 이슬람적 배경에 대한 분석이나 판단 없이 콜로니얼 담론을 그대로 옮겨놓은 것에 불과했다.

여성해방에 대한 까심 아민의 주장은 이슬람식의 남성지배 사회를 유럽식의 남성지배 사회로 바꾸는 것에 불과하다. 여성해방이라는 명목하에 식민주의자들이 그랬던 것처럼 그는 이집트 고유의 문화와 전통을 공격하였다. 식민주의자들의 눈에 비춰진 것처럼 까심 아민에게 여성의 격리와 히잡은 이슬람사회의 후진성과 열등성을 상징하는 것이었다. 크로머와 마찬가지로 까심 아민에게 여성과 여성의 의상은 어떤 사회의 문화적 비교우위를 이야기하는 담론에서 매우 중요한 요소가 되었다. 그러나 정작 여성해방의 문제는 크로머와 마찬가지로 까심 아민에게는 중요한 사안이 아니었다. 까심 아민의 저서는 무슬림들이 열등하고 유럽인들이 우월하다는 식민주의 명제를 토속적인 목소리로 재구성한 것에 불과하였다. 이는 식민주의에 협력하는 중상류계층이 전통적인 삶의 방식을 고수하던 중하류계층에게 공격을 가하는 것이었다.

까심 아민이 이슬람사회를 공격하기 위한 수단으로 여성문제와

190_ Muḥammad ʿImārah, *Qāsim ʾAmīn al-ʾA ʿmāl al-Kāmilah*, pp. 360-362.

히잡문제를 이용하였듯이 그에 대한 저항은 여성의 격리와 히잡의 관행을 지지하는 형태로 나타났다. 사회분석가들은 이러한 논쟁을 페미니스트와 反페미니스트 간의 논쟁으로 다루었다. 히잡 폐지에 반대하는 사람은 反페미니스트라는 서구식 담론을 그대로 수용하였다. 그러나 까심 아민의 의도는 이슬람문명과 관습을 열등한 것으로 치부하려는 서구식 견해를 지지하기 위한 것이었다. 실제로 여성에 대한 까심 아민의 입장은 가부장적이었으며 다소 여성혐오적인 시각을 가지고 있었다. 따라서 까심 아민에게 반기를 들었던 사람들을 反페미니스트라고 규정하기는 어렵다. 저항의 담론에서 히잡은 문화적 열등성의 상징이나 타파의 대상이 아닌 토속적 관행에 대한 존엄성과 정체성, 특히 서구 지배에 대한 저항의 상징이 되었다. 따라서 이슬람세계에서 나타난 저항의 담론도 결국 식민주의자들이 만들어 놓은 용어를 그대로 답습하는 형태를 띠었다. 아이러니컬하게도 이슬람세계로 하여금 히잡에 새로운 의미를 부여하여 그것을 저항의 상징으로 삼게 한 것도 바로 서구였다.

까심 아민의 저서와 그에 따른 논쟁, 즉 계층과 문화의 문제는 다양한 아랍·이슬람 국가에서 나타난 히잡문제를 둘러싼 논쟁의 원형으로 간주된다. 이집트에서는 최초의 여성 페미니스트 후다 샤으라위(Hudā Sha'rāwī)를 비롯하여 히잡 폐지를 주장하였던 사람들은 주로 서구식 교육의 혜택을 입은 중상류계층의 사람들이었다. 터키에서도 여성 관련법을 포함한 서구식 개혁을 도입한 아타투르크는 까심 아민처럼 히잡의 폐지를 주장하면서 서구식 담론을 복창한 인물이었다. 1920년대 서구식 개혁가였던 이란의 레자 샤(Reza Shah) 역시 히잡을 금지하는 법령을 선포하였다. '문명화'되었음을 과시하고 싶었던 상류계층의 남성과 여성들의 지지를 얻었던 히잡 금지 명령은 일반 서민들의 지지를 얻지는 못하였다. 이란 여성들에게 히잡은 상류계층이 주장하는 것처럼 '후진성의 상징'이 아니었다. 그것은 이방인 남성들의 악의적인 시선으로부터 자신을 보호하기 위한 수단이며 동시에 교양의 상징이었던 것이다.

3) 정체성과 저항의 상징, 히잡

정체성 회복의 상징 히잡: 1970년대 이후 이집트에서는 이슬람근본주의운동이 서서히 고개를 들기 시작하였다. 1967년 6일 전쟁에서의 패배와 1973년 라마단 전쟁의 승리는 이집트 사회에 큰 영향을 미쳤다. 이스라엘과의 6일 전쟁의 패배는 이집트인들 모두에게 엄청난 좌절과 상처를 가져다주었다. 전쟁 후 이집트의 무슬림들은 물론 곱틱 기독교인들 사이에서도 종교적인 분위기가 팽배해졌다. 전쟁에서의 패배를 이집트인들은 도덕적 타락에 대한 신의 응징이라고 해석하였다. 이 시기 많은 사람들이 수피 종단에 가입하였으며, 카이로 자이툰 거리에 동정녀 마리아의 모습이 나타났다는 소문이 나돌기도 하였다. 수천 명의 무슬림과 곱틱 기독교인들은 동정녀 마리아가 나타났다는 곳으로 몰려가기도 하였다. 1973년 이슬람의 이름을 내건 라마단 전쟁은 이집트의 승리로 끝났다. 그 후 이 전쟁은 많은 이슬람적 은유들로 미화되었다. 신성한 라마단 달에 거둔 승리는 이 전쟁을 미화시키기에 더 없이 좋은 조건이 되었다.[191]

1970년대에 일어난 이슬람근본주의운동은 이슬람 문화에 뿌리를 둔 대중적인 형태로 나타났다. 공식적인 기관이 없었음에도 불구하고

191_ Fadwa EL Guindi, 앞의 책, pp.131-132.

이집트인 대학교수, 긴 옷에 머리를 가리는 히잡만을 쓰고 있다.(ⓒ조희선)

한국을 방문한 한 시리아인 부부, 머리를 가리는 히잡을 쓰고 긴 외투를 입고 있다.(ⓒ조희선)

이 운동은 이집트의 주요 도시, 특히 대학을 중심으로 자생적으로 생겨나 확산되기 시작하였다. 젊은 대학생들은 1930년대부터 이미 서양식 옷을 입어온 이집트 중상류계층과는 다른 옷을 입기 시작하였다. '종교적인 사람들'[192]이라는 표현은 바로 전통적인 의상을 입고 보수적으로 행동하는 남녀를 지칭하게 되었다. 그들은 서로를 형제 또는 자매라고 부르기 시작하였다. 어떠한 압력이나 무력이 수반되지 않았으나 그들은 일반인들의 도덕적 분위기에 간접적으로 영향을 미쳤다. 이슬람근본주의운동에서 채택된 의상은 매우 엄격하였고 성의 분리도 수반되었다. 이슬람근본주의운동 초기에 대학생들은 비공식적인 연대를 지속하면서 자체적인 기구를 만들기보다는 기존의 기구에 가입하여 세속주의자들과 섞이면서 그들만의 독특한 의상과 행동 방식으로 영향력을 넓혀나갔다. 1980년대 중반에는 '종교적인 사람들'이라는 명칭 대신에 '이슬람주의자들'[193]이라는 명칭으로 불리면서 주요한 정치세력을 형성하였다.

이슬람근본주의운동에서 의상은 중심적이고, 상징적이며, 의식적

192_ mutadayyinīn.

193_ islāmiyīn.

인 정치적 역할을 담당하였다. 1970년대 중반부터 여성들이 입기 시작한 '이슬람식 의상'은 서구식의 세속적인 의상을 대체하면서 민중운동의 일부가 되었다. 이집트에서와는 달리 이란과 터키에서는 정부가 남녀 모두에게 특정한 의상을 강요한 역사가 있었다. 그러나 이집트에서는 종교적 권위를 가진 아즈하르[194]의 침묵 속에 여성의 히잡 쓰기는 도심을 중심으로 확산되어 이제 카이로에서는 보편적인 현상이 되었다.

1970년대 중반 이후 이집트 정부는 지속적으로 이슬람근본주의운동의 폭력적 행동에 위협을 느끼며 해결책을 찾고자 부심하였다. 1993년 교육부 장관 후사인 카말 바하 알 딘(Ḥusain Kamāl Bahā´ al-Dīn)은 교육 분야의 개혁을 통해 이슬람 행동주의자들과 맞섰다. 행동주의 교사들이 좌천되거나 해고되었고, 커리큘럼이 개정되는가 하면, 여학생들의 히잡 착용이 규제되었다. 그러나 대학에서 히잡 착용을 금지하는 명령은 법정에서 기각되었다. 히잡 규제에 대한 반발이 거세지자 교육부 장관은 여학생들이 부모의 동의 없이도 히잡을 쓸 수 있도록 양보하였다. 여성의 히잡 쓰기에 정부가 개입하는 문제는 여전히 이집트에서 커다란 논쟁거리이다.

신세대 여성들의 히잡 쓰기는 이집트의 현대적인 도시인들에게 심지어는 그들의 부모들에게도 익숙하지 않은 것이었다. 신여성들은 대도시의 여대생들로 얼굴을 포함하여 머리에서 발끝까지 히잡으로 가렸다. 이러한 복장에 대해 세속주의자들은 조소를 보냈다. '그러한 여성들은 미장원에 갈 여유가 없기 때문에 머리를 가린다' 혹은 '자신의 못생긴 모습을 감추기 위해서 히잡을 쓴다'는 것이었다. 또한 부도

194_ 이집트에 있는 이슬람세계 최고의 권위 있는 종교기관으로 그곳에서는 여러 다양한 사안들에 관해 이슬람법적인 판결을 내놓음.

덕한 행동을 감추기 위해 히잡을 쓴다는 주장도 있었다. 이러한 공격은 아이러니컬하게도 19세기 말 이집트에서 유럽 여성들이 이집트 페미니스트들의 도덕성에 공격을 가한 것과 아주 흡사하다. 이슬람식 복장을 착용함으로써 정체성을 지키고자 하였던 여성들을 향하여 세속주의자들과 지식인 엘리트들, 그리고 페미니스트들은 서구 식민주의자들이 보냈던 똑같은 비난을 가하였다. 한편, 이집트의 일부 사회학자들은 이러한 이슬람적 경향을 사회 계층적 요인으로 해석하였다. 도시로 이주해 온 시골 출신의 젊은이들이 도시에서 겪는 박탈감과 위화감을 극복하기 위해 이슬람식 복장을 입는다는 것이다. 그러나 행동주의자들이 전문분야에 종사하려는 학업 성취도가 높은 대학생들이라는 점에서 이러한 현상을 사회 계층적 요인으로만 설명하기는 어렵다.[195]

신여성들이 이슬람 초기 시대 히잡의 관행으로, 혹은 이슬람 초기 공동체로 돌아가자는 것은 아니었다. 이슬람 초기 히잡의 개념은 오늘날의 히잡의 개념과 달랐으며, 당시의 이슬람공동체 역시도 오늘날의 사회 공동체와 아주 다른 것이었다. 1900년대 까심 아민의 '신여성'도 1970년대 이후 현대 이집트의 신여성과는 다른 모습이다. 보수적인 외양과 태도를 채택한 신세대 여성들은 고등교육을 받고 직장을 가진 사회화된 여성들이었다.

많은 사람들이 일시적인 유행일 것이라고 생각한 여대생들의 히잡은 강력하고 탄력 있는 사회 · 정치 운동이 되었다. 이러한 자발적인 젊은이들의 운동에서 이슬람적 페미니즘이 생겨났다. 서구 담론의 영향을 받은 초기 페미니즘이 히잡으로부터의 해방을 주창하였던 반면, 1970년대 중반 이후에 나타난 이슬람근본주의운동은 여성들의 자발

195_ 위의 책, pp.161-162.

적인 히잡 착용을 유도하였다.

저항의 도구로서의 히잡: 저항의 도구로서 히잡의 역사적 역동성은 알제리 독립투쟁에서 처음으로 발휘되었다. 여성과 문화의 문제를 잘 인식하고 있었던 프랑스 식민당국은 알제리 여성의 히잡을 여성 억압의 상징으로 규정하고 이러한 상황을 야기한 '타자' 남성들의 문화를 중세적이고 야만적인 것으로 몰아붙였다. 그들은 남성들에 의해 억눌려 살아가는 '알제리 여성해방'을 소리 높여 외치며 알제리 여성의 히잡 벗기기에 온갖 노력을 경주하였다. 프랑스 당국은 "우리가 알제리의 사회구조와 저항능력을 파괴하려면 무엇보다도 먼저 여자들을 정복해야 한다. 우리는 베일 뒤로 가서, 그리고 남자들이 감추어 두고 있는 집안으로 가서 그들을 찾아내야 한다"[196]며 식민지의 사회 개종을 위한 효과적인 대안을 히잡에서 찾으려 하였다. 식민주의의 공격을 받게 되면서 전통적인 복장에 불과하였던 여성의 히잡은 알제리 민중에게 새로운 의미로 부각되기 시작하였다.

1930-1935년 사이 알제리 민족주의 운동은 모양을 갖추기 시작하였다. 프랑스 식민당국은 알제리 사회와 문화를 말살하는 조치를 취하는 한편, 어떠한 反프랑스적인 움직임도 허용하지 않았다. 알제리 여성을 문화적 뿌리로부터 단절시킴으로써 알제리인들을 프랑스에 동화시키는 것이 그들의 목표였다. 알제리 남성들은 아내의 히잡에 대해 부끄러움을 느끼게 되었고, 학교에서는 교사들이 여학생들에게 히잡을 벗도록 강요하였다. 히잡은 식민지 전략에서 근절시켜야 하는 제일의 목표가 되었다. 이러한 전술은 알제리인들로 하여금 이슬람 여성의

196_ 프란츠 파농, 『혁명의 사회학』, p.29.

히잡 벗기기가 문화적 정체성을 파괴하려는 식민주의의 전략이라는 사실을 깨닫게 해주었다. 그 결과 프랑스 당국이 의도했던 것과는 정반대의 효과가 나타났다. 알제리인들은 히잡을 민족적, 문화적 상징으로 받아들이면서 여성들의 히잡에 새로운 생명력을 불어넣었다. 히잡의 착용은 식민주의에 대한 거부를 의미하게 되었고 히잡 벗기는 식민주의를 수용하고 자신의 정체성을 포기하는 것으로 인식되었다. 그러나 1955년을 기점으로 알제리 독립투쟁이 가열되자 알제리 여성들은 오랫동안 식민주의에 대항하는 은밀한 저항의 상징이던 히잡을 걷어치웠다. 그들은 적극적으로 독립투쟁에 동참하면서 임무의 성격에 따라 남의 눈에 띄지 않게 행동해야 할 경우에는 유럽식 의상을 착용하고, 비밀서류나 무기를 운반할 시에는 히잡을 입고 그 속에다 비밀리에 운송하기도 하였다. 독립혁명 투쟁에 나선 알제리 여성을 프란츠 파농은 다음과 같이 묘사하였다; "알제리 여성은 스파이는 아니었다. 그들은 훈련을 받은 것도 아니고, 지시를 받은 것도 아니고, 공연히 소란을 피우는 일이 없이도 수류탄 세 개를 핸드백에 넣거나 어떤 지역에 대한 활동 보고서를 코르셋 속에 쑤셔 넣고는 거리를 나선다."[197] 알제리 여성은 독립운동이라는 커다란 틀 속에서 윤활유 역할을 하기도 또 경우에 따라서는 핵심적 역할을 수행하기도 하였다. 이렇게 알제리 여성의 육체와 히잡은 독립투쟁을 위한 기제로 재조정되었으며, 히잡은 위장술로 그리고 투쟁의 상징으로 작용하였다.

　1956년 식민당국은 알제리 여성의 서구화 캠페인을 재개하였다. 하녀와 매춘부들을 동원시킨 관제대모에서 여성들의 히잡 벗기 행사가 개최되었다. 1957년 이후 식민당국은 알제리 여성이 독립투쟁에서

197_ 위의 책, p.42.

주요한 임무를 수행한다는 사실을 알고 알제리 여성은 물론 알제리에 거주하는 유럽 여성들까지 미행하여 체포하였다. 이러한 일련의 사건이 일어나자 알제리 여성들은 다시 히잡을 쓰기 시작하였다. 알제리 여성들이 다시 쓰게 된 히잡은 전통적 히잡의 의미는 더 이상 아니었다. 이렇듯 알제리 여성의 히잡은 식민주의에 맞서는 저항의 메커니즘으로 사용되었으며, 독립투쟁의 과정에서 심리적, 정치적 공격을 차단하기 위한 수단으로 사용되기도 하였다. 결국 알제리 여성의 히잡은 정체성과 저항의 상징으로 알제리 독립이라는 결과를 선물로 안게 되었다.

한편, 팔레스타인에서의 여성의 히잡은 알제리와는 다른 유형의 투쟁에서 중심 역할을 하였다. 인티파다(Intifāḍah, 민중봉기) 이전 가자지역의 여성들은 사회계층이나 그룹, 지역적 배경, 종교, 연령에 따라 다양한 형태의 히잡을 착용하였다. 1948년 이래 가자지역에 거주하는 나이 든 여성들은 '시골 출신'의 '캠프 여성'이라는 상황을 공유하기 위해 같은 형태의 의상과 히잡을 입기 시작하였다. 의상과 히잡을 통한 정체성의 구축은 성(gender)의 개념이 아닌 계층/그룹의 개념에 기초한 것이었다. 그들에게 히잡은 여성의 신체를 억압하는 도구가 아니라 자신의 정체성과 현실의 상황을 공유하고 알리기 위한 기제가 되었다.[198]

1970년대 말 이슬람근본주의운동을 주도하던 이슬람 단체 하마스(Ḥamās)는 히잡을 강제하였으며 이것은 가자지역의 교육받은 여성들의 관심을 끌었다. 이슬람근본주의운동에 동조하던 여성들은 통이 크고 긴 코트를 입기 시작하였다. 1980년대 이슬람식 의상 입기는 가자

시위를 벌이고 있는 팔레스타인 가자지구 여성(인터넷 자료)

지역의 직장, 종교적인 가정, 그리고 이슬람대학의 캠퍼스 등에서 확산되기 시작하였다. 인티파다 기간 동안에는 모든 여성들에게 히잡을 강요하는 캠페인으로 전환되었다. 이슬람식 의상은 팔레스타인 토착 의상에서 전례가 없는 것이다. 따라서 팔레스타인 여성의 히잡은 점령에 대한 저항, 종속에 대한 투쟁의 문맥에서 이해되어야 한다.

이란 여성의 히잡 문제는 이슬람혁명 이전의 정치적 문맥에서 이해되어야 한다. 전통적인 관습을 제거하고 서구 문물을 정착시켰던 레자 샤는 1936년 여성들이 착용하던 이슬람식 복장 '차도르'[199]를 강제로 금지시켰다. 차도르 착용 금지 조치에 대해 종교계에서는 크게 반발하였으며 대부분의 보수적인 여성들도 이 조치에 불만을 나타냈다.

199_ 이란에서는 히잡이라는 용어 대신에 차도르라는 용어를 사용함.

이란 여성들에게 차도르 착용을 금지하는 것은 오히려 여성의 사회참여를 저해하는 것이었다. 차도르에 익숙했던 당시의 여성들에게 차도르를 벗고 공공장소에 나다니는 것은 마치 옷을 벗고 나다니는 것과 같은 수치심을 안겨주었다. 그러나 도시에 거주하는 중산층에 속하는 대부분의 젊은 여성들은 차도르 착용 금지에 적극 호응하였다.[200] 그후 이란 여성의 차도르는 서구식 근대화 세력과 이슬람 정통주의 세력 간의 주요 쟁점이 되면서 이란의 정치 역사에서 중요한 상징으로 작용하였다. 결국 1941년 레자 샤는 양위 포기와 더불어 강제적으로 시행되었던 차도르 착용 금지 정책을 포기하였다. 1941년부터 1979년까지 차도르의 착용은 불법은 아니었으나 가난과 후진성의 상징이 되었을 뿐만 아니라 신분상승에 걸림돌로 작용하였다. 차도르는 직장이나 사회에서 기회 박탈의 원인이 되었으며, 차도르를 두른 아내를 동반해야 하는 남성들에게는 불이익이 가해졌다. 고급 호텔이나 레스토랑은 차도르를 입은 여성들의 출입을 금지하였으며, 학교나 대학에서도 머릿수건은 허용되었으나 전신을 덮는 차도르는 장려되지 않았다.[201]

1970년대의 차도르는 도덕성의 상징으로 팔레비조에 대한 거부와 강요된 서구화에 대한 저항을 의미하게 되었다. 사회활동을 하던 많은 중류층 여성들은 자발적으로 차도르를 입기 시작하였다. 그러나 1979년 호메이니에 의해 주도된 이슬람혁명 이후 새로운 정부 형태와 정책이 드러나자 이란 여성들은 다시 거리로 나와 차도르 착용을 거부하는 운동을 벌였다. 그럼에도 불구하고 새로운 이슬람정부는 차도르 착용을 의무화하였으며 1983년부터 차도르를 입지 않고 공공장소에 나다니는 여성들에게 74대의 태형이 가해졌다. 1994년 이후에는 이란의 어

200_ 문은영, "이란여성의 정치참여에 관한 연구", p.75.
201_ Fadwa EL Guindi, 앞의 책, p.175.

떠한 공공장소에서도 머리를 가리지 않은 여성은 찾아볼 수 없게 되었다. 레자 샤가 이슬람 혁명 이전에 여성의 차도르 벗기를 강요한 것처럼, 혁명 이후의 이슬람공화국은 여성의 차도르 쓰기를 강요하였다.

이란에서의 개혁은 항상 초기에는 의상의 개혁에 초점이 맞춰졌다. 따라서 히잡은 여러 가지 다양한 의미와 작용을 가진 강력한 메타포를 지니고 있다. 히잡을 강제하는 것은 그것을 금지하는 것처럼 권력을 행사하는 것이다. 분명 히잡은 여성의 행동에 규제를 가져다주지만, 여성의 사회활동을 보장해 주는 것이기도 하였다. 히잡을 쓴 여성들은 외출뿐만 아니라 다른 남성과의 접촉도 가능하기 때문이다. 이슬람 동부세계에서와 마찬가지로 이란 여성의 차도르는 대부분 교육을 받고 직업을 가진 도시 여성들이 입기 시작하였으며 그것은 대중적인 反서구의 상징이 되었다.

아랍 · 이슬람세계에서 여성의 명예는 남성의 명예와 직결되어 있다. 여성의 명예훼손은 곧 남성에 대한, 그리고 사회 전체에 대한 모독이 된다. 이러한 현상을 파악한 서구의 식민주의 담론은 아랍 · 이슬람 사회의 후진성을 공격하기 위해 여성의 문제를 들고 나왔다. 여성의 문제 가운데서도 가장 눈에 띄는 베일, 즉 히잡은 여성 억압의 상징으로 서구인들로부터 공격의 대상이 되었다. 그러나 정작 베일의 이슬람적 용어인 히잡은 아랍 · 이슬람세계에서 정체성 구현의 상징으로, 서구의 식민주의에 대한 저항의 상징으로, 그리고 독재와 부패정치에 저항하는 기제로 사용되었다. 이렇듯 여성의 베일, 혹은 히잡에 대한 이해는 서양과 이슬람세계의 문화적 거리만큼이나 각각 다르게 이해되고 해석되었다. 서구 여성의 신체를 속박하던 코르셋이나 브래지어의 개념을 이슬람 여성의 히잡에 적용하는 것은 결국 타 문화에 대한 무지이며 오만이라 할 수 있다.

3. 여성의 할례, 종교적 의무인가 문화적 일탈인가?

여성의 성성(sexuality)은 전 인류 역사를 통하여 억압받아왔다. 고대 이집트문명에서 파라오의 미망인들은 다른 남자와 관계를 가질 수 없도록 생매장 당했으며, 고대 로마에서도 여종이 임신하는 것을 방지하기 위해 음순에 링을 달았다고 전해진다. 12세기 유럽에는 정조대가 널리 사용되었으며, 불과 1세기 전에 유럽이나 미국에서도 여성의 자위행위를 방지하기 위한 치료행위로서 음핵절제술이 시행되었다.[202]

사실 우리나라 문화에서는 이질적으로 간주되는 여성의 할례는 세계 도처에서 행해지고 있다. 그 정확한 통계는 밝혀지고 있지 않지만 매일 6천여 명의 여성이 할례를 당하고 있다[203]는 보고도 있다. 비인간적이고 反인권적인 여성할례가 표면으로 드러나자 서구에서는 여성의 할례를 공식적으로 '여성생식기절단'(Female Genital Mutilation)이란 용어로 명명하면서 여성 탄압과 인권 탄압의 상징으로 부각시켰다.

특히, 1994년 이집트에서 10세 된 소녀아이가 비전문 의료인에 의해 잔인하게 할례 받는 모습이 CNN을 통해 생생하게 방송되고 난 이후, 여성의 할례, 즉 여성생식기절단의 문제는 다시 한 번 이슬람이라는 종교와 관련지어 이슬람 왜곡의 담론으로 부상하였다. 사실 여성의 할례는 아프리카, 아시아에 걸친 28개국이 넘는 국가에서 시행되고 있다. 아랍·이슬람 국가 가운데 여성의 할례가 시행되고 있는 국가는 이집트와 수단, 소말리아, 그리고 예멘의 일부 지역이 있으며, 그 밖의 리비아나 튀니지, 알제리, 모로코와 같은 북부아프리카 국가나 시리아, 이라크, 요르단, 사우디아라비아,[204] 이란, 터키와 같은 국가에서는 여

202_ Haifaa Jawad, 앞의 책, p.52.
203_ Muḥammad Fayyāḍ, *al-Batr al-Tanāsulī fil-ʿInāth*, p.11.

성의 할례가 이루어지고 있지 않다. 여성할례를 하지 않는 무슬림들은 그러한 관행이 이슬람 국가에 존재하는 것에 대해 놀라움을 금치 못한다. 이집트인들이 여성의 할례를 종교적인 관행으로 믿고 있으며, 아즈하르가 그것을 장려한다고 말하면 그들은 믿으려 하지 않을 것이다. 더군다나 예언자 무함마드가 여성의 할례를 장려하였다고 말한다면 그것은 이슬람의 본질을 훼손시키는 것이라고 그들은 대답할 것이다.

이렇듯 여성의 할례가 이슬람 국가 내에서도 그것을 시행하는 국가와 그렇지 않은 국가 간에 커다란 차이를 보이는 것은 그것이 이슬람의 종교적 명령에서 비롯되었다고 단정할 수 없는 이유이다. 그러나 일부 이슬람 국가에서 여성의 할례는 종교적인 담론에서 거론되고 있는 것이 사실이다. 유대인들이 남성의 할례를 종교적인 이유로 설명하듯이, 이집트를 비롯하여 할례가 시행되는 이슬람 국가에서는 남성의 할례와 더불어 여성의 할례를 종교적인 것으로 설명하고 있다. 따라서 여기서는 여성의 할례에 대한 이슬람의 입장을 살펴보기에 앞서, 여성할례의 기원, 형태, 문제점, 동기, 현실 등을 살펴볼 것이다. 그리고 이슬람의 원천이라 할 수 있는 꾸란과 하디스, 이슬람법에 나타난 여성의 할례를 일괄한 후, 할례가 시행되는 이집트에서의 여성할례에 대한 인식과 담론을 살펴봄으로써 문화적 일탈이 어떻게 종교적인 담론으로 정착하게 되었는가를 추적해 보고자 한다.

1) 여성의 할례

할례의 기원: 할례 의식이 언제 어떻게 시작되었는지에 관한 명확

204_ 일부 지역에서 아주 극소수 시행되는 것으로 알려져 있음.

한 학설은 없다. 그러나 할례가 하나의 의식으로 지구촌의 여러 민족들 사이에 분포되어 있는 점과, 시술에 있어 금속으로 된 칼이 아닌 돌칼 같은 것이 널리 사용되고 있는 점으로 미루어 이 의식의 역사는 매우 오래된 것으로 짐작할 수 있다.[205]

여성할례가 어디서 먼저 시작되었는가에 관해서도 일치된 견해가 존재하지 않는다. 여성할례는 예나 지금이나 세계의 모든 대륙에서 시행되어 왔기 때문에 그것이 어디서 먼저 시작되었는가에 대한 확실한 증거가 없다. 여성의 할례가 고대 아프리카인들의 성년 의식에서 비롯되어 이집트까지 전해졌는지, 아니면 파라오들의 풍습이 이집트인의 생활양식에 정착된 후 타 아프리카 지역으로 확산되었는지에 관해서는 학자마다 견해를 달리한다. 일부 학자들은 할례가 처음으로 시행된 지역이 이집트일 것이라 추정하고 있다. 6세기 비잔틴의 궁전의 외과 의사였던 아이티우스(Aetius)는 다음과 같이 언급하였다; "어떤 여성들은 성장함에 따라 음핵이 커지는데 그 모양이 흉측하여 부끄러운 모습이 된다. 그것은 또한 옷에 지속적으로 스쳐 성적 자극을 불러일으킨다. 따라서 그 크기가 커지면, 특히 여자아이들이 혼인할 시기가 되면 이집트인들은 음핵을 제거한다…. 사람들은 여자아이를 데려다 걸상에 앉히고, 힘센 남자가 여자아이의 뒤에 서서 팔뚝을 여자아이의 허벅지와 엉덩이에 놓고는 다리와 전신을 단단히 잡는다. 그녀의 앞에 서 있는 시술사는 커다란 족집게로 그녀의 음핵을 잡고는 그것을 왼손으로 잡아당기고, 오른손에 있는 족집게의 날로 잘라낸다…. 이집트인들은 남자아이들이 14세가 되면 할례를 시키고, 같은 나이가 되면 여자아이들도 할례를 시키기 위해 데려온다. 그 나이에 이르면 남자아이

205_ 유종현, 『아프리카의 부족과 문화』, p.279.

들은 성적 욕망이 불타오르기 시작하고, 여자아이들은 월경이 시작되기 때문이다."[206]

한편, 여성의 할례가 파라오들의 신의 양성에 대한 믿음과 관련되어 설명되기도 한다; "파라오들은 신이 양성을 지녔다고 믿었으며, 인간 역시 양성적인 특성을 부여받았다고 생각했다. 양성의 특성은 인간의 생식 기관에서 각각 드러나 남성의 여성적인 특성은 포피에, 여성의 남성적인 특성은 음핵에 드러나게 된다. 어린 소년이 성장하여 남성 사회에 입문하려면 자신의 여성적인 특성, 즉 포피를 제거해야 한다. 어린 소녀도 여성 사회에 들어가기 위해서는 남성적인 특성인 음핵과 음순을 절제해야 한다. 할례를 받는 것만이 소녀가 완전한 여성이 되어 정상적인 성생활을 할 수 있게 한다."[207]

그러나 여성할례의 이집트 기원설에 관해서도 논란은 여전히 존재한다. 파라오 여성은 여왕, 혹은 여신으로 추앙 받을 만큼 높은 지위를 누렸다는 점에서 일부 학자들은 여성할례의 이집트 기원설을 부인하고 있다. 또 다른 일부 학자들은 룩소의 카르낙 신전[208]에서 발견된 벽화에 여아할례가 묘사돼 있다고 주장하였다. 그들은 또한 기원전 163년에 제작된 한 파피루스에 혼인하기 전 여아가 할례를 받는다는 사실이 기록되어 있다고 주장하였다. 가령 이집트가 여성할례의 발생지가 아니라 하더라도 이집트에서 여성할례가 시행되었을 가능성은 존재한다. 고대 이집트 왕조는 쇠퇴기에 에티오피아의 지배하에 있었기 때문이다. 그러나 오늘날 현대 과학을 이용하여 미라를 관찰한 학자들은 여성 미라에서 할례의 흔적을 찾아볼 수 없었다고 밝히고 있다.[209]

206_ Haifa A, Jawad, 앞의 책, pp.124-125.

207_ Marie Bassili Assad, *"Female Circumcision in Egypt"*, p.4.

208_ 이집트 남부에 있는 파라오의 신전.

한편, 많은 자료들은 할례가 세계 종교가 나타나기 수천 년 전에 중앙아프리카 지역에서 유래되었다고 밝히고 있다. 중앙아프리카에서 이웃 국가로 전파되었고 그 후 소말리아, 에티오피아, 이집트 등으로 확산되었다는 것이다. 아프리카의 속설 가운데는 어린아이와 함께 천사가 태어나는데 할례를 받지 않을 경우 천사가 사라지고 사탄이 그 자리를 차지한다는 이야기가 있다.[210]

어쨌든 여성의 할례는 무슬림, 가톨릭신자, 개신교신자, 곱틱 기독교도, 정령숭배자, 무신론자를 막론하고 모든 종교 집단 사이에서 이루어지고 있다. 예컨대 이집트와 수단에서는 무슬림이든 기독교도든 상관없이 전통과 관습에 따라 할례가 이루어지고 있다. 아이러니컬하게도 수단에서는 가장 잔인한 형태의 음문봉합식 할례를 '파라오식 할례'라 부르고 있으며, 이집트에서는 이러한 형태의 할례를 '수단식 할례'라고 명명하고 있다. 따라서 여성할례의 원천이 어디인가를 파악하기는 좀더 혼란스러워진다. 그러나 아랍·이슬람 국가 가운데서 할례를 시행하는 국가가 중앙아프리카 쪽에 가까이 위치해 있고, 할례가 시행되는 이집트에서도 중앙아프리카와 가까운 남부 지역에서 더욱 잔인한 형태의 할례가 이루어지고 있다는 점에서 아프리카가 할례의 원천지일 가능성이 크다.

할례의 형태와 문제점: 이집트인 여의사 출신의 작가 나왈 알 사으다위(Nawāl al-Sa'dāwī)는 아랍 작가로서는 최초로 여성할례의 잔악성을 폭로한 페미니스트였다. 1980년대 아랍·이슬람세계 가운데 가장 큰 영향력을 지니고 있는 이집트에서 한 여류 작가가 여성할례의 잔악

209_ Muḥammad Fayyāḍ, 앞의 책, p.24.
210_ 위의 책, p.20.

성을 폭로하였다는 것은 서구인들이 보기에는 이슬람의 열등성을 다시 부각시킬 수 있는 호재가 되었다. 그녀의 작품은 즉각 서구의 여러 언어로 번역되었으며 나왈 알 사으다위는 서구세계에서 환영받는 유명한 페미니스트로 부상하였다. 사으다위 역시 어릴 적 할례를 받았으며, 할례로 인한 순탄치 못한 결혼생활로 이혼을 경험한 할례의 직접적인 피해자였다. 그녀는 작품『이브의 숨겨진 얼굴』에서 어릴 적 할례의 순간을 다음과 같이 묘사하고 있다.

"여섯 살 되던 해, 어느 날 밤, 나는 반쯤 잠이 든 평화로운 상태로 따뜻하고 편안한 침대에 누워 있었다. 요정처럼 뛰노는 꿈이었다. 나는 모포 밑에서 무엇인가가 움직이는 것을 느꼈다. 차고 거친 커다란 손과 같은 것이 무엇인가를 찾고 있는 듯 나의 몸을 더듬었다. 거의 동시에 처음과 같이 차고 큰 거친 손이 소리를 지르지 못하도록 내 입을 틀어막았다…. 바로 그 순간 나의 넓적다리는 넓게, 가능한 한 아주 넓게 벌려졌고, 도저히 떨쳐 버릴 수 없는 강한 손에 붙잡혀 있음을 느꼈다. 그때 갑자기 날카로운 금속의 끝 부분이 내 다리 사이로 들어오는 것이 보였고, 이내 내 몸 속의 살점이 떨어져 나갔다. 큰 손이 내 입을 틀어막았음에도 불구하고 나는 고통으로 비명을 질렀다. 그 고통은 단순한 것이 아니었다. 그것은 나의 온몸을 통과하는 타오르는 불길과도 같았다. 몇 분 후 나는 엉덩이 주위에 흥건한 피를 보았다."[211]

할례는 보통 '다야'(dāyah)로 알려진 전통적인 산파에 의해 마취 없이 이루어진다. 최근에는 일부 숙련된 의사나 산파에 의해 할례가 시행되기도 한다. 여성할례 시술의 성격과 범위 및 정도는 나라에 따라, 같은 나라 안에서도 지역에 따라 다르다. 할례가 행해지는 나이는

---

[211]_ Nawal El-Saadawi, *The Hidden Face of Eve*, pp.7-8.

생후 며칠에서부터 사춘기, 혹은 성인에 이르기까지 다양하다. 할례 직후에 그것을 기념하기 위한 행사가 벌어지기도, 할례 받은 여자아이에게 선물이 주어지기도 한다. 일반적으로 여성의 할례를 크게 구분해 보면 다음 세 가지 유형이 있다.

할례(circumcision): 음핵의 포피, 혹은 음핵의 덮개를 제거하는 가장 온순한 형태의 생식기절단으로 일부 이슬람 국가에서는 이것을 순나(관행)식 할례라고 부른다.

절단(excision): 음핵이나 소순음 전체, 혹은 일부를 제거하는 형태이다.

음문봉합(infibulation): 음핵과 소순음 전체와 대순음의 일부를 제거하는 것으로, 음문의 양쪽이 꿰매져 월경이나 소변을 위한 구멍만을 남겨두는 가장 잔혹한 형태의 성기절단이다.

할례 수술은 칼, 면도날, 유리 등으로 이루어진다. 수술 후, 특히

할례의 도구(인터넷 자료)

할례 받은 여자아이 모습(인터넷 자료)

음문봉합 시술 후 피부막이 형성되어 아무는 기간인 약 40일 동안 여아의 다리는 묶여진다. 1990년대 초 수단 남부에서 실시된 조사에 따르면 그곳 여성의 99%가 어떠한 형태로든 할례를 받으며 단지 1% 정도의 여성만이 할례를 피해가는 것으로 되어 있다. 그리고 할례 받은 여성 가운데 2.5%가 순나식 할례를, 12.2%가 절단을, 85.3%가 음문봉합을 하는 것으로 보고되었다.[212]

　여성할례의 가장 커다란 문제는 시술이 비위생적인 환경에서 이루어진다는 점이다. 수술이 보통 마취 없이 진행되어 가장 즉각적인 후유증은 통증이다. 음핵의 동맥과 같은 일부 혈관의 출혈, 갑작스런 출혈에서 오는 공포와 쇼크, 비뇨기 막힘, 소독되지 않은 도구나 물질을 사용하는 데서 오는 비뇨기 염증, 위생적이지 않은 환경에서 비롯되는 파상풍과 혈액 감염, 좁은 질로 인한 고통스런 성교, 음핵 절단으로 인한 오르가슴의 부족, 불감증, 정신적 불안 등이 수반된다. 어떤 경우에는 생리의 혈액이 뭉쳐 싸여서 복부가 팽배해지고, 음문 종기와 낭종이 생기기도 한다. 또한 HIV 감염에 노출될 가능성이 높아지기도 한다. 할례를 당한 여성 가운데 15% 정도는 성기가 아예 막혀버렸는가 하면, 첫날밤, 또는 출산을 할 때마다 수시로 다시 잘라내고 봉합하는 일을 반복하기도 한다. 성관계의 무감각은 거의 일반적이며 방광과 질의 배설조절관이 뚫려 소변과 대변이 계속해서 흘러나오는 경우도 보고되고 있다. 봉합된 성기는 출산과정에서 신생아에게도 커다란 위협이 된다.[213]

　할례의 동기: 할례의 동기 역시 시대와 지역에 따라 다르다. 여성에

212_ Haifaa Jawad, 앞의 책, p.54.
213_ 위의 책, pp.55-56.

게 할례를 시행하는 가장 중요한 동기를 간추려 보면 아래와 같다.

첫째, 위생적, 미적 동기로 할례가 시행되는 공동체에서의 일반적인 믿음은 여성의 외부생식기가 더럽고 흉하다는 것이다. 따라서 청결함을 유지하기 위해, 그리고 표피를 부드럽고 위생적으로 유지하기 위하여, 그리고 아름답게 보이기 위해 그것을 제거해야 한다는 주장이다. 한편, 여성의 음핵에 독성이 있어 남성의 성기가 그곳에 닿으면 남성이 병에 걸리거나 죽을 수 있다는 믿음도 있다. 또한 어린아이의 머리가 어머니의 음핵에 닿으면 뇌수종에 걸린다는 믿음에서 할례가 이루어지기도 한다. 여성할례를 지지하는 사람들은 할례를 받지 않을 경우 에이즈에 걸릴 확률이 높다고 주장하기도 한다.[214]

둘째, 성적 동기로 할례는 여자아이가 혼인하는 날까지 처녀성을 보호하고 유지하게 해준다는 믿음이다. 여성의 '과도한 성욕'에서 비롯되는 불명예를 막기 위해 그 욕망을 줄일 필요가 있다는 것이다. 한편, 할례가 남성의 성적 만족을 위한 것이라는 주장도 있다. 이것은 특히 음문봉합의 경우로 여성의 질을 좁게 함으로써 남성의 성적 만족을 극대화시킬 수 있다는 것이다. 또한 여성의 할례가 일부다처를 하는 남성들을 위한 것이라는 주장도 있다. 여성의 할례가 일반적인 사회에서는 할례 받지 않은 여성들이 혼인상대를 구하기 어려운 것으로 알려져 있다. 전통적으로 남성들은 할례를 받은 여성이 그렇지 않은 여성보다 남편에게 더 충실할 것이라 믿기 때문이다.

셋째, 사회적 동기로 남성 할례와 비슷하게 여성의 할례는 소녀가 사회의 진정한 일원으로 입문하는 것을 의미한다. 할례 받지 않은 여자아이는 사람들의 입방아에 오르내리고, 그녀의 잘못된 행실은 모두

214_ B. A. Robinson, *"Female Genital Mutilation in Africa, The Middle East & Far East"*.

할례를 받지 않은 탓으로 돌려진다. 따라서 할례를 받지 않은 여자아이는 혼인상대를 구하는 것이 쉽지 않다. 이러한 사회적인 요소는 아주 강력한 것이어서 교육받은 여성조차도 자신의 딸이 안전하게 혼인할 수 있도록 할례를 강행하는 요소로 작용한다.

넷째, 경제적 동기로 여성의 처녀성은 부친의 재산으로 간주된 것에서 비롯되었다. 특히 음문봉합술은 부계사회나 농경사회에서 여성의 처녀성을 유지시키는 정조대와 같은 기능을 하였다. 혼인계약에서 신부의 아버지는 신랑으로부터 돈을 받고 딸의 노동력, 성적 능력 및 생산력을 넘겨주게 되는데 이 경우 처녀성의 증명은 필수적이었다. 따라서 할례를 받지 않은 여자아이는 처녀성을 의심받을 수 있어 결국 부모는 딸을 할례 시킬 수밖에 없다.

다섯째, 종교적 동기로 여성할례가 이루어지는 국가에서 여성할례가 종교적인 이유로 정당화되기도 한다. 여기서 우리의 관심이 되고 있는 이슬람 국가에서는 여성의 할례를 종교적인 것으로 해석하려는 경향이 있다. 예컨대 소말리아, 이집트, 수단과 같은 나라에서 여성의 할례는 종교적으로 장려되거나 합법화되기도 하였다.

할례의 현주소: 현재 여성의 할례를 시행하고 있는 국가는 아프리카에서는 카메룬, 시에라리온, 가나, 모리타니, 차드, 남부 이집트, 케냐, 탄자니아, 보츠와나, 말리, 수단, 소말리아, 에티오피아, 나이지리아, 아시아에서는 필리핀, 말레이시아, 파키스탄, 인도네시아 등이 있다. 라틴아메리카에서는 브라질, 멕시코 동부와 페루에서 여성의 할례가 시행된다. 심지어 영국이나 프랑스, 네덜란드, 스웨덴, 미국과 같은 서구 국가에 사는 이민자들 사이에서 이러한 관행이 지속되기도 한다. 그러나 인도유럽계, 몽골계, 우랄계 민족들 사이에는 할례의 관행이

알려져 있지 않다.

　오늘날 여성의 할례는 전 세계적으로 1억 3,000만 명 이상에게 행해졌으며, 앞으로도 200만 명 이상의 소녀들이 이러한 관습의 위험에 노출될 것이라고 인권단체들은 전하고 있다.[215] 서구의 이민사회도 예외가 아니어서 영국의 경우 지난 1985년 할례금지 법안이 마련됐음에도 불구하고 매년 1만 5천 명 이상의 소녀가 할례를 받는 것으로 알려져 있다. 미국에서도 현재까지 15만 명 이상의 아프리카 출신 여성들이 이미 할례를 받았거나 받을 위험에 처해 있다고 알려져 있다. 여성할례를 근절시키기 위해 미국 하원은 1996년 9월 말 이를 불법화하는 법안을 통과시켰으며, 할례금지 교육을 실시하지 않는 아프리카국가에 대한 차관제공을 중단하도록 권고한 바 있다.[216] 세네갈 정부도 1999년 1월 할례금지 법안을 통과시켰다. 이에 따라 할례시술을 하는 사람은 최고 5년의 징역형을 받게 되었다.[217] 국제사면위원회는 1998년 9월 할례를 유엔난민지위협약이 규정하는 박해로 인정하고 세계 각국에 할례를 망명허용의 근거로 받아들여 줄 것을 권고했다. 이미 스웨덴과 미국이 이에 동의하였고, 프랑스에서는 자국 내 아프리카계 이민자의 할례에 대해 유죄판결을 내리기도 하였다.

　이슬람 국가 가운데 여성할례는 이집트를 비롯하여 수단과 소말리아 등지에서는 광범위하게 이루어지고 있다. 여성할례에 관한 통계조사가 비교적 상세한 수단의 경우, 할례 받은 여성의 숫자가 1975-1977년에는 97%에 이르렀으나 1989-1990년에는 89%로 감소하였다.

215_ WHO, *"Female Genital Mutilation"*.

216_ ≪동아일보≫ 1996년 12월 7일자, 〈미 여성 15만 명 할례고통 … 아프리카출신 이민자 중 성행〉.

217_ ≪한겨레≫ 1999년 1월 7일자, 〈세네갈, 여성할례 금지〉.

그러나 79%의 여성들은 여전히 이 관행이 지속되어야 한다고 보고 있다. 다만 도시에 거주하는 고등교육을 받은 여성들은 할례에 반대하고 있다. 한편, 수단 남성의 대부분이 여성의 할례를 지지하고 있는 가운데, 78%의 남성들은 순나식 할례를, 18%의 남성들은 완전한 절단을, 4% 정도는 중간정도의 할례를 원하는 것으로 보고되었다.[218]

이집트의 경우 교육받지 못한 가정에 속하는 여성의 97.5%, 교육받은 가정의 66.2%가 할례를 받는 것으로 알려져 있다. 1995년 의료통계에 따르면 14세에서 59세에 이르는 혼인한 여성 1만 4천 명 가운데 97%의 여성이 할례를 받은 것으로 보고되어 있다. 1994년 할례금지를 위한 기구가 설립되고 언론들도 이를 위해 적극적인 홍보를 벌였다. 그러나 병원에서의 할례시술을 금지할 경우 비전문 의료인에 의해 할례가 비밀리에 비위생적으로 이루어질 수 있다며 의사들은 이에 반대하였다. 이집트 인권기구는 매일 3,600명의 여성들이 할례를 당하며, 시골지역에서는 95%의 여성이, 카이로에서는 73%의 여성이 할례를 당하고 있다고 밝혔다. 1994년 이집트 정부는 매주 하루를 정해 할례시술을 하도록 국립병원에 명령하였으며, 1995년에는 국립병원에서의 할례 시술을 완전히 금지시켰다. 1996년 이집트 보건부 장관은 국립병원은 물론, 모든 병원에 대해 할례 시술을 전면 금지하였으나 현실적으로 비밀리에 할례를 시술하는 사람들은 처벌하지 못했다.[219] 그러나 2008년 이집트 하원은 여성할례 금지법을 통과시켰다. 그럼에도 불구하고 여성할례가 이집트에서 완전하게 근절될 것인가에 대한 의문은 남아 있다. 이집트 북부지역에 거주하는 이슬람 여성이나 곱틱 기독교 여성보다, 남부지역에 거주하는 이슬람 여성이나 곱틱 기독교

218_ Muḥammad Fayyāḍ, 앞의 책, pp.60-61.
219_ 위의 책, pp.71-73.

여성들이 할례에 더 많이 노출되어 있다는 사실은 여성의 할례가 이슬람적 관행이 아니라는 사실을 반증해 준다.

2) 이슬람의 입장에서 본 할례

꾸란과 여성의 할례: 기독교의 구약에서는 하나님이 언약으로 아브라함에게 할례를 받도록 명령하였으며,[220] 신약 복음서 가운데 누가복음은 예수가 태어난 지 여덟 번째 날에 할례를 받았다고 언급하고 있다. 그러나 이슬람의 경전 꾸란에는 여성의 할례는 물론 남성의 할례에 대해서도 명확한 언급이 없다. 심지어 무슬림들이 믿음의 조상이라고 간주하는 아브라함의 할례조차도 꾸란에는 언급되어 있지 않다.

꾸란에 나타난 '할례'라는 표현은 유대인을 언급하면서 '할례를 받지 않은 심장'이라는 은유적 표현으로 다음의 두 구절에 등장한다; "이때 그들은 저희의 *마음이 굳었나이다*라고 대답하도다. 그러나 하나님께서 그들의 불신함에 저주를 내리시니 그들이 믿지 않기 때문이라"(꾸란 2장 88절). "그들이 성약을 깨뜨리고 하나님의 계시를 불신함과 선지자들을 살해함으로 말미암아 우리의 *마음은 봉해져 버렸도다*라고 그들이 말하도다. 그러나 하나님께서는 불신으로 말미암아 그들의 마음을 봉하여 버렸으나 소수를 제외하고는 이를 믿지 않더라"(꾸란 4장 155절).

할례를 뜻하는 아랍어 '굴파'(ghulfah)는 '포피', 혹은 '덮개'를 의미한다. 꾸란의 이러한 표현은 우리말 번역본에는 위와 같이 '우리의 마음이 봉해졌으니', 혹은 '우리의 마음이 굳어졌으니'라고 되어 있다.

220_ "너희 중 남자는 다 할례를 받으라. 이것이 나와 너희와 너희 후손 사이에 지킬 언약이니라."(창세기 17장 10절)

따라서 위에 언급된 꾸란의 두 절은 신체적인 할례를 언급하는 것으로 간주하기 어렵다.

남성 할례의 근거가 되는 꾸란 구절[221]은 모두 하나님이 아브라함을 통해 계명을 완성하였으므로 아브라함이 믿음의 조상이 되며 아브라함의 종교를 따라야 한다는 내용이다. 다시 말해 아브라함이 할례를 받았으므로 그를 믿음의 조상으로 간주하는 무슬림들은 그를 따라 할례를 받아야 한다는 것이다. 따라서 모든 무슬림들은 남성의 할례를 종교적 순나, 즉 관행으로 받아들이고 있다.

남성의 할례에 관한 언급이 없는 것과 마찬가지로 꾸란에는 여성의 할례를 인가하는, 혹은 묵인하는 직·간접적인 어떠한 언급도 없다. 이것은 바로 여성할례에 관한 신성한 명령이 없다는 것을 의미한다. 聖과 俗, 정신과 육체, 내세와 현세의 조화를 추구하는 이슬람은 유대교나 기독교와는 달리 인간의 정신적, 육체적 쾌락을 인정하고 있다. 이런 점에서 이슬람이 여성생식기절단을 허용할 리 없다는 것이 무슬림 학자들의 일반적인 주장이다. 꾸란은 단식일 밤조차 남편과 아내의 성관계를 허용하고 있다; "단식날 밤 너희 아내에게 다가가는 것을 허락하노라. 그녀들은 너희들을 위한 의상이요. 너희들은 그녀들을 위한 의상이니라"(꾸란 2장 187절.) 훼손된 생식기는 성관계시 여성의 쾌락을 감소시키거나 없앤다는 점에서 여성의 할례는 꾸란의 정신과 위배된다는 주장이다.

한편, 신의 창조가 완벽하다는 점에서 여성의 할례는 바로 인간을 완벽하게 창조한 신성에 대한 훼손이라는 주장도 있다. 완벽한 피조물에 손을 대는 것은 잘못이므로 할례는 신에 대한 모독이라는 해석이

221_ 16장 123절, 3장 95절, 6장 90절, 42장 13절, 2장 130-138절.

다. 그러나 할례가 이러한 꾸란의 철학과 위배된다고 지적한 학자들이 많은 것은 아니다. 한 쉬아파 학자는 "하나님께서 창조한 것(포피)을 왜 절단하냐는 질문을 받고 어머니에게서 태아의 탯줄을 잘라내는 것, 머리카락이나 손톱이나 수염을 자르는 것과 같은 이치"[222]라고 대답하기도 하였다.

여성할례의 문제를 수면 밖으로 끌어올렸던 이집트의 여성 작가 나왈 알 사으다위 역시 여성할례를 반박하기 위한 논리로 신의 완벽한 창조 이론을 사용하였다; "이슬람이라는 종교가 여성할례의 뿌리이며 이슬람 여성의 열악한 위치와 후진성이 종교 때문이라고 사람들은 주장한다. 그러나 이 주장은 사실이 아니다…. 종교란 그것이 원칙에 있어 신뢰할 만하다면, 진리와 평등과 정의와 사랑, 그리고 남녀를 아우르는 모든 인간을 위한 건강하고 유익한 삶을 보장한다. 신체를 훼손하거나 생식기를 절단하는 것은 진정한 종교의 도리가 아니다. 진정 종교가 하나님에게서 왔다면 신체기관이 병들거나 기형이 아닌데 어떻게 신에 의해 창조된 기관을 자르도록 명령할 수 있겠는가? 하나님은 인간의 신체기관을 아무런 계획 없이 창조하지 않았다. 하나님은 여성의 음핵을 단지 어린 나이에 제거되게 하기 위해 만들었을 리가 없다. 이것은 진정한 종교나 창조자가 실수할 수 없는 부분이다. 하나님이 음핵을 예민한 기관으로 만들어 여성들에게 성적인 쾌락을 주기 위해 창조하였다면 그것은 정상적이고 합법적인, 그리고 정신적인 건강을 가져다주는 유익한 것이다."[223]

사실 이슬람은 이슬람 이전 시대 최대의 사회적 악습으로 간주되던 '여아생매장' 풍습을 종식시킴은 물론, 남녀의 평등의식이나 여성

222_ Sami A. Aldeeb Abu-Sahlieh, *"Muslim's Genitalia in the Hands of the Clergy"*.
223_ Nawal El-Saadawi, 앞의 책, pp.41-42.

의 보호관 등 당시 주변 국가에서는 볼 수 없었던 파격적인 지위와 권리를 여성들에게 확보해 주었다. 앞 장에서 언급된 바와 같이 꾸란은 남녀의 공동창조를 비롯하여 모든 남녀가 기본적인 권리와 의무에서 동등하다고 강조하고 있다. 특히 꾸란에 언급되어 있는 여성의 재산권과 상속권은 당시 여성의 위치와 지위를 생각할 때 상당히 파격적이고 진보적인 것이었다. 이렇듯 여성의 권익을 보장한 꾸란의 기본 정신에 비추어 보더라도 反인권적인 여성생식기 절단은 이슬람적이지 않다고 할 수 있다.

하디스에 나타난 여성할례: 하디스란 예언자 무함마드의 언행록을 의미하는 것으로 이슬람에서는 꾸란 다음으로 중요한 신앙의 원천이 된다. 예언자의 말과 행동은 예언자의 교우나 부인들을 통하여 전해지다가 예언자가 사망한 지 100년이 지나서야 집대성되었다. 하디스가 집대성될 당시는 예언자는 물론 그와 동시대를 살면서 예언자의 언행을 전했던 교우나 부인들도 모두 사망한 이후였다. 따라서 하디스는 원래의 것과는 많이 변질되어 전해질 수밖에 없었다. 교파에 따라, 혹은 자신의 입장이나 주장을 펴기 위해 하디스가 변조되거나 새롭게 만들어지는 경우도 있었다. 이러한 것을 막기 위해 하디스 모음집은 예언자의 말이나 행동을 그대로 옮긴 '마튼'(matn, 원문) 외에도, 이 원문을 전달한 사람들의 이름을 나열하는 '사나드'(sanad, 족보) 부분으로 구성되어 있다. 사나드 부분에서 하디스 전달자가 한 명이라도 언급되어 있지 않거나, 언급되어 있더라도 그 전달자가 온전하지 못한 경우에는 '약한' 하디스로 간주된다. 따라서 모든 하디스가 무슬림들 사이에서 인정되는 것은 아니며, 종파에 따라 자신들이 진실이라고 주장하는 하디스가 다를 수도 있다.

꾸란에 언급되지 않은 남성의 할례는 하디스에 분명하게 언급되어 있다. 한 하디스는 피뜨라(fiṭrah)[224]를 정의하면서 남성에게 다섯 가지 규범을 전달하고 있다. 음모 깎기, 할례, 콧수염 정돈, 겨드랑이 털 제거, 손톱 깎기 등이 여기에 해당된다. 물론 이러한 '피뜨라'의 종류와 형태도 하디스마다 차이가 있으며, 그것 모두가 의무사항인지, 혹은 일부만 의무사항인지에 대해서도 하디스마다 다르다. 한 하디스에는 어떤 사람이 예언자에게 와서 이슬람에 귀의한다고 선언하자 예언자가 다음과 같이 말한 것으로 기록되어 있다; "너는 불신자의 털을 깎고 할례를 하라." 예언자가 말하길 "무슬림이 되고자 하면 나이가 찼더라도 할례를 하도록 하라." 한번은 예언자가 할례를 받지 않은 사람이 순례를 할 수 있느냐는 질문을 받고, "할례 받지 않은 한 그렇게 하지 않는 것"이라고 대답하였다고 전해진다.[225] 이와 같이 남성의 할례를 전하는 하디스는 '올바른' 하디스로 간주되어 모든 무슬림 남성들은 할례를 순나, 즉 관행으로 받아들이고 있다.

예언자 시대 여성할례에 관한 정보는 거의 없다. 압바스 시대를 살았던 자히즈(al-Jāḥiẓ, 868년 사망)는 "남성과 여성의 할례는 아브라함과 하갈 시대부터 오늘날까지 아랍인들에 의해 시행된다"고 전하고 있다. 또한 자와드 알리(Jawwād 'Alī)는 여성의 할례가 특히 메카의 아랍인들 사이에서 널리 퍼져 있었고, 할례를 시술하는 여성의 아들은 '음핵 절단자의 아들'이라는 경멸적인 호칭으로 불렸다고 전하고 있다.[226] 한 하디스는 여자노예에게 할례를 시술하던 여성이 예언자에게 와서 한 이야기를 전하고 있다. 그녀는 '만약 여성할례가 금지되지 않

224_ 자연의 상태, 즉 인간이 처음 태어났을 때의 모습을 하고 있는 상태.
225_ Haifaa Jawad, 앞의 책, p.128.
226_ Sami A. Aldeeb Abu-Sahlieh, 앞의 글.

았고 예언자께서 나에게 그것을 그만두라고 명령하지 않는다면' 그 관행을 계속할 것이라고 말했다. 예언자는 "그렇다. 그것은 허용되었다. 내가 정확하게 알려줄 수 있도록 이리 더 가까이 오너라. 네가 만약 그것을 자른다면 지나치게 자르지 마라. 그것은 여자들에게는 얼굴에 더 많은 홍조를 띠게 할 것이고, 남편들에게는 더 큰 쾌락을 가져다 줄 것이기 때문이다"[227]라고 대답하였다. 또 다른 하디스에는 "그것을 없애지 말고 줄여라. 그것이 여성에게 즐겁고 남성에게 더욱 선호되나니…", "할례가 남성에게는 순나, 즉 관행이고 여성에게는 마크루마(Makrūmah)[228]이니", "지나치지 않게 가볍게 잘라라. 그것이 너의 남편에게 더 즐거우니", "여성의 할례는 마크루마이고 마크루마보다 나은 것이 없나니"라고 되어 있다.[229] 이러한 하디스 구절은 최소한의 할례를 예언자가 허용하고 있다고 언급하고 있다. 그러나 이러한 하디스는 여성의 할례를 장려한다든지 혹은 그것이 의무라고 전하고 있지는 있다. '무슬림여성연맹'(Muslim Women's League)은 이 하디스를 '약한' 하디스로 규정하고 이것을 예언자의 관행으로 받아들일 수 없다는 입장을 취하고 있다. 게다가 이 하디스는 여섯 개에 이르는 정통 하디스 모음집 가운데 단 한 권『아부 다우드의 관행』에서만 발견되고 있기 때문에 더욱 신빙성이 떨어진다.[230]

여성의 할례는 모든 사회계층에서 시행되지는 않았던 듯이 보인다. 앞서 언급하였듯이 여성할례에 대해 전해지는 하디스는 여자노예

227_ B. A. Robinson, 앞의 글.
228_ 좋은 행동 혹은 고귀한 행동을 의미하는 것으로 그것을 행하는 것은 좋지만 종교적인 의무사항은 아님.
229_ Haifaa Jawad, 앞의 책, p.58.
230_ Muslim Women's League, *"Position Paper on Female Genital Mutilation/Female Circumcision"*.

의 할례를 담당하였던 한 여성에 관한 이야기이다. 킬라니(al-Kīlānī, 941년 사망) 역시 "남자아이의 할례는 관행이나 여자노예의 할례는 관행이 아니다", "여자노예의 할례는 관행이 아닌 마크루마이다"라고 여자노예의 할례에 대해서만 언급하고 있다.[231]

그러나 여성할례와 관련된 모든 하디스는 '약한' 하디스로 정통하지 않은 것으로 간주된다. 카이로의 전 아즈하르 쉐이크 마흐무드 샬투트(Maḥmūd Shaltūt) 역시 "그것은 분명하지도 정통적이지도 않다"라고 주장하였다. 파리 모스크의 무슬림학교 교장 쉐이크 압바스(Sheikh 'Abbās) 역시 이러한 견해를 지지하고 있다; "남성의 할례는 미관상의 그리고 위생적인 목적이 있다. 그러나 여성할례의 유효성을 언급하는 어떠한 종교적인 텍스트도 존재하지 않는다. 대부분의 이슬람 국가에서는 이러한 관행이 존재하지 않는다. 불행하게도 일부 사람들이 하는 할례는 이슬람 이전의 관행에 근거한 것이다."[232] 이집트 근대 개혁주의자 무함마두 압두 역시 여성의 할례가 꾸란의 철학과 위배된다고 보았다.[233]

따라서 여성할례를 언급하는 하디스는 일반적으로 '약한' 하디스로 규정되어 그 신뢰성이 부족하다는 것이 종교적인 입장이다. 할례를 지지하는 사람들조차도 할례와 관련된 하디스가 분명하지 않거나 신뢰할 만하지 않다고 보고 있다. 간혹 그러한 하디스를 인정한다 하더라도 할례의 형태는 순나식 할례, 즉 음핵의 최소한의 부분을 잘라내는 것을 인정하는 것으로 오늘날 이집트 남부나 수단, 소말리아에서 행해지는 잔혹한 형태의 할례와는 거리가 있다. 더군다나 예언자의 여

231_ Sami A. Aldeeb Abu-Sahlieh, 앞의 글.

232_ Haifaa Jawad, 앞의 책, p.58.

233_ Sami A. Aldeeb Abu-Sahlieh, 앞의 글.

러 하디스는 남녀 간의 성관계의 중요성과 이에 대한 축복을 강조하고 있다는 점에서 꾸란과 마찬가지로 하디스에서도 여성의 할례가 장려되고 있지 않음을 볼 수 있다.

이슬람법에서의 할례: 이슬람세계가 팽창함에 따라 이슬람공동체에서는 꾸란과 하디스만 가지고 공동체를 운영할 수 없었다. 이에 따라 예언자가 사망한 지 200년가량이 지난 이후에 꾸란과 하디스를 근거로 이슬람법, 즉 샤리아가 제정되었다. 그러나 이슬람법이 형성되던 당시의 이슬람제국은 종교적인 공동체라기보다는 세속적인 왕국의 형태를 띠고 있었다. 도덕적, 정신적 세계를 추구하던 사람들이 소외된 이슬람제국은 자연스럽게 남성중심주의 사상에 젖어 있던 정치인이나 종교인, 법학자들에 의해 다스려졌다. 더군다나 종교를 해석하여 법제화시킨 법학자나 신학자들의 상당수가 非아랍인들로 이루어져 여성에 관한 꾸란 구절을 해석하는 데 자신들이 가지고 있던 옛 문화의 기준을 그대로 적용하였다. 또한 정치인과 결탁한 종교인들은 꾸란 구절을 자구 그대로 해석하면서 여성에게 불리한 이슬람법이 확립되기에 이르렀다.

전통적인 법학자들은 남성의 할례가 여성의 할례보다 중요하다고 언급하였다. 대부분의 전통적인 법학자들은 남성의 할례가 '의무'라는 확고한 입장을 취하고 있다. 그러나 남성의 할례와는 달리 대부분의 전통적인 법학자들은 여성할례에 관해 중립적인 입장을 취하고 있다. 일부 학자들이 여성할례가 '의무'라고 강력하게 주장하였으나 실제적으로 당시 여성의 할례가 어느 정도 시행되었는지는 파악하기 어렵다. 모든 여성이 할례를 받아야 하는지 혹은 아랍세계 동부지역과 서부지역 여성들 간에 차이가 있는지에 관한 이견이 있다. 동부지역의 여성들은 선천적으로 서부지역 여성들에게는 없는 큰 음핵을 가지고 있기 때문에 할례를 받아야 한다고 이븐 알 핫즈(Ibn al-Ḥajj)[234]는 전하고 있다.[235] 이것은 여성의 할례가 이슬람세계의 서부지역보다는 동부지역에 더 많이 확산되어 있었다는 것을 의미한다. 오늘날에도 북서부 아프리카에 위치한 아랍 국가에서는 동부지역에 위치한 아랍 국가와는 달리 여성의 할례가 시행되고 있지 않다.

이슬람제국이 팽창하고 다양한 학문과 문화가 유입됨에 따라 일부 학자들은 신과의 관계에서 비롯된 인간의 모든 행동을 망라하는 백과사전을 편찬하기 시작하였다. 이러한 백과사전적인 저서에서도 남성과 여성의 할례는 광범위하게 다루어지고 있지 않다. 어떤 경우 할례라는 단어조차 발견하기 어려우며 언급이 되었다 하더라도 치아 닦기(siwāk), 혹은 아끼까('aqīqah)[236]와 더불어 잠깐 언급되어 있을 따름이다.

여성할례의 문제는 학자에 따라 그리고 법학파에 따라 그 견해가 다르다. 같은 법학파 내에서도 상반된 견해가 제시되기도 하였다. 어떤 경우 남성할례를 '순나'로 여성할례는 '마크루마'로, 또 다른 경우에는 남성할례를 '와집'(wājib, 의무)으로 여성할례를 '순나'로, 또는 둘 다 모두를 '와집', 즉 의무로 간주하기도 하였다.

이슬람법은 유죄와 무죄만을 판결하는 서유럽 법과는 달리, 신이 인간의 행위를 어떻게 보느냐에 따라 인간의 행위를 다음의 다섯 가지로 분류하고 있다. 첫째, 인간의 필수적인 의무사항 '와집'으로 모든

234_ 1336년 사망, 말리키 법학파에 속함.
235_ Sami A. Aldeeb Abu-Sahlieh, 앞의 글.
236_ 어린아이가 출생한 지 7일째 되는 날 아이에게 이름을 지어주고 머리카락을 깎아주는 기념일.

무슬림들이 이행하지 않으면 징벌을 받고 이행하면 칭송을 받는 행위이다. 둘째, 만둡(mandūb, 권장)으로 이행하면 칭찬을 받지만 행하지 않아도 징벌의 대상이 되지 않는 행위이다. 셋째, 무바흐(mubāḥ, 무방)로 행하거나 행하지 않아도 보상이나 벌이 없는 행위이다. 넷째, 마크루흐(makrūḥ, 바람직하지 않은 것)로 행위를 삼가면 보상받고 행하여도 벌을 받지 않는 것이다. 다섯째, 무하람(muḥarram, 금지)은 말 그대로 신이 금하는 행위를 말한다. 그러나 남녀의 할례는 이슬람법에서 분류하는 위의 범주와 정확하게 맞아떨어지지 않는다. 그것은 남녀의 할례를 다루는 법학자들이 서로 상충되는 하디스, 즉 할례를 각각 '와집'(의무), '순나'(관행), '피뜨라'(자연 상태), '마크루마'(좋은 행동)로 간주하는 다양한 하디스에 의존하였기 때문이다.

할례에 관한 이슬람 순니 4대 법학파의 입장을 살펴보면, 우선 샤피이 법학파는 할례가 남녀 모두에게 '의무'라고 주장한다. 하나피와 말리키 법학파는 남녀 모두에게 할례가 '권장'사항이라고 주장한다. 한편, 한발리 법학파는 남성에게는 '의무'이고, 여성에게는 단지 '권장'사항이라고 주장하고 있다. 4대 법학파 모두 '질의 윗부분에 삐어져 나온 부분'을 제거하는 순나식 할례를 언급하고 있다. 어느 법학파도 절단이나 음문봉합은 인정하지 않았다.[237] 그러나 흥미롭게도 순니 4대 법학파 모두는 할례가 반드시 해야 하는 필수사항은 아니더라도 권장할 만한 것이라고 언급하고 있다. 앞서 보았듯이 예언자의 하디스에는 할례의 부위가 정확하게 언급되어 있지 않다. 그러나 법학자들은 한걸음 더 나아가 할례의 부위를 음핵, 혹은 그 뚜껑, 혹은 소음순의 일부라고 규정하기에 이르렀다.

237_ Haifaa Jawad, 앞의 책, p.128.

오늘날의 논의: 오늘날 여성할례는 이슬람세계 밖에서뿐만 아니라 이슬람세계 안에서도 커다란 논쟁거리가 되었다. 1980년대 이전 이슬람세계의 학자들은 여성할례가 '마크루마' 즉 '좋은 행동'인지 혹은 '금지'된 사항인지에 관해 논쟁을 벌이려 하지 않았다. 많은 전통적인 법학자들이 이미 여성의 할례를 '좋은 행동'으로 간주하였기 때문에 비록 자신이 살고 있는 국가에서 할례의 관행이 없다 하더라도 고전에 언급되어 있는 사항을 쉽사리 비난할 수 없었다. 따라서 여성할례에 관한 논쟁은 1980년대 이후 서구에서 일어난 '성과 몸의 담론'의 영향을 받은 새로운 현상이었다. 이 논쟁에 불을 지핀 사람은 앞서 언급한 이집트의 의사 출신 작가 나왈 알 사으다위였다.

이집트 최고의 종교기구 '아즈하르'에서는 '파트와'(fatwah)를 통해 여성할례에 대한 입장을 표명해 왔다. '파트와'란 새로운 현상이나 사안에 관한 이슬람 종교학자들의 견해로 법적인 구속력은 없다. 그러나 일반적으로 무슬림들은 파트와를 따르고 있다. 여성할례와 관련하여 아즈하르는 다음과 같은 일련의 파트와를 발표하였다;

1949년: 여성할례를 거부하는 것은 죄가 아니다.

1951년: 여성할례는 본능을 자제하는 것이기 때문에 바람직하다.

1981년: 부모들은 예언자 무함마드의 교훈을 따라야 하며 의사들의 말에 귀를 기울여서는 안 된다. 부모들은 딸들이 할례를 받도록 자신의 의무를 다해야 한다.[238]

1949년에 발표된 첫 파트와는 여성할례의 관행을 위축시키고 있다. 그러나 그 이후에 발표된 일련의 파트와는 이러한 관행을 지속하라고 충고하고 있다. 특히, 1981년에 발표된 세 번째 파트와는 여성할

238_ B. A. Robinson, 앞의 글.

례의 관행에 제동을 거는 어떠한 입장도 거부하고 있다. 그 얼마 후 이집트 보건성 장관은 이러한 관행이 이집트 문화에 뿌리를 둔 것으로 쉽게 근절되기 어려우며 이집트 가정의 90%가 이를 따르고 있다는 성명서를 발표하였다.[239]

이집트의 권위 있는 무프티(mufti)[240] 무함마드 사이드 딴따위(Muḥammad Sayyid Ṭanṭāwī)는 "남성의 할례는 관행이고 의무이나 여성의 할례를 의무화하는 어떠한 법적인 텍스트도 없다"고 선언하였다. 1996년 7월 이집트 보건성 장관 이스마일 살람(Ismā'īl Salām)은 여성할례를 금지시켰다. 그러자 이슬람근본주의자 유수프 바드리(Yūsuf Badrī)는 보건성 장관을 법정 소송하였다. 1997년 6월 이집트 법정은 여성할례를 금지시키는 국가의 결정을 번복하였다. 1997년 7월 6일 한 독일 잡지와 가진 인터뷰에서 쉐이크 바드리는 많은 여성들이 이슬람의 승리를 기뻐한다고 주장하였다. 모로코와 알제리의 부모들은 이러한 관행을 따르지 않는다는 지적을 받자 그는 이집트 여성들의 음핵이 그러한 나라의 여자아이들의 것보다 크다고 응답하였다. 그는 또한 할례 받은 여자아이들이 에이즈에 걸릴 위험이 적다는 연구결과를 인용하기도 하였다.[241]

결국 이집트 정부는 이집트 최고행정법원에 이 문제를 상소하였다. 1997년 12월 28일 이집트 최고행정법원은 여성할례가 이슬람법에 의해 준수되는 사항은 아니라고 최종 판결하였다. 그 결과 이집트에서는 여성할례가 이슬람법이 아닌 이집트 국가의 세속법에 종속되었다.[242] 이때 이집트 법은 할례시술이 아이와 부모의 동의하에 이루어

239_ Haifaa Jawad, 앞의 책, p.60.
240_ 파트와를 결정하는 사람.
241_ B. A. Robinson, 앞의 글.

진다 하더라도 불법이라고 간주하였다. 그러나 건강상의 이유로 필요하다면 산부인과 의사들이 할례시술을 할 수 있다는 예외규정을 둠으로써 할례시술에 종지부를 찍지는 못했다.[243] 2008년 이집트 의회는 치료 목적 외의 여성 할례시술을 전면 금지하고 이를 어기는 사람에게 3개월~2년의 징역형이나 최고 5천 파운드의 벌금형을 부과하는 내용을 담은 아동보호법안을 가결했다.

　여성할례의 관행은 아프리카 혹은 이집트 파라오 시대로 거슬러 올라가는 오래된 관행이었다. 따라서 이 관행은 이슬람과 더불어 전해진 관행으로 볼 수 없다. 예언자 시대에 여성할례가 존재하였다고 해서 그것을 이슬람적인 관행으로 간주하기 어렵다. 이슬람의 경전 꾸란은 여성할례를 전혀 언급하고 있지 않으며, 할례에 관해 전해지는 예언자의 하디스도 믿을 만하지 못한 '약한' 것으로 간주된다. 그럼에도 불구하고 꾸란과 하디스를 근거로 하고 있는 이슬람법에서는 여성의 할례를 적어도 완전히 부인하고 있지는 않다. 이것은 바로 꾸란과 하디스, 이슬람법이 집대성되거나 만들어진 시대 및 배경과 무관하지 않다. 꾸란에 강조되어 있는 무슬림 여성의 지위가 이슬람법에서 형편없이 약화된 것과 마찬가지로, 꾸란에 전혀 언급되지 않았던 여성의 할례는 이슬람법에서 슬며시 장려되고 있다.
　따라서 오늘날 이슬람세계의 많은 페미니스트들과 개혁주의자들은 이슬람 초기 시대, 그리고 꾸란의 정신으로 되돌아갈 것을 주장하고 있다. 가부장적인 제도가 강화된 시기에 전해진 후기 하디스나 이

242_ 이집트에서 가족법의 영역은 이슬람법에 속해 있고 그 밖의 나머지 법은 세속법을 따르고 있다.
243_ B. A. Robinson, 앞의 글.

슬람법은 이슬람의 근본정신과 거리가 있다는 것이다. 그들은 이슬람의 정신을 가장 잘 담고 있는 꾸란에 규정되어 있지 않은 여성의 할례를 거부하고 있다.

4. 명예살인, 가문의 명예회복?

이슬람세계에서 종종 발생하는 명예살인은 무슬림 여성의 열악한 지위를 이야기할 때 빠짐없이 거론되는 문제이다. 이라크 전쟁이 종료된 후 미군에 의해 성폭행당한 여성들이 가족에 의해 명예살인되었다는 보도가 있었다. 그리고 그러한 여성들이 명예살인될 것이 두려워 가족의 품으로 돌아가지 못하고 국제여성인권단체의 보호를 받고 있다는 인터뷰가 TV에서 방영되었다. 이렇듯 명예살인은 종종 이슬람과 관련지어 전 세계의 매스컴에 오르내리고 있다. 그리고 이슬람과 이슬람 여성을 왜곡시키는 데 가장 큰 역할을 하고 있다. 그렇다면 과연 명예살인이란 무엇이고 그것이 종교 이슬람과 어떠한 관계를 가지고 있는지를 살펴보기로 한다.

1) 명예살인이란 무엇인가?

"너 어디 있었어?" 16세 된 딸 티나가 아파트에 들어서자 어머니 마리아 이사는 딸을 낚아챘다.

"일했어요." 티나가 쏘아붙였다.

"우린 네가 밖에 나가 일하는 것을 용서 못해." 티나의 아버지 제인이 끼어들었다.

"넌 왜 우리에게 이런 짓을 하는 거야?" 마리아가 화를 내며 물었다.

"아버지에게 전 아무 짓도 하지 않았어요." 티나가 벌컥 화를 냈다.

"나쁜 년, 너를 집에까지 데려다 준 녀석은 뭐야? 그 녀석이 너랑 같이 자려고 하는 것 아냐, 넌 부끄러움도 없냐? 넌 정신이 있는 거냐? 그건 화냥질이야." 제인이 나무랐다.

부모가 티나를 아파트 밖으로 던져 버릴 것이라고 위협하자, 티나는 그렇게 하라며 완강하게 대들었다.

"들어 봐, 이것아. 넌 오늘이 마지막 날이야. 오늘 널 죽여 버릴 거다." 마침내 아버지가 말했다.

"정말?" 티나가 당황했다.

"네가 오늘 죽는다는 걸 이제야 알겠니?"

갑자기, 아버지가 진지하다는 것을 깨달은 티나는 길게 소리쳤다. 그 때 아무런 충돌은 일어나지 않았다. 누군가 입을 틀어막자 티나의 비명소리는 이내 사라졌다. "조용히 있어. 티나!" 아버지가 소리쳤다.

"어머니, 도와주세요." 티나가 소리쳤다.

"입 닥쳐!" 어머니가 소리쳤다.

"안 돼! 안 돼!" 티나가 비명을 질렀다.

"죽어라! 빨리 죽어라!" 아버지가 소리쳤다.

티나는 다시 소리를 지르려 애쓴다.

"조용히 해, 이것아." 티나의 가슴을 칼로 여섯 번째 찌르면서 아버지가 말했다.

"죽어라! 죽어라!" [244]

1989년 미국 이민자인 제인 이사는 명예를 지킨다는 이유로 딸을

244_ People Weekly, 20 January 1992. Mai Yamani(Ed.), *Feminism and Islam*, pp.142-143에서 재인용.

칼로 찔러 살해하였다. 위의 내용은 티나가 살해되던 날 밤의 녹음 기록이다. FBI는 제인이 테러리스트라는 혐의를 두고 그의 아파트에 도청장치를 설치하였다. 그러나 불행하게도 티나가 죽던 날 이 테이프를 들은 사람은 아무도 없었다.

전통적으로 아랍여성들은 혼전에 처녀로 남아 있어야 한다는 사회적인 압력을 받고 있다. 처녀막은 여성에게 사회적 가치와 존경을 가져다주는 육체적인 표시이다. 아랍의 전통사회에서는 혼인 후 처녀임을 확인하는 작업은 매우 중요하다. 첫날밤 신부가 첫 성관계를 가지고 피를 흘리지 않을 경우 명예살인이 발생하기도 한다. 신부의 아버지는 부정한 자신의 딸을 살해해야만 가문의 명예를 회복할 수 있다. 티나의 예에서 알 수 있듯이 남자 친구와 거리를 걸었다는 이유로, 모르는 남자의 차에서 내렸다는 이유로 명예살인되기도 한다. 특히, 영국이나 프랑스, 독일 등지의 무슬림 이민자들 사이에서 일어나는 명예살인은 서구 매스컴의 주목을 끌면서 이슬람에 대한 부정적 인식을 더해주고 있다.

아랍어로 '명예'를 의미하는 단어 '샤라프'(sharaf)는 여성의 '정조'를 의미하기도 한다. 아랍세계에서 남성의 명예와 가문의 명예는 전적으로 가문 여성들의 정절에 달려 있다는 의미이다. 남성들은 가문의 명예를 위해 명예살인을 하지 않았을 경우 그 사회의 남성으로 인정받지 못한다. 아랍 전통사회에서 나타나는 이러한 명예살인이 과연 이슬람에 근거한 것인지, 그리고 명예살인이 아랍 국가에서 법적으로 어떻게 다루어지고 있는지를 살펴보고자 한다.

2) 이슬람과 명예살인

서구 이슬람학자들은 이슬람이 여성을 학대하고 더 나아가서는 여성에 대한 명예살인을 용인하고 있다는 근거로 다음의 꾸란 구절을 종종 인용한다; "순종치 아니하고 품행이 단정치 못하다고 생각되는 여성에게는 먼저 충고를 하고 그 다음으로는 잠자리를 같이 하지 말 것이며 셋째로는 가볍게 때려줄 것이라"(꾸란 4장 34절). 이 꾸란 구절이 여성에 대한 폭력을 묵인한다는 입장이다. 꾸란 외에도 아내의 행위가 의심스럽다거나 아내가 남편에게 공개적으로 반항할 경우 가벼운 체벌을 하라는 하디스도 인용된다. 하디스 수집가 무슬림(875년 사망)이 전하는 한 하디스가 그것이다; "여성문제에 있어서 하나님에 대한 너희의 의무를 유의하라. 하나님은 그대들에게 아내들을 신탁으로 맡겼기 때문이다…. 좋아하지 않는 누군가가 집안에 들어오지 못하도록 할 의무가 그대들에게 있다. 만일 아내들이 누군가의 출입을 허용했다면 그들에게 어떤 흔적을 남기지 않을 만큼의 가벼운 체벌을 가하라." 이러한 하디스는 예언자가 살아생전 마지막으로 수행한 고별순례 때에 말한 것으로 알려져 있다.

아내에 대한 체벌을 다루는 위의 꾸란 구절과 하디스는 이슬람이 여성의 신체적 학대를 허용한다는 주장에 대한 근거로 이용되었다. 그러나 많은 꾸란 구절과 하디스는 아내에게 친절하게 대해줄 것을 누누이 강조하고 있다. 위의 내용과 정반대의 내용을 담은 하디스로는 다음과 같은 것이 있다. 어떤 여성들이 남편들의 학대에 관해 예언자에게 와서 불평하자, 예언자가 다음과 같이 남성들에게 충고하였다; "너희 가운데 아내에게 체벌을 가하는 사람은 결코 훌륭한 사람이 아니다." 하디스 수집가 부카리는 '혐오스러운 체벌'이라는 제목하에 또 다른 하디스를 전하고 있다; "그대들 어느 누구도 노예에게 대하는 것처럼 아내에게 체벌을 가하지 말라."

명예범죄와 직접적인 관련이 있는 또 다른 꾸란 구절이 있다; "너희 여인들 가운데 간음한 자 있다면 네 명의 증인을 세우고 만일 여인들이 인정할 경우 그 여인들은 죽을 때까지 집안에 감금되거나 아니면 하나님께서 다른 방법으로 그 여인들에게 명할 것이라"(꾸란 4장 15절). 여기서 간음이란 분명한 부도덕한 행위이며, 이에 대한 처벌은 행동에 대한 제한, 즉 이동의 자유를 박탈하는 것이지 살인을 의미하지 않는다.

사실 이슬람은 이슬람 이전 시대 최대의 사회적 악습이라 할 수 있는 여아생매장 풍습을 금지하였다. 여아생매장 풍습의 금지는 무슬림 여성의 지위 향상이라는 상징적인 의미를 가진다. 그러나 불행하게도 이러한 이슬람의 메시지는 이슬람세계의 여성들에게 가해지고 있는 폭력을 볼 때 망각되고 있는 듯하다. 여아생매장 풍습은 일부 아랍 부족에 의해 음식이나 물이 부족한 어려운 시기에 행해지던 유목민의 관습이었다. 생매장은 여아에게만 한정된 것은 아니었다. 다른 지역의 부족공동체에서 그랬던 것처럼 새로 태어난 아이들은 남녀를 불문하고 어려운 시기 동안 가장 취약한 존재였다. 그러나 이슬람이 폐지하고자 하였던 것은 이러한 형태의 영아살인이 아니었다. 이슬람에서 금하고자 하였던 것은 여아로 인해 가문에 불명예가 돌아올 것이 두려워 여아를 살해하는 여아생매장이었다. 따라서 꾸란의 메시지는 여성을 불명예의 원천이라고 간주하는 잘못된 관행을 폐기하기 위한 것이었다. 꾸란은 무고한 여아를 살해하는 것을 강력하게 비난하고 있다; "그들 가운데 한 사람이 여아가 탄생했다는 소식을 들었을 때 그의 얼굴이 검어지며 슬픔으로 가득 차더라. 그에게 전해온 나쁜 소식으로 그는 수치스러워 사람들로부터 자신을 숨기며 그 치욕을 참을 것인가 아니면 흙 속에 묻어 버릴 것인가 생각하였나니 그들이 판단한 것에 불행이 있으리라"(꾸란 16장 58-59절).

더 나아가 꾸란은 간음에 대한 중상모략을 금지함으로써 헛소문으로 피해 받는 여성들을 보호하고자 하였다. 꾸란은 증거 없이 중상모략을 한 자에게는 엄한 처벌을 명령하였다. 이슬람이 의도한 것은 헛소문을 퍼트린 자에 대한 처벌만이 아니다. 중상모략한 자에 대한 엄한 처벌은 중상모략으로 인해 피해 받는 여성들을 보호하기 위한 의도도 담겨 있다. 합법적인 증거 없이 누군가의 도덕성이나 명예에 대해 지속적으로 의심을 보내는 사람에게 꾸란은 80대의 태형을 명령하였다. 이 형벌은 간음을 저질렀을 경우 받게 되는 100대의 태형을 제외하고는 가장 무거운 처벌이다.

꾸란에서 명령하고 있는 이러한 사실에도 불구하고 '명예살인'이 여전히 이슬람세계에서 발생하고, 또 정당화되고 있다는 사실은 매우 아이러니컬하다. 명예살인범들은 법의 보호를 받으며 가문의 '명예'라는 이름하에 범죄를 저지르고 있다. 이러한 범죄는 예언자 무함마드 자신이 아내 아이샤와 관련된 풍문의 피해자가 되었을 때 보여준 입장과도 무관하다. 예언자 무함마드의 부인 아이샤가 이러한 풍문의 주인공이 되었을 때, 남편인 무함마드나 아버지인 아부 바크르는 아이샤에게 보복하지도 그녀를 살해하지도 않았다. 그 대신 아무런 증거 없이 반복하여 중상하는 자는 신 앞에 죄인으로 처벌을 받아야 한다는 꾸란 구절을 계시 받았다. 따라서 헛소문이나 중상모략이 퍼지기만 해도 아버지나 남자 형제에 의해 저질러지는 명예살인은 이슬람적인 아무런 근거가 없다. 꾸란은 적어도 간음의 조건으로 네 명의 남성이 실제적으로 성관계를 목격해야 한다는 조건을 달고 있다. 즉 아무런 증거 없이 여성의 간음을 중상모략하지 말라는 신의 명령이다. 이것은 바로 이슬람이라는 종교가 명예살인이라는 미명하에 저질러지는 여성에 대한 폭력을 용인하지 않는다는 것을 의미한다.

명예살인 혹은 명예범죄와 관련된 또 다른 문제는 같은 범죄를 저지른 남녀가 각기 다른 처벌을 받는다는 점이다. 의심 가는 행동을 한 여성은 살인을 당하지만 그 여성을 간음한 남성은 법의 관대한 처벌을 받는다. 남성이 여성을 강간한 것이 입증된다 하더라도 남성의 행위는 명예의 문제에 저촉되지 않는다. 남성은 법이 정하는 처벌을 받기보다는 보상금을 지불함으로써 문제를 해결한다. '디야'(dīyah)라고 불리는 보상금은 남성이 저지른 불륜을 무마시키기 위한 방편이 된다. 간음의 피해자인 여성은 가해자의 청혼을 받으면 운이 좋은 경우이다. 여기서 여성이 선택할 수 있는 것은 거의 없다. 간음을 당한 여성은 이미 사회적으로 낙인이 찍혀 다른 남자와 혼인할 수 없기 때문에 가해자 남성과 혼인하는 것이 최선의 길이다. 여성은 직접적인 성관계를 가지지 않고도 약간의 의심만으로 가족들에 의해 비난받거나 살해되는 반면, 이러한 행위를 저지른 남성은 가족 구성원들로부터 아무런 비난을 받지 않는다. 피해자 여성에게 일단 보상금이 지급되면 가해자 남성은 아무런 처벌을 받지 않으며 피해자와 혼인을 할 경우 아량이 넓고 관대한 사람으로 평가된다.

일부 이슬람 국가에서는 명예살인을 하는 사람들을 진정한 살인자로 인정하지 않음으로써 명예살인의 관행이 아직도 사라지고 있지 않다. 요르단의 경우가 서구 미디어에 의해 명예범죄가 가장 많이 발생하는 지역으로 보고되고 있지만, 이러한 명예범죄는 요르단을 포함한 아랍 국가뿐만 아니라 라틴아메리카를 비롯하여 이태리나 그리스와 스페인과 같은 유럽에서도 발생한다. 명예범죄는 아랍 이슬람 여성들에게만 해당되지 않으며, 아랍 기독교도 여성들도 비슷한 이유로 명예범죄의 피해자가 되곤 한다. 따라서 성과 관련된 범죄는 아랍·이슬람사회에서만 발생하는 독특한 현상이 아니다. 문제는 명예범죄가 이슬람법 샤리아에 의해 일부 정당화된다는 점이다. 많은 이슬람 종교인들이 이러한 명예범죄가 이슬람과 무관하다는 사실을 피력하고 있으나 명예범죄는 여전히 정당화되고 있다. 실제적으로 명예범죄를 저지른 사람들은 종종 이슬람의 이름으로 자신이 저지른 범죄를 정당화하고 있다.

3) 명예범죄와 관련된 근대 법과 법의 적용

여기서는 명예범죄와 관련하여 가장 논란이 되고 있는 요르단의 형법을 살펴보기로 한다. 대부분의 아랍세계에서 그러하듯 요르단의 형법은 이집트에서 빌려 왔다. 그러나 요르단의 법학자들은 자신들의 관습에 맞게 이집트 형법을 일부 변형하였다. 비록 요르단의 명예범죄가 다른 나라에서 일어나는 비슷한 유형의 범죄와 비교해 볼 때 페미니스트들이나 미디어에 의해 과장된 측면이 있긴 하지만, 요르단 법에는 분명 살인을 묵인하는 구절이 존재한다. 사실 이러한 법은 상식적인 법의 전통과 이상에 위배된다. 법이 존재하는 이유는 약자를 강자로부터 보호하기 위함이다. 그럼에도 불구하고 요르단의 형법은 실제적으로 아내나 딸이나 여자 형제가 다른 남자와 함께 있는 것을 발견하면 살인할 수 있도록 허용하고 있다. 가해자는 피해자가 혼외정사를 하는 '현장을 잡아야' 한다는 조건을 제시하고 있으나, 요르단 법정은 실제적으로 이러한 구체적인 조건을 그럴싸하게 얼버무리곤 한다. 명예, 도덕의 명분으로 범죄를 정당화하는 것은 법의 본질에서 벗어날

뿐만 아니라, 살인을 장려한다는 의심을 받을 만하다. 이슬람법의 어떤 부분도 살인을 허용하는 내용은 없다. 또한 어떠한 현대 법도 약자가 강자에 의해 고통 받는 것을 허용하지 않는다. 그러나 요르단에서 명예범죄는 형법 340조에 의해 정당화되고 있다. 명예범죄와 관련된 특별법[245]은 어떤 남성이 가문의 명예를 위해 딸이나 여자 형제, 아내, 사촌을 살해할 경우 형벌을 면제하거나 감형하는 것을 허락하고 있다. 의심되는 성관계에서 비롯되는 상해 및 살인은 가문 혹은 부족의 명예를 지키기 위한 범죄로 간주되어 정당화된다. 1995년의 공식통계에 의하면 요르단에서 총 181건의 명예범죄가 보고되었으며 그 가운데 35건이 살인이었다.[246] 명예범죄의 특성상 숨겨지는 사건이 많다는 점에서 그 수치는 더 높은 것으로 추정해 볼 수 있다.

　명예범죄에서 피해자는 항상 혼외 성관계를 가진 것으로 의심받는 여성이다. 사건이 종료되어 검사를 해 보면 많은 피해자가 처녀였던 것으로 판명이 나는 것으로 미루어 명예살인의 배후에는 재산이나 유산 다툼과 같은 다른 요인이 있다는 것을 알 수 있다. 재산이나 유산 다툼이 명예범죄의 주요 이유라는 사실이 요르단 사람들 사이에서 폭넓게 인식되고 있음에도 불구하고 요르단 법정은 이러한 사실을 고려하지 않는다. 성관계를 가진 것으로 의심받았던 여성의 신체를 해부하여 아무 일이 없었다는 것이 판명된다 하더라고 여자 형제를 죽인 남자 형제에게 종종 감형이 허락되고 있다.[247]

　명예범죄의 발생 건수보다 더욱 중요한 것은 그러한 범죄가 지속적으로 증가한다는 사실이다. 명예범죄에서 피해자의 증언은 고려되

245_ 340a, 340b, 98.
246_ Amira El-Aahary Sonbol, *Women of Jordan, Islam, Labor & the Law*, p.190.
247_ 위의 책, p.190.

지 않는다. 요르단 법은 실제적으로 명예범죄를 가벼운 애정범죄로 간주함으로써 피해자보다는 범죄의 피의자를 보호하고 있는 듯하다. 국내외적인 압력이 거세지자 요르단 정부는 명예범죄 관련법의 개정을 시도하였다. 1999년 국왕 압둘라 2세가 즉위한 이후 처음으로 취한 조치는 형법 340조를 삭제하도록 의회에 요구한 것이었다. 그러나 국왕 압둘라 2세와 왕비 누르(Nūr)의 노력에도 불구하고 이러한 시도는 실패로 돌아갔다. 요르단 상원은 관련법 개정을 승인하였으나 하원이 이를 유보시킴으로써 법 개정에 대한 논의조차 유보시키는 결과를 가져왔다. 보수적인 의원들은 이 법이 요르단 사회의 도덕성을 지킬 수 있다고 주장하였다. 요르단 정부는 여성의 권리를 희생하는 손쉬운 방법을 통해 요르단이 안고 있는 정치, 경제 문제를 은폐하고 있는 듯하다.

여기서 보다 심각한 것은 명예범죄의 피의자와 피해자의 연령이다. 피의자들은 대부분이 19세에서 30세에 이르는 매우 젊은 남성이다. 더군다나 피의자의 58%가 미혼이고, 32.4%는 문맹자, 29.7%는 중학교 졸업 학력, 23.1%는 고등학교 졸업 학력이라는 점이다. 대학교 졸업 학력을 가진 사람이 이러한 범죄를 저지른 것은 3.7%에 불과하다. 12.9%가 범죄를 저질렀을 당시 무직이었다는 점도 눈여겨 볼 만하다. 그리고 범죄자의 46.3%가 도시의 서민 지역 거주자였다. 따라서 명예범죄는 교육수준, 계층, 지역과 밀접한 관계가 있다. 명예범죄를 저지른 사람들이 이전에 이미 전과 경력이 있거나 편모, 편부, 혹은 일부다처 가정의 자녀라는 통계도 있다. 그럼에도 불구하고 명예범죄를 명예에 관련된 특별 영역으로 간주하고 국가가 이에 감형을 허락하는 것은 매우 아이러니컬하다.[248]

248_ 위의 책, pp.191-192.

요르단에서 발생한 극단적인 명예살인의 예가 있다. 임신 중인 한 여성이 남편과 두 자녀와 함께 병원을 나서다 오빠에 의해 가족이 지켜보는 앞에서 잔인하게 살해된 경우이다. 오빠는 자신의 여동생이 불륜으로 아이를 가졌다고 의심하고 남편이 보는 앞에서 누이동생을 살해하였다. 요르단 법정은 오빠가 여동생의 후견인이라는 점을 인정하여 수개월에 해당되는 징역형만을 선고하였다.[249]

명예살인의 피의자가 살인죄를 피해갈 수 있는 여지를 주는 요르단 형법의 조항을 구체적으로 살펴보면 아래와 같다.

* 법 340a는 다른 사람과 간음을 저지르는 아내 혹은 여자친척을 발견하고 그 중 한 명, 혹은 둘 모두를 살해하거나 상해를 입힌 피의자에 대해 면형을 부여하고 있다; "부인이나 마하림(maḥārim)[250]이 다른 남자와 간음하는 현장을 잡은 사람은 둘 다 혹은 그들 가운데 한 명을 살해하거나 상해를 입혀도 정당한 이유가 있다고 인정될 수 있다."

* 법 340b는 실제적으로 명예범죄를 저지른 피의자의 처벌을 감면해주고 있다. 남자의 경우 누구라도 딸이나 부인, 여자 형제, 혹은 여자친척이 다른 남자와 불륜을 저지르는 것을 발견할 경우 살인이나 상해, 또는 다른 형태의 피해를 입혀도 감형을 받게 된다; "부인이나 친척 관계의 여성, 혹은 여자 형제가 다른 남자와 불륜의 상황에 있는 현장을 잡은 사람은 감형을 받는다."

* 법 98은 피해자가 저지른 잘못된 행위의 중대성 때문에 화가 나서 범죄를 저지를 경우 감형을 허용한다.

위의 법조문을 살펴보면 첫째, 살인이 정당화된다는 점이다. 둘째,

249_ 위의 책, pp.192-193 참조.
250_ '마흐람'의 복수, 여자 형제, 딸, 질녀와 같이 혼인할 수 없는 여자 친척을 의미함, 혹은 혼인할 수 없는 남자 친척을 의미하기도 함.

아내가 남편의 불륜 현장을 잡은 것은 간음에 해당되지 않는다는 점이다. 꾸란에서는 혼외관계에서 벗어나는 남녀 모두의 성관계를 간음으로 규정하고 있다. 이슬람법에서도 여성뿐만 아니라 남성의 불륜도 간음죄의 적용을 받는다. 셋째, '현장에서 잡는다'라는 표현이 불륜의 행위가 실제적으로 일어난 것을 의미하는 것인지, 혹은 불륜의 행위가 의심되는 것까지 포함하는 것인지가 분명하지 않다는 점이다. 여기서 증인의 법칙이 분명하게 언급되어 있지 않은 것은 꾸란의 원칙에서 벗어난 것이다. 꾸란에서는 남자 네 명의 증인, 혹은 여자 여덟 명의 증인을 간음죄의 성립 조건으로 보고 있다. 넷째, '마하림'은 일반적으로 '혼인할 수 없는 친척관계'를 의미한다. 여기에는 혼인할 수 있는 사촌은 포함되지 않는다. 그러나 실제적으로 요르단 법정은 명예범죄를 저지른 사람이 피해자의 남자 형제인지 혹은 사촌인지를 구별하고 있지 않다. 다섯째, 사촌이나 삼촌, 심지어는 친척에 의해 저질러진 명예범죄에 대해서도 법 340b를 통해 감형이 허용되고 있다. 여섯째, 명예범죄가 자기방어, 가택방어를 위해 저지른 정당방위와 같은 범주 내에서 감형되고 있다는 점이다. 요르단 법에서 정당방위는 분명한 증거를 요구하고 있으나 유감스럽게도 명예범죄의 경우 감형을 위한 엄격한 증거가 요구되지 않는다. 일곱째, 법 98은 '애정' 문제를 범죄의 타당한 이유로 간주할 위험성을 내포하고 있다. 이웃 남자에게서 러브레터를 받았다는 이유로 십대의 여동생을 살해한 한 젊은 남성이 3개월의 징역형만을 받은 것이 그 좋은 예이다. 여동생의 행동이 명예범죄와는 아무런 관련이 없음에도 불구하고 요르단 법정이 이러한 판결을 내렸다는 사실은 애정 문제를 범죄의 타당한 이유로 간주하는 데서 비롯된 것이다. 이는 요르단 법이 부족의 관습법에서 벗어나 있지 못한 증거이기도 하다.[251]

251_ 위의 책, pp.193-195.

위의 사항으로 미루어 요르단 법 자체가 판사로 하여금 살인자에게 무죄로 판결하거나 혹은 아주 가벼운 형벌만을 부과하도록 길을 열어주고 있음을 알 수 있다. 명예범죄와 관련된 법은 너무도 느슨하여 가족 구성원 가운데 남성이 여성에게 저지를 수 있는 모든 폭력을 용인할 수 있다. 이 법 자체는 프랑스 법에서 빌려왔다. 그러나 프랑스 법에서는 남편이 아내의 간음행위를 현장에서 보고 즉시 살인하였을 경우에만 무죄가 성립된다. 남편이 아내를 살해하기 위해 무기를 가져와 살해하였다면 '애정' 범죄 소송은 성립되지 않는다. 그러나 요르단의 경우 아내의 간음행위를 목격한 이후 한 달이 지난 다음에 아내를 살해한다 하더라도 명예범죄로 인정된다.[252]

요르단과 이집트의 형법을 비교해 보면 요르단 법에 부족 관습법의 특성이 그대로 남아 있다는 것을 알 수 있다. 요르단과 이집트 형법[253]이 많은 유사성을 지니고 있음에도 불구하고 명예범죄와 관련해서는 중요한 차이를 보인다. 요르단 법과 같이 이집트 법도 특정한 상황이나 압력에 의해 이루어진 범죄에 대해서는 감형을 허락하고 있다. 이집트 형법 62조는 "광기나 다른 정신적인 불능으로 정신이 없는 상태에서 그리고 자신의 의지가 부족한 상황에서 이루어진 '행동'에 대해서는 아무런 처벌이 없다"라고 언급하고 있다. 이집트 형법에서의 '행동'은 여러 유형의 범죄를 포함하지만, 요르단 법에서는 명예범죄만을 의미한다. 이집트와 요르단 법의 가장 중요한 차이는 이집트 법이 명예범죄에 대해 감형하거나 형을 면제하지 않는다는 사실이다. 다시 말해 이집트 법은 요르단 법 340과는 달리 어떠한 이유에서라도 살인을 허용하지 않는다. 시리아와 이라크 법도 마찬가지이다. 따라서 같은 원천을 가지고 있는

252_ 위의 책, p.196.
253_ 이집트 형법은 시리아, 팔레스타인, 요르단 법의 모델로 채택된 바 있다.

법이라 할지라도 요르단의 경우는 다른 나라와는 달리 부족이나 가문의 명예가 다른 어느 국가보다 우선시된다는 것을 알 수 있다.

이집트 법에서도 애정범죄에 대한 감형이 허용되고 있으나 이 경우 분명한 증거가 요구된다. 그리고 명예범죄와 관련하여 어떠한 면형도 주어지지 않는다. 딸이나 부인, 여자 형제를 살인한 사람은 다른 어느 나라에서와 마찬가지로 살인자로 간주된다. 그리고 고의가 인정되면 법정 최고형인 사형이나 종신형을 구형한다. 간음을 현장에서 잡았다 하더라도 잡힌 여성이나 그 상대방을 살해할 수 있는 정당성은 없다. 단 남편이 정신이 나간 상태에서 저지른 범죄는 예외로 간주된다.

부도덕한 행위를 저지른 딸을 죽이는 것은 이집트에서도 종종 발생한다. 그러나 법의 차원에서는 다르다. 이집트에서는 살인에 대해 어떠한 이유나 변명을 허용하지 않으며, 법정의 판사도 가족의 명예를 판결 기준으로 고려하지 않는다. 두 국가 모두 근대 유럽 법을 따르고 있으나 법의 구성과 해석, 집행에 있어서는 차이를 보인다. 요르단에서는 부족적인 관행을 따르는 데 비해 이집트 법은 적어도 이론적으로는 명예범죄를 저지른 피의자를 처벌하도록 되어 있다.

이집트 형법은 간음을 저지른 남녀 모두를 처벌하도록 규정하고 있다. 그러나 요르단 법에서는 남편이 국가로 하여금 아내의 간음을 조사하도록 요구할 경우를 제외하고는 부부 간의 문제에 국가가 개입하지 못하도록 되어 있다. 간음죄 선고를 위한 증거의 법칙은 요르단 형법 282b에 분명하게 언급되어 있다; "이러한 범죄를 인정할 수 있는 증거는 간음하는 여성이 현장에서 체포되었거나, 합법적인 고백이나 편지 혹은 그 밖의 문서화된 서류가 있을 경우이다." 이와 같은 증거의 법칙은 이집트 형법 276조에도 나와 있다. 그러나 요르단 법은 남편이 간음을 저질렀을 경우 아내가 남편을 소송할 수 있는 권리를 부여하지 않고 있다. 소송청구권을 가지는 사람은 여성이 미성년이나 미혼일 경우 아버지이고, 혼인한 여성의 경우에는 남편이 된다. 이집트 형법에는 부부의 집에서 간음을 저지른 남편을 처벌하지만, 이 역시 요르단 형법에서는 적용되지 않는다.[254]

요르단 법에서 남성의 간음이 인정되는 유일한 경우는 공개적으로 간음할 경우이다; "공개적으로 장소를 가리지 않고 첩을 두는 남편은 1년에서 2년의 징역형을 받는다. 여성 상대방도 같은 형벌을 받는다"(283a). 요르단 법은 아내가 남편을 간음죄로 고소할 수 있다는 권리를 명시하지 않고 있다. 법적으로 아내의 권리를 분명하게 명시하지 않음으로써 이에 대한 판단은 판사의 권한이 된다. 대부분의 경우 판사의 임의적인 판단은 여성에게 비우호적이기 쉽다. 여성에게 소송청구권이 있다 해도 그것은 후견인을 통해서나 이루어질 수 있다. 따라서 여성이 직접적으로 남편의 간음에 대해 법으로 호소할 수 있는 방법은 완전히 차단되어 있다.

또 다른 문제는 명예범죄가 일반적으로 가문의 명예와 관련된 것으로 한정되지만, 전통적으로 요르단에서는 성적, 애정문제가 모두 명예범죄로 간주된다는 점이다. 또한 남녀 간의 합의에 의해 이루어지는 간음뿐만 아니라 강압에 의한 강간까지도 요르단에서는 여성을 피해자로 인정하지 않는 것이 가장 커다란 문제이다.

요르단과 마찬가지로 많은 아랍 국가에서 이집트의 형법을 도입하였다. 아랍 국가의 형법에서 볼 때 일반적으로 명예범죄가 성립될 수 있는 조건은 첫째, 피의자가 피해자의 남편이나, 아버지, 혹은 아들일 것, 둘째, 간음을 하는 현장을 잡을 것, 셋째, 살인의 행위가 충동적

254_ 앞의 책, pp. 197-198.

이고 즉각적일 것 등이다.[255] 이러한 조건은 국가마다 다르게 적용되고 있으나 요르단의 경우가 여성에게 가장 불리한 조건을 가지고 있다. 요르단 법에서는 명예범죄를 저지른 사람의 형을 면제하거나 감형할 수 있다. 그러나 이집트, 튀니지, 리비아, 쿠웨이트에서는 형의 면제가 인정되지 않고 단지 감형의 혜택만이 있다. 감형의 대상으로 시리아와 레바논 법에서는 남편, 아들, 아버지, 남자 형제가 혜택을 받는다. 그러나 요르단 법에서는 보다 광범위하게 혈통, 혼인, 양육관계로 혼인할 수 없는 모든 남성들이 혜택을 받는다. 이라크도 요르단과 비슷하다. 이집트, 쿠웨이트, 튀니지 법은 남편이 그 혜택을 받는 것으로 한정되어 있고, 리비아 법은 남편과 아버지, 남자 형제가 혜택을 받는 것으로 되어 있다. 알제리 법은 남편과 아내가 모두 혜택을 받도록 하였다는 점에서 돋보인다고 할 수 있다.

4) 남녀의 성범죄에 대한 입장의 변화

꾸란은 남녀관계에 관해 상세히 다루고 있으며 간음의 문제도 직접적으로 언급하고 있다; "간음을 행하지 마라. 그것은 큰 악으로 이르는 부끄러운 행동이니"(꾸란 17장 32절). 그리고 간음은 자백을 통해 입증하도록 되어 있다. 예언자 무함마드는 간음한 자는 판결을 받기 전에 네 번 자백할 것을 요구하였다. 간음에 대한 처벌은 꾸란에 100대의 태형으로 언급되어 있으며 남녀 모두에게 차별 없이 적용된다. 예언자의 하디스를 인용하여 이슬람 법학자들은 간음을 저지른 남성 가운데 미혼자와 기혼자를 구별하여 기혼자에 대한 처벌로서 '돌 던지기' 형

255_ Mai Yamani, 앞의 책, p.147.

을 덧붙였다. 그러나 꾸란에는 돌 던지기 형벌에 대한 아무런 언급이 없고 단지 태형과 추방만이 언급되었을 따름이다. 적어도 이전에 오스만제국에 속하였던 지역에서는 오늘날까지 간음에 대한 처벌로서 돌 던지기 형이 부과되었다는 기록이 없다. 매춘을 포함한 불륜에 대한 처벌을 보여주는 법정 기록이 있으나 이러한 경우에도 돌 던지기를 하였다는 기록은 없다. 이란, 파키스탄, 아프가니스탄에서 간음에 대한 형벌로서 돌 던지기가 적용되고 있는 것은 꾸란이 아닌 이슬람법의 해석에서 비롯된 것이다. 꾸란이 이슬람법의 원천임에도 불구하고 이슬람법에는 꾸란과 다르게 여성혐오적인 사상이 담겨 있다는 것은 주지의 사실이다.[256]

꾸란과 이슬람법에서 간음이란 합의된 성관계인 간통과 강압에 의한 강간 모두를 포함한다. 꾸란에서 간음은 영아살해 금지 혹은 살인 금지와 같은 사회적 폭력의 범주에 놓여 있다. 예언자의 하디스 역시 간음의 두 가지 의미를 강조하였다. 한 하디스는 어떤 남자가 예언자에게 와서 그가 간음을 저질렀다고 고백한 것을 전한다. 예언자는 그에게 여러 번 상대방 여성이 묵인하였는가를 물었다. 그 남자는 상대방 여성이 원하지 않았다고 고백하였다. 그러자 예언자는 여성이 아닌 그 남자를 처벌하도록 명령하였다. 다른 하디스에서는 어떤 여성이 예언자에게 합의된 간통을 고백하자 예언자가 남녀 모두에게 처벌을 명령한 이야기가 담겨 있다. 첫 번째 하디스에는 여성이 원하지 않는 상황에서 이루어진 강간이기 때문에 강제적으로 성행위를 강요한 남성만이 처벌을 받았다. 두 번째 하디스에서는 여성이 성관계에 동의하였기 때문에 남녀 모두 처벌받은 것이다. 위에 언급된 하디스로 미루

256_ Amira El-Aahary Sonbol, 앞의 책, pp.199-200.

어 이슬람에서 간음을 의미하는 단어 '지나'(zinā')는 강간과 간통 모두를 포괄하고 있다. 이에 대한 처벌은 능동적인 행위를 한 사람 모두에게, 즉 남녀를 불문하고 동등하게 내려졌다.[257]

이슬람 역사에서 성범죄에 대한 이슬람사회의 법과 입장이 어떻게 변화되었나를 살펴보는 것은 매우 흥미롭다. 이슬람 팽창 초기 이슬람법이 새로운 환경에 따라 형성되는 동안, 2대 칼리프 우마르는 강간을 당한 여성에게 상대방 남성과 혼인하도록 제안한 것으로 전해진다. 그 여성이 이를 거부하자 가해자 남성으로 하여금 그녀와 동등한 지위에 있는 여성이 받았던 혼납금에 해당하는 금액을 보상금으로 지불하도록 명령하였다. 또한 2대 칼리프 우마르가 한 여성을 강간한 자신의 노예에게 태형을 가하고 추방했다는 이야기가 전해진다. 두 경우 모두 돌 던지기 처벌은 사용되지 않았다. 칼리프 우마르의 행동은 여러 법학파들이 강간의 피해자로 하여금 자신의 가해자와 혼인하든지 혹은 보상금을 받든지 간에 선택하도록 하는 기준이 되었다. 우마르의 예를 따르면서 이슬람 법학자들은 강간을 다른 사람에게 속하는 '재산을 침해하는 것'(ightiṣāb)으로 간주하였다. 법학자들은 또한 신자들이 예언자에게 했던 '충성의 맹세'를 중요한 원천으로 사용하였다. '충성의 맹세'에는 '도둑질하거나 간음을 하지 않는다'는 내용이 담겨 있다. '충성의 맹세'를 지키지 않은 것은 '커다란 죄'를 저지른 것이므로 감형되거나 형 면제가 될 수 없다는 의미이다.[258]

대부분의 법학파가 이러한 방법에 동의하나 하나피 법학파는 아부 유수프('Abū Yūsuf)가 전한 하디스를 근거로 강간을 증언한 사람이 형이 집행되기 전에 죽거나, 강간을 한 가해자가 상대방의 여성과 혼

257_ 위의 책, pp. 200-201.
258_ 위의 책, p. 201.

인할 경우 감형할 수 있도록 허용하고 있다. 혼인을 하게 되면 남편이 그 여성과 성관계를 가진 것이 합법화될 수 있다는 논리에 근거한 것이다. 그러나 말리키 법학파에서는 강간을 당한 여성의 주장이 입증되면 가해자가 피해자 여성과 혼인한다 하더라도 돌 던지기 형을 받도록 되어 있다. 샤피이와 한발리 법학파 역시 말리키 법학파와 견해를 같이 한다. 이 점에서 대부분의 이슬람 국가는 아부 유수프가 전한 하디스를 근거로 한 하나피 법학파의 견해를 따르고 있다. 오늘날 요르단에서는 강간의 가해자가 피해자인 여성과 혼인하면, 가해자는 피해자 여성에 대한 절대적인 성적 권리를 소유한 것으로 인정되어 마치 아무 일이 없었던 것처럼 간주된다. 이집트에서는 이 법에 수정을 가하여 강간의 가해자는 피해자와 혼인한다 하더라도 법에 명시된 처벌을 받도록 되어 있다.[259]

법학파 간의 이견에도 불구하고 모든 법학파는 간음을 신에 의해 금지된 범죄로 간주하여 가해자를 처벌하거나 혹은 가해자가 피해자에게 보상을 하도록 규정하고 있다. 또한 간음은 합의된 성관계인 간통과 강요된 강간을 모두 포함한다는 데도 일치된 견해를 보이고 있다. 법학파 간에 약간의 차이는 있으나 간음에 대한 법학파들의 견해는 아래와 같다; "만약 남자가 여성을 강간하였을 경우 피해자인 여성이 아닌 가해자 남성에게 처벌이 내려진다. 피해자 여성이 자유민이건 노예이건 자신과 동등한 지위에 있는 여성의 혼납금에 해당하는 금액을 보상금으로 받는다. 노예여성의 경우는 보상금이 적어질 수 있다."

보상금은 재산의 주인이 받도록 되어 있다. 강간은 처녀성을 훔치는 것으로 개인의 재산권을 침해하는 것과 동일시되었다. 근대 이전의

259_ 위의 책, p.201.

이슬람 법정은 강간이 가져오는 불명예와 정신적 피해보다는 신체적 피해 보상에 더욱 관심을 가졌다. 남편의 구타에서 비롯되는 신체적 피해, 혹은 신체 일부의 훼손과 같이 강간은 보상금 지급으로 해결되었다. 보상금은 특별한 경우를 포함하는 몇 가지 기준을 가지고 있었다. 중요한 기준은 피해자의 신분과 나이였다. 피해자가 미성년 처녀인지 혹은 성인이 된 기혼여성인지, 또는 자유인 여성인지 혹은 노예 여성인지도 고려 기준이었다. 남성도 강간의 대상이 될 수 있으므로 피해자의 성별도 중요한 기준이었다.

보상금은 요르단과 이집트 형법 간의 심각한 차이를 보여주는 좋은 예이다. 보상금이라는 것은 국가의 개입이나 강제가 아닌 개인의 자율에 따르는 것이다. 1883년에 도입된 이집트의 법은 개인이 피값을 지불하는 관행을 없애고 국가가 직접 법을 집행하도록 만들었다. 피해자에 의해 범죄나 상해에 대한 사면권이 주어지던 관행을 없애고 이슬람법이 아닌 서구의 세속 법으로부터 형법을 도입하였다. 그리고 이집트는 단순화된, 전반적으로 분명하게 잘 규정된, 임의성이 없이 고정된, 그리고 모든 사람에게 평등하고, 모든 사람들이 접근할 수 있는 지식에 근거한 형법을 만들었다. 요르단 법도 이집트와 프랑스 법을 모델로 샤리아법의 영역에 속했던 가족법에서 형법을 분리시켰다. 또한 형법을 세속화시켜 태형을 없애고 징역형으로 대치함으로써 형벌을 약화시켰다. 그러나 요르단 법은 여전히 피해자나 그 상속인에게 범죄나 상해에 대한 사면권을 허용하고 있다. 새로운 세속 법은 범죄를 다루는 방법을 규범화시킴으로써 이전 이슬람 법정이 가졌던 임의성을 불식시키는 한편, 중앙집권화된 국가의 필요에 따라 법적 시스템을 현대화하였다. 그러나 요르단 법은 빠르게 성장하는, 도시화된 요르단 사회의 필요에 부응하고 있지 못하다. 법적 시스템이 범죄를 억제하는

명예살인을 반대하는 시위 모습(인터넷 자료)

역할을 하고 있지 못한 것이 그것이다. 특히 명예범죄에 대한 예외조
항을 두거나 보상금 지불을 통한 범죄의 무마를 합법화함으로써 성과
관련된 범죄가 증가하는 결과를 낳았다.[260]

앞서 살펴보았듯이 이슬람에서는 가문의 명예를 여성에게 짊어지
게 하는 구절이나 무고한 사람을 살해한 사람의 행위를 정당화하는 구
절은 없다. 또한 이슬람은 남녀 모두에게 동일한 도덕적 기준을 요구한
다. 명예범죄나 강간에 대해 감형이나 형 면제를 하는 것은 법의 담론
이 아닌 도덕적 담론에 속하는 문제이다. 이러한 담론의 근저에는 여성
이 유혹의 원천이라는 사고가 깔려 있다. 남성들은 궁극적으로 여성의
성적 유혹에 대한 피해자로 비춰진다. 이것이 바로 여성을 요부의 상징
으로 만든 배경이다. 그러나 유혹하는 요부의 모습은 꾸란에 등장하지
않는다. 아담과 이브, 뱀과 지옥의 이야기는 아랍문학서와 꾸란해설서
에 흔히 등장한다. 구약이나 신약에서와 마찬가지로 아담과 이브는 금
지된 열매를 먹도록 뱀에게 유혹 당한다. 이러한 내용은 꾸란에 세 번

260_ 위의 책, p.203.

278

등장하다.[261] 그러나 꾸란 어디에도 이브의 유혹을 비난하는 내용은 없다. 또한 꾸란에는 아담의 갈비뼈로 이브를 창조하였다는 내용이 등장하지 않는다. 꾸란은 남성과 여성의 공동 창조설을 담고 있다. 구약의 창세기에서는 이브가 뱀의 유혹을 받아 아담을 유혹하여 선악과를 먹도록 한 것으로 되어 있다. 신이 아담이 한 행동을 나무라자 아담은 모든 잘못을 이브에게 돌렸다. 그리고 신은 이브에게 아이를 낳는 고통을 주었다. 그러나 이러한 이야기는 꾸란이나 이슬람의 전언에는 나와 있지 않다. 꾸란에는 '원죄'의 개념이 없기 때문에 여성이 본질적으로 남성보다 더 죄가 크다든가 하는 이야기가 있을 수 없다. 꾸란이 여성의 죄에 대해 이야기할 때는 언제나 같은 맥락에서 같은 용어로 남성의 죄에 대해 이야기한다. 꾸란이 남성과 여성 모두를 가능한 죄인으로 보고 모두에게 동등한 처벌을 명령하고 있음에도 불구하고, 불행하게도 죄와 수치의 문제는 전통적으로 여성의 어깨 위에 놓여 있다.

명예범죄는 사실 요르단에 국한된 현상은 아니다. 다른 이슬람세계에서도 흔히 찾아볼 수 있는 현상이다. 더 큰 문제는 명예범죄가 이슬람이라는 종교와는 아무런 관련이 없음에도 불구하고 이슬람과 연관되어 언급된다는 사실이다. 이슬람은 공히 남녀 모두에게 같은 죄에 대해 같은 처벌을 명령하고 있다. 그러나 실제적으로 이슬람 국가는 같은 죄에 대해 남녀에게 다른 처벌을 내리고 있는 것이 현실이다. 지난 수세기 동안 이란, 파키스탄, 아프가니스탄에서는 수많은 여성들이 명예범죄를 저질렀다는 이유로 돌에 맞아 죽었다. 꾸란에는 간음에 대한 처벌로 돌 던지기를 명령한 바 없고, 그것을 인정한다 하더라도 간음의 처벌은 남녀 공히 받아야 하는 것이 꾸란의 정신이다.

261_ 2장 35-36절, 7장 19-20절, 20장 10-121절.

참고문헌

제1장 이슬람 이전과 이후 역사 속의 여성

Abbott, Nabia, *Aishah The Beloved of Mohammed*, London: Saqi Books, 1998.

ʾAbd al-Raḥmān, *ʾĀʾishah, Nisāʾ al-Nabī*, Cairo: Dār al-Maʿārif, 1998.

ʾAbd al-Raḥmān, ʿAfīf, *al-Shiʿr waʾ Aiyām al-ʿArab*, Beirut: Dār al-Andalus, 1990.

ʾAḥmad, Muḥammad ʿAbd al-Qādir, *Dirāsāt fī ʾAdab wa Nuṣīṣ al-ʿAṣr al-Jāhilī*, Cairo: Maktabat al-Nahḍah al-Miṣrīyah, 1983.

al-ʾAfghānī, Saʿīd, *ʾĀʾishah wa al-Siyāsah*, Cairo: Maṭbaʿat Lajnat al-Taʾlīf wa al-Tarjamah wa al-Nashr, 1957.

Ahmed Leila, *Women and Gender in Islam*, New Haven & London: Yale University Press, 1992.

ʾAlī, Muḥammad ʿUthmān, *ʾAdab ma qabla al-ʾIslām*, Beirut: al-Muʾassasah al-ʿĀlamīyah lil-Dirāsah wa al-Nashr wa al-Tawzīʿ, 1984.

al-ʿAtūm, ʿAlī, *Qaḍāyā al-Shiʿr al-Jāhilī*, Jordan: Jāmiʿat al-Yarmūk, 1982.

Daʿbis, Saʿd, *Qirāʾah Mutaʿaṭṭifah maʿa al-Shiʿr al-Jāhilī*, Cairo: Sabsku, 1989.

Dagher, Hamdun, *The Position of Women in Islam*, Austria: Light of Life, 1995.

Ḍaif, Shawqī, *al-ʿAṣr al-Jāhilī*, Cairo: Dār al-Maʿārif, 1982.

al-Ghazālī, Muḥammad, *Qaḍāyā al-Marʾah*, Cairo: Dār al-Shurūq, 1994.

al-Ḥūfī, ʾAḥmad Muḥammad, *al-Ghazal fī al-Shiʿr al-Jāhilī*, Cairo: Dār Nahḍah Miṣr lil-Ṭabʿ wa al-Nashr, 1972.

al-Ḥūfī, ʾAḥmad Muḥammad, *al-Marʾah fī al-Shiʿr al-Jāhilī*, Cairo: Dār Nahḍah Miṣr lil-Ṭabʿ wa al-Nashr, 1980.

Ḥusain, Ḥusain al-Ḥājj, '*Adab al-'Arab fī 'Aṣr al-Jāhilīyah*, Beirut: al-Mu'
    assasah al-Jāmi 'īyah lil-Dirāsah wa al-Nashr wa al-Tawzī ', 1990.

Ḥusain, Ḥusain al-Ḥājj, *Ḥaḍārat al-'Arab fī Ṣadr al-'Islām*, Beirut: al-Mu'
    assasah al-Jāmi 'īyah lil-Dirāsah wa al-Nashr wa al-Tawzī ', 1992.

Ḥusain, Ṭaha, *fī al-'Adab al-Jāhilī*, Cairo: Dār al-Ma 'ārif, 1989.

Ibn Hishām, *Kitāb Sīrat Rasūl al-Lāh*, Vol.1, Frankfurt: Minerva, 1961.

al-Jabbūrī, Yaḥyā, *al-Shi 'r al-Jāhilī Khaṣā 'iṣuhu wa Funūnuhu*, Beirut:
    Mu'assasat al-Risālah, 1993.

al-Jundī, 'Alī, fī Tārīkh al-'Adab al-Jāhilī, Cairo: Dār al-Fikr al-'Arabī,
    n.d.

Keddie, Nikki & Beth Baron(ed.), *Women in Middle Eastern History*,
    New York: Yale University, 1991.

Keddie, Nikki & Beth Baron(ed.), *Women in the Muslim World*, New
    York: Columbia University Press, 1988.

Maḥmūd, 'Alī 'Abd al-Ḥalīm, *al-Qiṣṣah al-'Arabīyah fī al-'Aṣr al-Jāhilī*,
    Cairo: Dār al-Ma 'ārif, 1978.

Mernissi, Fatima, *al-Ḥarīm al-Siyāsī*, Damascus: Dār al-Ḥiṣād, n.d.

Mernissi, Fatima, *The Forgotten Queens of Islam*, Minneapolis: University
    of Minneapolis, 1993.

Mernissi, Fatima, *Women's Rebellion & Islamic Memory*, London: Zed
    Books, 1996.

Mernissi, Fatima, *Women and Islam*, Oxford: Blackwell, 1987.

Nabawī, 'Abd al-'Azīz, Dirāsāt fī al-'Adab al-Jāhilī, Cairo: Ṣadr li-
    Khadamāt al-Ṭibā 'ah, 1988.

Nicholson, R.A., *A Literary History of the Arabs*, Cambridge: Cambridge
    University Press, 1966.

al-Qaisī, Nūrī Ḥammūdī, al-Furūsīyah fī al-Shi 'r al-Jāhilī, Beirut: Maktabt al-Nahḍah al- 'Arabīyah, 1984.

Qardāsh, 'Āmāl, *Dawr al-Mar 'ah fī Khidmat al-Ḥadīth*, Qatar: Ali Bin Ali Printing Press, 1999.

Roded, Ruth, *Women in Islamic Biographical Collections*, Boulder & London: Lynne Rienner Publishers, 1994.

Rushdie, Salman, *The Satanic Verses*, New York: Harper and Row, 1988.

Spellberg, D.A., *Politics, Gender, and Islamic Past*, New York: Columbia University Press, 1994.

Ṭibānah, Badawī, *Mu 'allaqāt al- 'Arab*, Riyad: Dār al-Marikh, 1983.

Waddy, Charis, *Women in Muslim History*, London & New York: Longman, 1980.

Walther, Wiebke, *Women in Islam*, Princeton: Markus Wiener Publishers, 1995.

al-Yūfī, 'Iṣām, *al-Mar´ah fī al-´Adab al-Jāhilī*, Beirut: Dār al-Fikr al-Lubnānī, 1991.

Yūsuf, Ḥusnī 'Abd al-Jalīl, *'Ālam fī al-Shi 'r al-Jāhilī*, Cairo: Dār al-Thaqāfah lil-Nashr wa al-Tawzī ', 1989.

살만 루시디, 『악마의 시』(김진준 역), 문학세계사, 2004.

최영길, 『성 꾸란 의미의 한국어 번역』, 파하드 국왕 꾸란 출판청, 메디나, 1417.

제2장 이슬람 여성의 권리

Ahmed, Leila, *Women and Gender in Islam*, New Haven & London: Yale University Press, 1992.

Ali Engineer, Asghar, *The Rights of Women in Islam*, London: C. Hurst & Company, 1992.

'Alī, Maulana Muhammad, *The Religion of Islam*, UAR: National Publication & Printing House, n.d.

Ali Khan, Mohammad Mustafa, *Islamic Law of Inheritance*, New Delhi: Kitab Bhavan, 1989.

al-ʿAudān, Ḥusain, *al-Marʾah al-ʿArabīyah fī al-Dīn wa al-Mujtamaʿ*, Damascus: al-ʾAhālī, 1997.

al-Ghazālī, Muḥammad, *al-Marʾah fī al-ʾIslām*, Cairo: ʾAkhbār al-Yawm, 1991.

Giant, Joseph, *Women in Muslim Rural Society*, New Jersey, 1982.

Jawad, Haifaa A., *The Rights of Women in Islam*, New York: Macmillan Press, 1998.

Muḥammad, Ṣalāḥ ʿAbd al-Ghanī, al-Ḥuqūq al-ʿĀmmah lil-Marʾah, Cairo: Maktabat al-Dār al-ʿArabīyah lil-Kuttāb, 1996.

Muḥammad, Ṣalāḥ ʿAbd al-Ghanī, *al-Marʾah bayna al-ʿIbādāt wa al-Bida ʿ wa al-Kabāʾir*, Cairo: Maktabat al-Dār al-ʿArabīyah lil-Kuttāb, 1998.

Muṭahharī, Murtaḍā, *The Rights of Women in Isalm*, Tehran: World Organization for Islamic Services, 1981.

al-Saḥmarānī, ʾAsʾad, *al-Marʾah fī al-Tārīkh wa al-Sharīʿah*, Beirut: Dār al-Nafāʾis, 1989.

Sonbol, Amira El-Aahary(ed.), *Women, the Family, and Divorce Laws in Islamic History*, Syracuse: Syracuse University Prtess, 1996.

Stowasser, Barbara Freyer, *Women in the Qurʾan, Traditions, and Interpretation*, New York & Oxford, Oxford University Press, 1994.

Waddy, Charis, Women in Muslim History, London & New York: Longman, 1980.

Walther, Wiebke, *Women in Islam*, London: Abner Schram, 1981.

최영길, 『성 꾸란 의미의 한국어 번역』, 파하드 국왕 꾸란 출판청, 메디나, 1417.

제3장 이슬람 여성을 둘러싼 허구와 진실

Ahmed, Leila, *Women and Gender in Islam*, New Haven & London: Yale University Press, 1992.

'Alī, Maulana Muhammad, *The Religion of Islam*, UAR: National Publication & Printing House, n.d.

B. A. Robinson, *"Female Genital Mutilation in Africa, The Middle East & Far East,"* http://www.religioustolerance.org.

EL Guindi, Fadwa, *Veil Modesty, Privacy and Resistance*, Oxford & New York: Berg, 1999.

al-Ḥaddād, al-Ṭāhir, *Imra'atunā fī al-Sharī 'ah wal-Mujtama'*, Tunis: al-Dār al-Tūnisīyah lil-Nashr, 1980.

'Imārah, Muḥammad, *Qāsim 'Amīn al-'A 'māl al-Kāmilah*, Beirut: Dār al-Shurūq, 1989.

Jawad, Haifaa A., *The Rights of Women in Islam*, New York: Macmillan Press, 1998.

Madani, Muhammed Ismail Memon, *Hijab*, USA: al-Saadawi Publications, 1995.

Marie Bassili Assad, *"Female Circumcision in Egypt,"* Studies in Family Planning 2-1, 1980.

Mernissi, Fatima, *Women and Islam*, Oxford: Blackwell, 1987.

Mohamed Badawi, *"Epidemiology of Female Sexual Castration in Cairo,"* http://www.nocirc.org.

Muḥammad Fayyāḍ, *al-Batr al-Tanāsulī fil-'Ināth*, Beirut: Dār al-Shurūq, 1998.

Muslim Women's League, *"Position Paper on Female Genital Mutilation/Female Circumcision,"* http://www.mwlusa.org.

Nawal El Saadawi, *The Nawal El Saadawi Reader*, London & New York:

Zed Books, 1997.

Nawal El-Saadawi, *al-Mar'ah wa al-Jins*, Beirut: Mu'assasah al-'Arabīyah lil-Dirāsah wa al-Nashr, 1990.

Nawal El-Saadawi, *Mudhakkirāt Ṭabībah*, Beirut: Dār al-'Ādāb, 1958.

Nawal El-Saadawi, *The Hidden Face of Eve*, London: Zed Books, 1980.

al-Saḥmarānī, 'As 'ad, *al-Mar'ah fī al-Tārīkh wa al-Sharī 'ah*, Beirut: Dār al-Nafā'is, 1989.

Sami A. Aldeeb Abu-Sahlieh, *"Muslim's Genitalia in the Hands of the Clergy,"* http://www.hraic.org.

Sami A. Aldeeb Abu-Sahlieh, *"To Mutilate in the Name of Jehovah or Allah, Legitimization of Male and Female Circumcision,"* http://www.hraic.org.

Sonbol, Amira El-Aahary, *Women of Jordan, Islam, Labor & the Law*, Syracuse: Syracuse University Press, 2003.

Tuffāḥa, 'Aḥmad Zakī, *al-Mar'ah wal-'Islām*, Beirut: Dār al-Kitāb al-Lubnānī, 1979.

Wahiduddin Khan, Maulana, *Women in Islamic Sharī'ah*, New Delhi: Islamic Center, 1995.

WHO, *"Female Genital Mutilation,"* Report of WHO Technical Working Group, Geneva, 1996.

Yamani, Mai(ed.), *Feminism and Islam*, New York: New York University Press, 1996.

Zeidan, Joseph T, *Arab Women Novelists*, New York: State University of New York Press, 1995.

문은영, "이란여성의 정치참여에 관한 연구," 중동정치 · 사회연구, 창간호, 명지대학교, 2000.

에드워드 사이드, 『오리엔탈리즘』, 교보문고, 1993.

유종현, 『아프리카의 부족과 문화』, 도서출판 금광, 2000.

조희선, "가족법에 대한 이집트 지식인의 인식 조사 연구," 한국중동학회논총 25-1, 2004.

조희선, "포스트 콜로니얼 알제리 문학 연구," 한국중동학회논총, 20-1, 1999.

최영길, 『성 꾸란 의미의 한국어 번역』, 파하드 국왕 꾸란 출판청, 메디나, 1417.

프란츠 파농, 『혁명의 사회학』, 도서출판 한마당, 1982.

찾아보기

【 ㅈ 】

【 ㅊ 】